문학치료와 수필

문학치료와 수필

이동민

수필과비평사

분수를뛰어넘다

■ 머리말을 대신하여

  저자는 경북대학교 의과대학 소아과학 교실에서 소아학을 전공하면서 소아의 발달심리를 프로이트 이론으로 공부하였다. 이후 소아의 심리 발달과 육아를 다룬 육아서 ≪우리 아이는 잘 자라고 있는가?≫를 저술하였다.
  1992년에 수필로 등단한 후에 수필 쓰기와 읽기가 인간의 심층심리를 표현하는 가장 좋은 문학의 장르라고 생각하여 심층심리와 연관성에 관하여 공부하였다. 이후 계명대의 임진수 교수가 개설한 프로이트-라캉 교실에서 7년째 공부하고 있다. 수필을 정신분석 차원에서 다룬 수필이론서 ≪수필, 누구를 쓸 것인가?≫를 저술하였다. 뿐만 아니라, 프로이트-라캉 이론에 입각한 수필평론서 ≪다시, 붓 가는 대로≫를 출간하였다.
  최근에는 정신치료에 예술치료가 중요한 역할을 하고 있다. 문학도 정신치료의 한 방편으로서 치료문학을 다루고 있다. 저자는 의사로서 실제의 임상경험과, 육아이론으로서 심층심리와, 치료문학으로서 수필의 중요성을 강조하고, 실제의 방법론을 제시하는 ≪문학치료와 수필≫을 저술하였다.

문학치료와 수필

머리말 …… 10
예술치료와 수필 …… 16
정신건강에서 정상과 비정상 …… 23
마음의 구조 …… 30
작가의 몽상과 문학 작품 …… 58
수필쓰기와 읽기, 하나 …… 64
감정치료와 수필 …… 76
수필쓰기와 자기 표현 …… 82
수필쓰기와 카타르시스 …… 89
수필 – 누가 나를 용서하는가? …… 97
수필쓰기와 읽기. 둘 …… 105
수필 – 농담과 즐기기 …… 121
수필에서 성이론과 성담론 …… 130

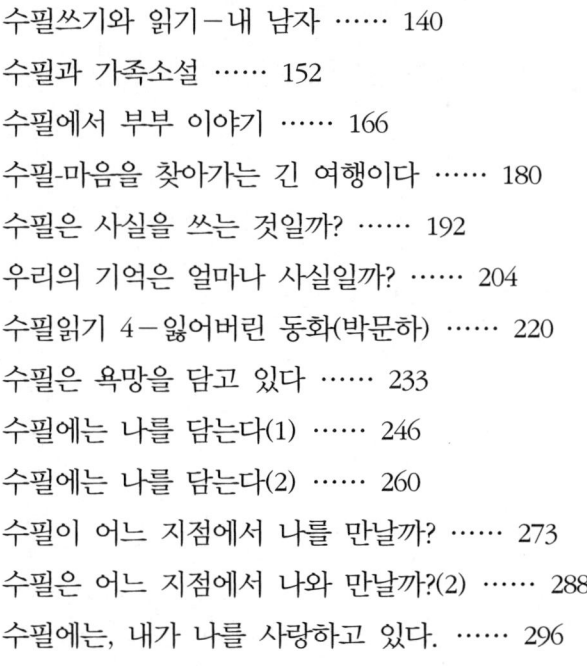

수필쓰기와 읽기 – 내 남자 …… 140
수필과 가족소설 …… 152
수필에서 부부 이야기 …… 166
수필-마음을 찾아가는 긴 여행이다 …… 180
수필은 사실을 쓰는 것일까? …… 192
우리의 기억은 얼마나 사실일까? …… 204
수필읽기 4 – 잃어버린 동화(박문하) …… 220
수필은 욕망을 담고 있다 …… 233
수필에는 나를 담는다(1) …… 246
수필에는 나를 담는다(2) …… 260
수필이 어느 지점에서 나를 만날까? …… 273
수필은 어느 지점에서 나와 만날까?(2) …… 288
수필에는, 내가 나를 사랑하고 있다. …… 296

문학치료와 수필

머리말

인간의 발달 과정을 크게 정신적, 정서적, 육체적으로 나누어 말한다. 정신적이란 것은 한 개인이 몸담고 있는 사회가 긍정하는 가치관을 습득하는 것을 말한다. 육체적이란 것은 말할 것도 없이 인체가 발달하는 과정을 말한다. 운동발달과 기능발달 등이 해당된다. 인체의 크기가 변화하는 것도 육체발달에 해당한다. 정서발달이란 사람과 사람 사이에 이루어지는 감정의 소통을 말한다.

소아과 교과서에서는 육아의 목적을 이렇게 정의하고 있다.

"미성숙한 어린아이가 정신적으로, 정서적으로, 육체적으로 건강하게 발달하여 건전한 성인으로 성숙하므로 개체가 속한 사회에 독립하여 살아갈 수 있는 성인으로 태어나도록 도와주는 것이다."

이 정의에서 본다면 사람과 사람 사이에 감정의 소통이 일어나지 못하면 건강한 인간이라고 할 수 없다.

우리가 흔히 정신적으로 문제가 있는 인간이라고 할 때는 바로 이 감정의 소통에 문제가 있는 사람을 일컫는다. 이런 이유로 인간의 감정을 다루는 예술분야가 정신치료에 끼어들 수 있는 소지가 마련

된다. 미술치료, 음악치료, 연극치료 요법은 정신치료의 역사에서 이미 오래전부터 활용하고 있다. 그러나 문학치료는 최근에서야 주목을 받았다.

'문학치료'의 개론서(변학수 저)에는 치료의 방법으로 독서치료, 시/쓰기 문학치료, 이야기 문학치료, 드라마 문학치료, 아동문학치료의 방법을 제시하였다. 그러나 그가 다루지 않고 있는 수필쓰기야말로 문학치료에서 가장 적합한 분야라고 믿는다.

수필의 정의에 '내면의 고백'과 '통찰'이 있다. 내면은 일반적으로 한 인간의 무의식을 말한다. 그 내면을 고백한다는 것은 정신치료와 밀접한 관계가 있다. 통찰은 바로 '자아 성찰'을 말한다. 실제에 있어서는 무의식을 고백한다는 것은 거의 불가능에 가깝다. 불가능을 가능하게 하는 방법론으로 제시된 것이 문학치료이다.

영화 「시민 케인」에는 무의식적인 버릇에 유년의 기억이 흔적으로 남아 있음을 보여준다. 정서발달에 장애가 일어나는 경우를 살펴보면 과거의 경험, 특히 유년의 기억이 절대적인 역할을 한다. 수필을 읽어보면 대부분이 과거의 회상, 특히 유년을 상징하는 어머니, 고향 등이 소재가 되어 있는 경우가 무수히 많다.

괴테의 『파우스트』에도 독배를 들고 마시려는 순간에 부활절의 교회 종소리가 들려온다. 종소리를 듣자 독배 마시는 일을 중지한다. 이것은 자살을 포기하였다는 의미이므로 정신치료의 측면에서 보면 치료가 완결되었다는 것을 의미한다. 『파우스트』에서 말하고자 하는 본래의 의미가 종교적인 구원이었다 하더라도, 그가 종소리를 듣고 독배 마시는 것을 포기한 이유는 유년기와 청년기의 기억을 종소리가 불러다 주었기 때문이다.

"이 소리는 파우스트가 어릴 때부터 익숙하게 듣던 소리이고, 이 소리를 듣자 그는 생명으로 충만하였다. 이 소리를 듣고 그는 그리움으로 가득했던 어린 시절로, 유쾌하게 놀았던 어린 시절로 돌아갔다. 하지만 어린 시절부터 귀에 익은 저 소리, 나를 다시 삶 속으로 되불러 주는구나."[1]

『파우스트』의 이 구절은 수필을 문학치료에서 얼마나 유용하게 이용할 수 있는가를 아주 적절하게 설명하고 있다.

삶 속에는 끝없는 욕망과 좌절과 갈등이 있다. 또 극복과 회피(억압)라는 심리 과정을 겪으면서 한 인간의 자아가 형성된다. 형성된 자아의 뒤편에는 무의식의 그림자도 악마처럼 웅크리고 있다. 그림자는 끊임없이 심역 속에 출몰하여 우리 인간을 괴롭힌다.

무의식의 열등한 부분인 이 그림자(융 심리학)를 의식의 세계로 불러내는 것이 치료이다. 이것을 그림자의 인격화란 말로 표현한다. 수필쓰기는 바로 그림자의 인격화를 이루어 내는 가장 좋은 방법 중에 하나이다.

그림자가 무의식에 남아서 출몰할 때마다 우리는 여러 증상들로 고통받는다. 그 증상은 우울증도 있고, 히스테리, 강박증, 불안 신경증도 있다. 증상들이 외부로 드러나지 않고 순전히 심리 영역에 머문다 하여도 고통스럽기는 육체적인 것보다 더 심하였으면 심하였지 절대 가벼운 것이 아니다.

그림자의 인격화는 정서의 소통을 의미하기도 한다. 우리의 정서는 여러 경로를 통하여 소통한다. 시적 표현을 빌리자면 눈빛으로,

---

[1] 요한 볼프강 폰 괴테, 『파우스트』1 (정서웅 역), 민음사, 2000, 53쪽

표정으로, 몸의 자세로도 소통한다. 그러나 뭐니 뭐니 해도 직접적인 방법은 언어이다. 언어를 매개로 하는 모든 예술분야가 소통에 참여할 수 있다. 언어는 감정과 생각, 의지까지도 표현하므로 소통의 길이 된다.

말하자면 언어에는 화자의 감정만이 아니고 정보와 사고까지도 실린다. 언어를 통해서 화자에 관한 여러 가지 정보를 얻을 수 있다. 사고 개념을 통해서 그가 살아온 사회의 가치관에 어떻게 순응하고, 어떻게 저항하였는를 알 수 있다. 더욱이 그의 감정 상태도 알 수 있다. 우리는 언어를 통해서 한 인간을 총체적으로 인지할 수 있다.

문제는 화자가 언어에다 총체적인 자신을 싣지 않는다는 것이다. 소위 말하는 그림자의 상태로 자신을 무의식 속에다 매몰시켜 버린다. 즉 자신을 숨기고 있다는 사실을 자신은 전혀 모르고 있다. 본래 언어의 존재 의미가 소통이라고 한다면 자신을 숨기고 있는 언어는 언어 상실이다. 그런데도 문학 언어에서는 은유와 환유라는 방법으로 언어를 사용하므로 상실된 언어를 더더욱 은폐시키는 역할을 하는 것이 흔하다. 감정의 소통으로 내면화된 자신을 드러내는 것이 치료라면 상실된 언어를 복원하는 것이 치료의 목적이다. 문학을 통하여 정서의 고백을 하는 것을 상실된 언어를 되살리는 아주 좋은 방법이다.

문학적 언어의 표현이라고 하여 내면 깊숙이 매몰되어 있는 자신을 솔직하게 드러내는 것은 절대 아니다. 정신분석 용어로 말하자면 은유와 환유의 방법으로 변형하여 드러낼 뿐이다. '그림자의 인격화'란 자신의 내면을 정확하게 바라보고 진실되게 인식하여 솔직하게 드러낼 때만이 가능하다. 문학 언어라고 하는 은유와 환유로 자신을 담아놓을 때는 글쓰기를 하는 자신도 자신을 정확하게 알 수가 없다. 그런 면에서 진솔한 표현을 강조하는 수필쓰기가 적합한 방법이라고 생각한다.

수필은 소설과 시와 비교하여 다른 측면이 있다. 허구가 아닌 사실 자체가 바탕이 되어야 하기 때문이다. 자아를 은폐시킬 수 있는 허구나, 진실하지 못한 표현은 수필의 정의적 개념에 어긋나기 때문이다.

"오늘의 자아가 형성되기까지 내가 걸어온 길을 되짚어 보고 표현하는 글이 수필이다. 자아의 형성 과정이 개개인마다 다르다. 글도 사람에 따라서 달라야 한다. 그러기 위해서는 성찰이라는 과정을 통해서 자신을 정확하게 바라볼 줄 알아야 한다. 또 성찰이라는 과정을 통하여 자기규정을 하여야 한다."[2]

성찰은 앤서니 엘리엇이 말하는 자아이론의 핵심이다. 성찰하는 과정은 삶의 궤적에 관하여 심리적이고, 사회적인 정보를 주시하고 되돌아보는 과정이다. 수필쓰기에는 자아성찰이라는 과정이 들어간다. 수필의 개념에는 내면의 고백 못지않게 자아성찰이 주요한 자리를 차지하고 있다. 자신의 내면을 수필을 통하여 고백하는 동시에 자기 성찰을 하므로 자신을 알게 되는 것이 수필이다. 그렇다면 정신치료의 개념과 일치한다.

정신분석 치료에서 자신을 성찰하여 진실을 깨닫는 순간 느끼는 상태를 '아하 경험'이라는 용어로 말한다. '아하 경험'을 그림자의 인격화와 마찬가지로 치료의 개념으로 사용하는 용어이다. 그렇다면

---

[2] 앤서니 엘리엇(김정훈 역), 자아란 무엇인가? 성찰과 자아, 2000, 60쪽

문학치료에서 수필이 가장 적합한 장르이다.
 문학치료의 개론서 저자(변학수)는 수필을 치료의 방법론으로 다루지 않았다. 바로 이것이 이 글을 쓰는 이유이다.

예술치료와 수필

 정신질환자를 치료하기란 결코 쉽지 않다. 육체 질환의 치료보다 훨씬 더 어렵다. 소위 정신병(psychosis)이라고 분류된 질병은 극도의 난치성 질환이다. 정신의학에서는 치료의 방법을 크게 두 가지로 나눈다. 하나는 정신사회적인 치료이고, 다른 하나는 생물학적 치료이다.
 생물학적 치료는 약물치료가 주종을 이룬다. 그 외에 전기요법 등 정신병원에서 시행하고 있는 다른 방법도 있다. 예술치료와는 거리가 먼 치료 방법이다. 따라서 예술치료는 정신치료의 보조적인 방법이지 주치료 방법은 아니다. 그러나 생물학적 치료가 정신질환을 근본적으로 치료하는 데는 어려움이 따른다.
 정신분석 치료는 정신분석이론이 바탕이 되어 있다. 정신분석학자는 인간 행동의 동기와 충동 그리고 갈등, 애착, 친밀감과 자존심의 본질을 이루는 인간의 심층 심리가 있음을 강조한다. 즉 인간성을 구성하는 아주 복잡하고, 복합 결정적인 정신구조를 설명하는 심층 심리학이 이론적 기초가 되어 있다. 예술치료를 시행하기 위해서는 심층심리의 구조를 파악하고 있어야 한다.

정신분석 치료는 마음에 고통을 주는 무의식적 원인을 치유하는 유일한 치료 방법이라고 말한다. 정신분석의 목표는 억압되어 무의식에 숨어 있는 요소들을 의식화 시켜서 인격의 전체적인 구조 속으로 통합하는 것이다. 무의식으로 억압되어 있는 순간은 의식 내지 통합적 인격과는 분리되어 있기 때문이다. 무의식에 숨어서 마음에 고통을 줄 때는 환자는 무엇이 자신의 병을 일으키고 있는지를 모른다. 합리적인 세계인 의식의 세계로 나와야만이 원인을 알게 되고 치유도 가능하다.

정신분석 치료란 무의식의 탐구를 통하여 의식 세계로 데리고 나오는 것이 일차 목표이다. 의식의 세계에 머물면 자신의 갈등이 무엇 때문인지를 이해하게 되고, 수습의 길도 찾을 수 있다. 이것을 통찰(insight)이 생겼다고 한다. 통찰이 생기면 인격의 병적인 부분이 수정되고, 건전한 인격을 갖게 된다. 이런 과정을 거치고 나면 자신을 괴롭히던 요소들이 사라지고 인격의 변화가 일어난다. 이로써 고통을 주던 요소가 해소되면 정신치료는 마무리 된다. 즉 인격을 개조하거나 재구성하는 것이 정신분석 치료의 목적이다. 일상생활에 장애를 주던 증상이 좋아지고 대인관계도 부드러워지며, 일을 의욕적이고, 능률적으로 할 수 있게 하는 것이 치료의 목적이다. 말하자면 일상생활에서 단순히 마음의 고통에서 벗어났다는 것만이 아니고 보람을 가지고 즐거워하면서 살아갈 수 있도록 하는 것이 목표이다.

프로이트가 설정한 정신분석 치료도 거창한 것이 아니다. 그의 말을 들어보자.

"정신분석의 목적은 거창한 것이 아니다. 다만 현실적 불행(com

mon unhappiness – 단순히 불행이라고 말하기보다는 흔히 우리가 살아가면서 행복이라고 말하는 기분을 느끼지 못하는 상태 – 인 것은 자신의 내면에서 일어나는 갈등의 영향으로 자신을 사실 이상으로 불행한 것으로 느끼기 때문이다. 현실을 액면 그대로 긍정하면서 받아들이게 하는 것이다."

프로이트의 언설에는 아주 중요한 의미를 담고 있다. 우리가 불행이라고 느끼고 있는 것을 따져보면 보편적으로 행복하다고 믿는 상태가 아닐 뿐이다, 라는 것이다. 그렇게 느끼는 것은 인간의 내면에서 일어나는 심리적 갈등 때문이지 사실과 일치하는 것은 아니다 라는 것이다.

보편적으로 행복하지 않음(common unhappiness)을 실체 그대로 인정하고 받아들임으로써 마음의 평정을 되찾는 것이 목표라고 하였다. 불교에서 말하는 '일체유심조'(一切唯心造 – 모든 것은 마음먹기에 달렸다.)를 떠올리게 하는 말이다.

그렇다면 현실적으로 받아들이는 것은 마음이 아픈 스스로 이다. 어느 누구도 그 역할을 대신해 줄 수는 없다. 다만 도와 줄 수만 있을 뿐이다. 도움을 주는 일도 환자가 받아들일 때만이 가능하다. 바꾸어 말하자면 환자가 자기 성찰을 통하여 혼자서도 자신을 분석할 수 있는 능력을 갖게 하는 것이 목적이다.

예술치료는 자기성찰을 하는 과정에서 도움을 줄 수 있다. 보조적인 수단이 될 수 있다. 바로 이 위치에 예술치료가 자리를 잡을 수 있다.

프로이트가 설정한 정신치료를 다시 주의 깊게 살펴보면 적어도 환자가 자기 성찰을 할 수 있는 능력이 있어야 치료가 가능하다. 만약에 심한 정신혼란에 빠져 있는 경우는 자기 성찰이 불가능하므로 치료가 어렵다. 정신증 환자의 정신분석 치료가 어려운 이유도 바로 자기 성찰의 능력을 상실한 사람이기 때문이다. 정신증까지는 아니더라도 신경증에 빠져있는 환자도 갈등의 원인에서 스스로 벗어나오기가 힘이 들어 치료가 쉽지 않다고 하였다. 그러나 수필을 쓸 수 있는 정상인의 경우에는 자기 성찰을 통한 정신분석이 의미 있는 방법이 될 수 있다.

음악, 미술이나 시·소설 등의 문학, 연극 등의 예술활동을 정신질환을 앓고 있는 환자들을 치료하는 데 이용한다면 일반적으로 예술치료라고 말한다. 예술치료에 대한 정의도 사람에 따라서 차이가 있다.

미국예술요법협회가 제안한 정의에 따른다면 두 가지의 관점에서 말하고 있다. 하나는 예술 창작 자체가 치료를 목적으로 할 때는 창작과정을 통해서 갈등을 조절하는 동시에 자기를 인식하고 성찰하는 수단이 된다. 또 하나는 예술의 향수라는 측면에서 말하고 있다. 감상을 통해서 감상자의 내적 세계와 외적 세계 사이를 조화롭게 연결해주므로 치료 효과를 이끌어 낸다는 것이다.

여기에서 문학치료에 대해서만 살펴보자. 수필을 창작하는 과정에서 자신의 내면을 진솔하게 표현하므로 자기 성찰의 기회를 가질 수 있다. 그런 면에서 수필쓰기는 좋은 치료 방법이 된다.

수필쓰기는 자기 속에 내장되어 있는 기억을 불러내어서 이야기를 만들어 내는 것이라고 할 수 있다. 문학치료에서 다른 장르보다 수필이 장점을 더 많이 가지고 있는 이유를 들어보면 다음과 같다. 수필은 자신의 내면을 진솔하게 표현하는 것이므로 개인의 핵심적인 경험이나 꿈, 환상 등을 나타내는 데 유리한 장르이다. 허구가 아닌 진실의 표현이 수필의 정의적 개념이므로 허구가 허용되는 다른 장르보다 정신분석 차원에서 본다면 장점이 많다. 수필은 자신을 대상으로 하여 쓰는 글이기 때문에 자신을 좀 더 내밀하게 바라볼 수 있다. 물론 내용 자체가 그대로 사실인 것은 아니지만 성찰의 자료를 제공하고 있는 것은 틀림없다. 수필쓰기를 통해서 자신의 내면에서 일어나고 있는 갈등을 해소할 수 있고, 생활을 통하여 승화과정을 겪으므로 치유에 일조할 수 있다.

따지고 보면 삶이란 경험의 연속이다. 경험된 일들은 기억 속에 차곡차곡 저장된다. 수필쓰기는 기억의 창고 속에 저장되어 있는 경험을 끄집어내어 이야기로 배열하는 것이라고 하여도 틀린 말이 아니다.

기억이 어떤 형태로 저장이 되어 있는가와, 저장된 기억을 끄집어낼 때는 어떤 모양으로 우리 앞에 나타나는가를 짚어 보자. 과거의 경험을 되살려서 서술적으로 표현할 때는 작가의 개인사적 의미를 지닌다. 즉 개인의 역사화가 이루어진 것이다. 수필쓰기는 허구가 아니고 내면의 진실한 고백이므로 역사화도 순조롭게 이루어져야 하는 것은 당연하다. 그러나 문제는 그렇게 단순하게 정립할 수 없다는 것이다. 이미 망각의 늪으로 빠져버려서 과거의 경험을 기억해 낼 수 없는 것이 허다하다. 기억해 낸 사실들도 아전인수격인 해석을 하면서 멋대로 바꾸어 버린 것이 대부분이다. 자기에게 유리하게 각색한 기억이 대부분인 것이다.

그러면 왜 기억의 왜곡이 일어나는가를 따져보자. 망각된 경험이나, 왜곡된 기억이 나타나는 이유는 경험의 주인이 갖고 있는 심리현상 때문이다. 기억하고 싶지 않은 부끄러운 경험이라고 하자. 경험의 주인은 이런 기억을 무의식으로 억압해 버리다. 무의식을 절대로 기억할 수 없는 기억이라고 하는 말을 상기하면 경험은 망각의 늪 속으로 빠져버리는 것이다. 경험이 단순하게 망각되어 버린다면 아무런 문제도 일어나지 않는다. 이때의 망각은 기억되지 않는 기억으로 존재하기 때문에 문제를 일으키는 것이다. 망각된 기억이나 왜곡된 기억 뒤에 꽁꽁 숨어 있는 기억이 마치 도깨비처럼 시도 때도 없이 출몰하여 자신의 주인을 괴롭히므로 문제가 되는 것이다

　괴로움에서 벗어나기 위해서는 숨어 있는 기억의 실체를 파악하는 것이 무엇보다 필요하다. 수필쓰기는 바로 이 숨어 있는 기억을 찾아가는 방편이 된다. 어쩌면 수필쓰기는 인간의 내면에 도사리고 있는 고통의 근원을 해결하기 위해서 한 개인의 역사를 복원하는 것인지도 모른다.

　그러나 사실에 입각한 경험을 복원하는 것은 역사로서는 의미가 있겠지만 정신분석에 의한 치료로서는 무의미하다. 정신치료에서 더 의미가 있는 것은 기억을 망각 속으로, 또는 본래의 기억을 왜곡시키는 심리적인 실체를 파악하는 일이다. 수필쓰기에서 표현하고 있는 내용들은 우리가 기억하고 있는 것들로 이루어진다. 이때의 기억은 사실 그대로일까? 정신분석 차원에서는 그렇게 보지 않는다. 진실의 기억을 은폐하기 위해서 만들어진 '덮개-기억'이라고 하였다. 은폐된 진실의 기억이 바로 우리에게 마음의 병을 일으키는 병인이라고 하였다. 우리가 회상해 낼 수 있는 기억은 정신적 병인을 감추기 위해서 덮어버리려는 구실을 하는 기억이다.

　문학치료로서 수필을 바라본다면 글을 쓴 저자이든, 수필을 읽는 독자이든 작품의 이면으로 찾아가야 진실을 만날 수 있다. 말하자면 수필은 한 인간을 이해하기 위해서 풀어야 할 기호 내지 암호인 것

이다. 해답을 찾으려는 과정이 바로 자기 성찰의 과정인 것이다.

수필로 쓰여진 회상의 이면에는 다른 기억이 은폐되어 있는 것이 대부분이다. 은폐된 기억에는 저자의 욕망을 숨겨두고 있다. 말하자면 의식 세계로 떠올리고 싶지 않은 아픈 기억은 덮개-기억이라는 유쾌한 기억으로 바꾸어서 저장하기 때문이다. 이와 같은 심리 과정이 나타는 이유는 억압해버리는 기억도 억압당하지 않으려는 저항을 하기 때문이라고 하였다. 말하자면 아픈 경험도 기억으로 남으려는 힘이 있다. 이것을 심층심리 용어로 '욕망'이라고 부른다. 이때 경험의 주인은 타협점을 찾아서 별로 유해하지 않은 기억으로 대체하여 의식 세계에 저장하기 때문이다.

문학치료로서 수필을 쓸 때는 수필의 표면적 내용 뒤에 숨어 있는 자신을 탐구하고 성찰하여 숨어 있는 욕망을 찾아보아야 한다. 이런 일은 불교에서 화두를 내걸고 해답을 찾아나서는 일만큼 어려울 수 있다.

정신건강에서 정상과 비정상

인체의 기능이 비정상적일 때를 병적 상태라고 한다. 비정상적이란 정상에서 벗어난 상태일 때를 말한다. 그렇다면 비정상을 알기 위해서는 반드시 정상이 무엇인지를 알아야 한다.

세계보건기구(WHO)에서 내린 건강에 대한 정의는 이렇다. "신체적으로, 정서적으로, 사회적으로 편안한 상태(Well-being)"를 가지는 것이라고 하였다.

신체적이란 우리의 육신이 평균적인 수치로 자라고, 커지는 것과 연령에 맞게 정상적인 기능을 하는 것을 말한다. 흔히 우리가 관습적으로 건강이라고 말할 때는 여기에 기준하여 말한다. 우리는 세계보건기구에서 건강한 상태가 아니고 편안한 상태라고 정의를 내린 것에 주목할 필요가 있다. 편안함이란 심리적으로 안정감을 느끼는 것을 말한다. 만약에 다리가 하나 결손되어 있다면 육체적으로 건강한 상태라고 할 수 없다. 다리의 주인이 정신적으로 편안함을 느끼고 살아간다면 그는 건강한 것이다.

정서란 감정을 일컫는다. 말하자면 심리 상태를 말한다. 일반적으로 사람과 사람 사이에 감정의 교류가 원활하게 일어나면 정서적으로 안정되었다고 한다. 만약에 소통이 일어나지 않는다면 사람들은 소원해지고, 고립감을 느끼므로 정서적으로 안정되어 있다고 할 수 없다.

사회적이란 자기가 속한 사회에서 주변과 마찰을 일으키지 않고 자신의 삶을 잘 유지할 때를 말한다. 이때는 거의 사회의 가치관을 인정하고, 사회적 관습을 수용하여 살아갈 때는 편안함을 느낀다.

다시 정신의학적 측면으로 축소시켜서 건강한 성인이라고 할 때는 몇 가지의 기준을 가지고 말할 수 있다. 수필은 정신분석 치료에 속하는 예술치료에서 다루어야 하므로 정신분석적 차원에서 정상을 알아볼 필요가 있다.

첫째, 선명한 자기 정체성(identity)을 가지고 인생의 목표를 자발적으로 추구해가는 사람이어야 한다. 사회 속에서 살아가고 있는 자기 자신을 분명히 알아서, 자기의 위치를 정립해야 한다. 그 위치에서 자신이 성취해야 할 목표가 무엇인지를 깨닫고, 성취를 위해서 살아가는 사람을 말한다.

한 예로써 교사일 경우, 후세를 교육하는 자신의 일에 보람을 느끼고, 자신이 목표하는 일을 위해 노력하는 사람은 정상인이다. 즉, 아이들을 교육하여 사회에서 건전하게 살아가도록 해주는 일에 보람을 느끼고, 그 일을 성취하기 위해 노력하는 사람을 정상인이라고 할 수 있다. 자기의 직업에 불만을 가지고, 월급이 적다고, 동료 교사들과 마찰을 일으켜서 마음에 고통을 느낀다든지, 교사의 사명감을 망각하고 아이들이 나쁘다고 불평만 한다면 정상인의 범주에 들어갈 수 없다.

의학 교과서에서 정상인을 언급한다고 하여 특별히 조건을 갖춘 사람이 아니다. 우리가 상식적으로 정상인으로 생각하고 있는 사람이 곧 정상인이다.

둘째, 자신의 현실이 어렵고 힘들더라도 그 사실을 솔직하게 받아들여서 잘 소화해내고, 적응하는 능력이 있는 사람을 정상인이라고 한다.

우리 앞을 막아선 현실은 너무 거대하여 우리의 힘으로 어쩔 수 없는 일이 대부분이다. 이럴 경우에 좌절하여 방황하거나 막연히 누가 도와주기를 바라는 망상에 빠져 있거나 아니면 나와 가까운 사람들, 부모나 형제나 또는 가족에게 의존하려는 사람은 정상이 아니다. 사회를 욕하고, 남의 탓으로 돌린다고 해결될 일이 아니다. 오히려 본인에게 깊은 상처만 줄 뿐이다. 현실을 냉정하게 받아들이고 대처하는 사람이 정상인이다. 잘 나가는 직장에서 밀려났을 때 남을 원망하기보다는 한 단계 낮은 직업이라도 찾아 나서서 삶을 꾸려나가는 것이 정상인이다.

셋째, 대인관계에서 상대방의 입장을 생각할 줄 알고, 상대방의 요구를 이해하여 대인관계를 지속적으로 유지할 수 있어야 정상인이다.

사회생활이란 인간과 인간의 관계에서 형성된다. 인간이란 아무런 생각도 없고, 가치관도 없는 무생물이 아니다. 어떤 면에서는 서로 다른 생각을 갖고 있는 사람 사이에 관계를 형성하여 살아가는 것이 사회생활이다. 자기의 주장을 상대방에게 일반적으로 강요하거나, 남의 의견은 무시해버린다면 사회생활을 원만하게 유지할 수 없다. 이럴 때도 삶에 아무런 불편을 느끼지 않는다면 굳이 정상이니, 비정상이니 따질 필요가 없다. 대부분의 경우에 이런 사람은 사회에 소외당하고, 주위의 사람들과 어울리지 못하여 고립되어버리는 수가 많다.

고립과 고독은 키에르케고르도 죽음에 이르는 병이라고 하였다. 정신적으로 황폐해지고, 인격장애를 수반하는 수가 많기 때문에 정상인이라고 할 수 없다. 우리는 살아가면서 대인관계를 지속적으로 유지하는 것이 건강한 삶을 위해서 절대로 필요하다.

넷째, 이성異性관계가 만족스럽게 이루어져야 정상인이다.

정신분석 차원에서 이성과의 관계를 아주 중요시한다. 정신병리적인 여러 요소들이 이성 문제에서 일어난다. 또 정신장애의 증상들 중에 성과 관련된 증상들이 많다. 우리는 이성 관계를 원만하게 가지는 사람을 정상인이라고 한다.

다섯째, 현실에서 자신의 능력을 솔직하게 받아들이고, 그 능력에 맞추어서 살아가는 사람은 정상인이다.

자신의 능력을 정확히 알고 그 능력에 맞추어서 살아가는 사람이 정상인이다. 자신의 능력에서 벗어난 일에 뛰어든 사람은 욕망과 현실 사이의 괴리 때문에 마음의 고통을 심하게 받는다. 그것을 인식하고 자기의 삶에 만족을 찾는 사람이 정상인이다.

여섯째, 직업 적응을 잘하고, 자신이 하는 일에서 성취감을 느끼는 사람이 정상인이다.

자기의 직업에 끊임없이 불만을 토로하면서 살아가는 사람을 흔히 본다. 그런 사람은 불만만큼 마음에 고통을 받으면서 살아가는 사람이다.

위에서 든 정상인의 범주에 벗어나는 사람은 어느 한계가 넘으면 정신병리적인 증상을 일으킨다. 본래 갖고 있던 기능마저 상실해버린다든지, 어린아이처럼 사고와 행동을 하는 퇴행성 변화를 일으키기도 한다. 정서가 고갈되어 남과 잘 어울리지 못한다든지, 현실을 왜곡하여 심할 경우는 망상과 환각이 나타나기도 한다.

　비정상적일 때는 아예 환자 취급을 해버리고, 나는 그렇지 않다고 자위하면서 살아갈 수도 있다. 그러나 정신병리에서 정상인과 비정상인 사이에 하등의 차이가 없다고 한다. 다만 정도의 차이로 구분할 뿐이라고 하니, 지금 내가 정상인의 범주에 든다 할지라도 언제 비정상인의 구덩이로 떨어질지 모른다. 그러므로 수필쓰기를 통해서 자기 성찰을 하는 것은 치료가 아니더라도 정신건강에 유익하다.

　정신의학적으로 병적이라고 말할 때는 정상인의 범주를 벗어났을 때를 말한다. 앞에서도 말했듯이 정상인과 비정상인을 구분하는 경계선이 분명하지 않다. 정신병리적인 심리기전은 동일하기 때문이다. 다만 심리작용이 과도하게 나타날 때는 어느 누구도 비정상인 될 수 있다. 예로서 불면증이 정신적 고통으로 인해서 나타나는 증상이라면 살아서 숨을 쉬고 있는 모든 사람이 경험하고 있는 증상이 아닌가. 문학 작품에 수도 없이 나타나는 '잠 못 이루는 밤'이라는 표현에서 문학과 정신적인 문제의 관련성을 뚜렷하게 바라 볼 수 있다.

　앞에서 살펴본 정상인의 범주라는 것도 새삼스러운 것이 아니다. 우리가 살아오면서 아버지로부터, 학교에서, 직장의 상사로부터 수도 없이 들어왔던 말들이기 때문이다. 문제는 삶이란 것이 우리가 바람직한 사고를 하고, 올바른 행동만 하도록 되어 있지 않다는 것이다. 정상인의 범주라는 것이 오히려 우리를 감시하는 감시자가 되어서 눈을 부릅뜨고 내려다보므로 우리를 주눅들게 하고 있다. 오히려 우리의 마음을 고통스럽게 하고 있다. 더 심하면 마음의 아픔을 견디지 못하여 병원에 입원해야 할 처지가 되기도 한다.

어쨌거나 우리는 정상인으로 살아가기를 바라고 있다. 다니엘 오퍼의 분류에 의하면 정상인은 다음의 범주에 속한 사람들이다.

첫째, 건강해야 정상이다.

다분히 의학적 관점에서 바라본 정상의 기준이다.

둘째, 성격의 여러 요소들이 최상의 조화를 이루어서 갈등 없이 욕구의 충족을 맛보며 사는 사람이 정상인이다.

이것은 정신분석적 측면에서 본 개념의 정의이다. 그러나 프로이트는 이런 정상이란 현실의 삶에서는 존재할 수 없다고 하였다. 말하자면 이상의 정상(normality of utopia)이라고 하였다. 따라서 현실에서는 결코 이루어질 수 없으므로 허구라고 하였다. 수필쓰기에는 자신을 미화하여 이상적 자아로 표현하는 경향이 있다. 우리는 수필쓰기에서 자기를 과도로 이상화할 때는 자기 성찰이란 있을 수 없다. 수필쓰기에서 자신의 이상적 자아와 현실적인 자신을 읽어낸다면 수필쓰기는 아주 좋은 치료 효과를 거둘 수 있다.

셋째, 사회적으로 특별하지 않고 보통 사람의 범주에 들어야 정상인이다.

이것은 단순히 수학적 통계에 의하여 편차의 범위를 벗어나지 않는 사람을 말한다. 정신적인 차원에서 접근이라기보다는 다분히 사회적인 접근이라고 할 수 있다. 중상층을 분류해내는 방식의 접근이라고 할까. 그러나 우리는 알게, 모르게 단순히 내 이웃과 비교하는 경향이 있으므로 이런 접근 방식도 염두에 두는 것이 정신 치료에 도움이 될 수 있다.

이 기준에 의하면 어떤 분야에서 특출하게 뛰어난 사람은 정상인의 범위를 벗어난 사람이다. 내가 의과대학 일학년 때 정신과 교수님이 이 기준에 의하면 케네디 대통령도 정상인이 아니다라고 하였다. 그때는 학우들 모두가 크게 웃고 말았지만, 살아오면서 나를 돌아볼 때 마음의 편안함을 얻기 위해서는 도움이 되는 말이라 싶었다. 인간의 삶에서 마음의 평화를 얻고 안정된 생활을 누리려면 너무 높게 성공하는 일도 바람직하지 않을는지 모른다.

넷째, 변화하고 성공하는 사람이 정상인이다.

우리 인간은 고착되어 있지 않고 언제나 심리적인 변화를 겪으면서 현실 적응을 하고 있다는 이론에 근거하고 있다. 즉 발달심리 차원에서 바라본 정의라고 할 수 있다.

인간은 유년기에서 청장년, 중장년, 노년기로 연륜을 쌓아갈수록 심리기전도 바뀌게 마련이다. 그 연령에서 나타나는 심리기전이 나의 삶을 윤택하게 하기도, 고통스럽게 하기도 한다. 변화에 대하여 끊임없이 자기 성찰을 하므로 갈등 없이 살아가도록 마음을 바꾸어야 한다. 성찰의 방법으로 수필쓰기는 아주 적격이다. 수필쓰기는 내면을 다룬다. 신체 변화가 아닌 정신세계를 다룬다. 정신세계에서는 정상과 비정상을 뚜렷하게 구분하는 경계선이 없다. 다만 어느 시점에서든지 한 개인은 미숙하고, 비효율적이고, 바람직하지 못한 행동을 하므로 비정상의 범주로 떨어질 수 있다. 따라서 정상과 비정상은 '정도의 차이'로만 구분된다. 수필쓰기를 통하여 자신을 정상인의 범주 안에 붙잡아 두는 계기를 만들어 낸다면 정신치료에서 아주 좋은 방법이 된다.[3]

---

3) 《신경정신과학》, 대한신경정신과학회 편, 하나醫學社. 1998. 정상과 비정상. 181-182쪽

마음의 구조

 수필을 정신치료에 응용하기 위해서는 마음의 구조를 알아야 한다. 인간의 마음이란 무엇으로 이루어져 있으며, 어떻게 구조화되어 있고, 작동의 기전은 무엇인지를 알기 위해서 많은 탐구가 있어 왔다. 그러나 아직까지 만인이 인정하는 정답을 찾아내지 못한 채 여러 가설들만 주장되고 있다.

 사람들이 마음을 어떻게 생각하여 왔는지를 역사적으로 살펴보는 것도 마음을 이해하는 데 도움이 된다. 고대인이나 원시인은 마음과 몸을 분리된 것이 아니라고 생각하였다. 마음은 생명의 주요한 일부로서 혼(魂=soul, psyche)을 설정하여 탐구하였다. 그 후로는 우주를 떠도는 영적 존재로서의 귀령학(鬼靈學=demonology)으로 파고들었다. 지금도 이 영향은 그대로 남아 있어 영혼의 존재를 믿고 있다.

 이후에 인간의 마음에 관한 연구는 심리학(心理學=psychology)이라고 부르면서 연구를 하였다. 그러나 심리학을 치료학에 이용한 것은 오래지 않다. 대표적인 심리치료 요법을 정신분석 요법으로 꼽고 있다. 프로이트가 시작한 이래 겨우 100년쯤의 역사를 가지고 있다.

생각해보면 심리학이나 정신분석 치료가 하나의 통일된 이론을 가지지 못하고 그토록 오랫동안 가설만 존재하는 이유가 의아할 것이다. 인간의 마음은 보편적인 공통점도 있는 반면에 개인마다 서로 다른 개별성도 있다. 수필은 개개인의 내면을 표현하는 문학 장르이다. 나는 사람마다 차이가 나는 복잡한 인간 심리를 드러내는 데는 가장 적합한 문학의 장르임을 거듭 말하고자 한다.

오늘의 정신분석 이론의 대표적인 학설은 프로이트-라캉의 정신분석 이론과 융의 분석심리학이라고 할 수 있다.

정신분석 치료는 두 개의 기본적인 가설을 바탕으로 하고 있다. 정신분석이란 것도 인간 마음의 발달과 기능을 이해하고, 인간의 성격, 행동, 경험을 이해하기 위해서 내세운 가설의 집합체를 말한다고 할 수 있다. 오늘 가장 지지받고 있는 가설은 정신결정론, 즉 정신인과론의 원리와 무의식을 설정한 것이다. 인과론이란 결과가 있기 위해서는 원인이 있어야 한다는 것으로 상당히 과학적인 사고를 바탕에 깔고 있다. 프로이트가 생리학에서 출발하였음을 감안하면 심리 반응도 인체의 생리 반응처럼 생각하였음을 알 수 있다. 따라서 마음에 고통을 주기 위해서는 틀림없이 원인이 되는 선행 경험이 있다고 믿었다.

두 번째 가설인 무의식은 정신 과정에 영향을 주는 속성은 의식이 아니고, 더 중요한 역할을 하는 다른 요소가 있다는 가정 하에서 출발하고 있다. 즉 개인 스스로는 전혀 깨닫지 못하는 무의식적 정신 과정이 실재의 정신병리에서는 더 의미가 있다는 주장이다. 무의식의 존재를 인정하는 가설을 수용하고 있는 것이다.

무의식의 가정은 우리의 정신 활동에서 연속성 없이 엉뚱하게 나타나는 현상을 잘 설명해주고 있다. 어떤 생각이나 감정, 우연한 망각, 꿈, 정신병리적인 여러 증상들이 의식세계에서는 과거의 경험에서 그 원인을 찾아내기 어려울 때가 많다. 이유는 인과율의 법칙이 무의식 세계에서 일어나는 정신과정을 따르기 때문이라고 하였다.

우리는 무의식적인 정신과정을 직접 관찰할 수 있는 방법을 아직까지 모른다. 무의식적인 현상을 연구하는 방법은 모두 간접적인 방법에 의한다. 프로이트가 이 간접적인 방법을 이용하여 무의식을 탐구하였다. 이 방법을 정신분석법이라고 한다.

거듭 말하지만 수필은 무의식을 탐구하는 간접적 방법에 가장 효과적으로 유용할 수 있는 문학 장르이다.

1) 프로이트 이론

프로이트는 정신병자를 다루면서 의식 세계 너머에 또 하나의 정신세계가 존재하고 있다는 것을 가정하였다. 의식 세계라고 하는 것은 자기의 내부와 외부에서 오는 지식을 인식하는 마음의 영역을 말한다. 우리는 의식 세계에서 내 삶을 누리고 생활을 꾸려 간다. 그러나 의식 세계만으로 해석이 불가능한 마음의 세계를 무의식이라고 명명하였다.

무의식도 단일하게 되어 있는 것이 아니고 전의식과 무의식이라는 두 개의 다른 형태로 되어 있다고 가정하였다. '전의식'이란 것은 주의를 집중하여 기억을 더듬어 가면 의식의 영역으로 불러 낼 수 있는 사고나 기억을 말한다. 일반적으로 무의식이라고 하면 의식적으로는 절대로 기억해 낼 수 없는 기억을 말한다. 말하자면 내게는 존재하지 않는 기억으로서의 기억을 말한다.

무의식에서 구성하고 의식 세계에서 제거되거나 추방해버린 기억들이다. 그러나 꿈이나 농담, 실수, 등같이 의식의 감시망을 피해서 얼굴을 살짝 내민다. 요컨대 인간을 행동하게 하고, 마음을 움직이게 하는 큰 힘은 무의식에서 나온다. 이때 의식이 차지하는 영향력이 해면 위에 솟아 있는 빙산의 일부분이라면 무의식은 해면 밑에 잠겨 있는 거대한 얼음덩이와 같다. 프로이트는 많은 환자들을 다루면서 무의식적인 정신 활동이 의식적 사고의 행동에 큰 영향력을 미친다는 것을 정신분석적 기법으로 찾아내었다.

정신의 구조가 의식, 전의식, 무의식이라는 3종류의 심급으로 되어 있다는 주장을 프로이트의 제1지형이라고 한다. 무의식이 자기를 추방해버린 의식 세계로 되돌아올 수 없도록 방해하는 심적 요인이 있다. 이 요인이 바로 정신병리의 증상들을 만들어 낸다.

무의식 체계에 대하여 연구를 거듭할수록 프로이트는 이 가설만으로는 (제1지형) 정신의 구조를 명확하게 설명해 낼 수 없을 만큼 복잡하다는 사실을 깨달았다. 마음이란 정적이고, 생명감 없이 고정되어 있는 것이 아니다. 끊임없이 변화하는 역동적인 구조로 되어 있다. 감각기관을 통하여 지각한 정보를 인식하고 나서 운동으로 나타나기까지는 마음의 영역에서 마음을 구성하는 여러 요소들이 복잡하게 상호 작용을 한다는 사실을 알았다.

그 과정을 예를 들어서 요약해보자. 배고픔이라는 육체적 자극이 오면 마음은 긴장하고, 흥분한다. 긴장과 흥분이 한계를 넘어서면 불쾌감을 느낀다. 이때 음식을 찾아나서거나 음식물을 먹는 행동을 하게 되면 불쾌감은 방출되고 쾌락을 느낀다. 마음은 불쾌감에서 벗어나려고 하니까 완전히 떨쳐버리지는 못한다 하더라도 불쾌감의 정도를 낮추어서 유지하려고 한다. 이를 행동의 쾌락원칙(pleasure principle)이라고 한다.

음식물을 섭취하면 불쾌감이 해소되는 줄을 뻔히 알면서도 여러 가지 이유로 섭취하지 못할 때가 많다. 장발장처럼 돈이 없을 때 모든 사람이 빵가게에 가서 빵을 훔치지는 않는다. 빵을 훔치면 배고픔은 해소되더라도 법을 어겨서 경찰에게 붙잡혀 갈 수 있음을 알기 때문이다. 현실적인 법의 무서움이 배고픔의 고통보다 더 크기 때문이다. 이처럼 현실적인 법이 우리의 행동에 영향을 준다. 이것을 현실원칙(reality principle)이라고 한다.

사람이 외부나 내부에서 자극이 오면 그에 상응하는 행동을 하기까지 마음에서는 복잡한 심리작용이 일어난다. 즉 쾌락원칙과 현실원칙을 적용하여 계산하여서 자신에게 최대의 이익이 되는 방향으로 행동한다. 마음에서 일어나는 심리작용에 영향을 주는 요인들은 사람마다 모두 다르다. 이것은 사람마다 쾌락원칙과 현실원칙의 기준이 다르므로, 이 때문에 그 사람의 정체성(identity)이라는 것이 나타난다.

이때 심리작용에 영향을 주는 정신의 구성 요소를 프로이트는 이드(id), 자아(ego), 초자아(superego)의 3가지 심급으로 설정하였다. 이것을 제2지형이라고 하였다.

원본능, 즉 이드는 동물적인 본능과 구별하여 충동 또는 본능적 욕구(instinctive drive)라고 부른다. 동물적 본능이라면 자극에 대하여 일정하게 정해진 방법으로 반응한다. 사람에게는 자극이 주어지면 반응이 나타날 때까지 심리적인 과정이 진행되면서 긴장하고 흥분하게 된다. 긴장과 흥분이 근육 운동에 해당하는 행위가 나타날 때까지 진행하는 심리과정에 영향을 주는 것은 자아이다. 동물처럼 일정한 방식으로 나타나는 것이 아니고 사람마다 차이가 나타나므로 본능이라고 하지 않고 충동 또는 본능적 욕구라고 말한다.

충동 → 반응 과정에는 경험의 자기반성에 의하여 변형되는 과정을 거친다. 이 변형은 개인마다 다르기 때문에 개인은 정체성을 가지게 된다. 충동 → 반응 과정을 살펴보면 충동으로 긴장과 흥분이 어느 한계에 다다르게 되면 이를 발산하여 해소시켜 주어야 심리적인 안정을 되찾게 된다. 욕구를 해소시켜주므로 충족감을 느낀다. 이로써 충동 → 반응의 과정이 종결된다. 종결이란 말은 객관적인 표현이지만 충족은 심리적이고, 주관적인 표현이다.

프로이트의 심리기전을 다시 한 번 반추해보자. 본능적 욕구라는 자극이 와서 흥분상태에 다다르면 긴장이 오고, 불쾌감을 느낀다. 긴장을 해소하는 행동을 하므로 욕구는 충족된다. 배고픔이라는 본능적 욕구가 자극으로 나타나면 마음은 긴장하고 흥분한다. 긴장과 흥분에 한계를 넘으면 불쾌감을 느낀다. 밥을 먹는다는 행동으로 불쾌감이 해소될뿐더러 심리적으로 쾌감을 느낀다. 이 과정에서 쾌락원칙과 현실원칙이 관여하여 충족을 느끼게 한다. 밥을 즉시 먹을 수 없을 때는 긴장이 일정 수준을 넘지 않도록 다른 방법을 강구하여 낮은 강도의 긴장을 유지시키려 한다.

자극이란 외부에서만 오는 것이 아니다. 삶을 유지하다 보면 필연적으로 생겨나는 자극은 자신의 내부에서 오기 때문에 본능적 욕구라고 말한다. 이 자극은 피할 길이 없다.

프로이트의 제2지형이라고 하는 이드(본능), 자아(나), 초자아(나위에)의 개념을 개략적으로 살펴보자.

　이드는 인간이 지닌 원초적이고, 본능적인 욕구의 정신적인 측면이라고 정의를 내릴 수 있다. 태어났을 때의 인간의 마음은 거의 대부분을 이드가 채우고 있다. 이드는 쾌락원칙에 따라서 움직인다. 일반적인 성향은 자기의 생명을 유지하고, 방어하고, 종족을 보존하려는 욕구로 되어 있다. 식욕과 자기 몸을 외부의 위험으로부터 보호하는 욕망 그리고 성욕이 바로 그들이다. 문제는 성숙된 성인이 되어서 사회생활을 하려면 이드가 시키는 대로 행동할 수 없다는 것이다. 그렇다면 이드는 누군가의 감시를 받고 적절한 방법으로 억제되어야 한다. 감시의 역할을 하는 것이 바로 초자아의 몫이다.

　우리보다 높은 저 위에서 눈을 부릅뜨고 감시를 하고 있다. (마치 집에서 아버지와 같은 역할을 하므로 아버지의 법이라고도 한다.) 어쩌면 무서운 표정으로 바라보고 있기 때문에 그 눈길을 피하고 싶은 심리도 우리에게는 존재하고 있다. 그러나 그 눈을 속이더라도 죄책감이라는 형벌에 시달려야 하는 것이 인간의 운명이다.

　자아란 바로 나다. 이드와 초자아가 서로 힘겨루기를 하는 사이에서 양쪽의 눈치를 보아가면서 내가 최대의 이득을 얻을 수 있도록 나를 조절하고, 운전하는 역할을 한다. 최대의 이득이란 말은 초자아의 감시에서 벗어나면서 이드의 욕구를 최대한으로 충족시켜 준다는 뜻이다. 즉 자아란 우리가 의식적으로 조정할 수 있는 마음의 부분이다. 우리가 살고 있는 외부 세계 즉 현실과 나의 관계를 적절하게 수립하도록 하는 마음의 영역이다.

　예로서 아침에 늦게 일어난다고 어머니가 방에 들어와서 이불을 걷어내고 꾸중을 하였다. 지난밤에 늦게 공부를 한 탓에 눈꺼풀이 떨어지지 않으므로 어머니가 밉고 화도 났다. 그렇다고 하여 어머니에게 대들고, 어머니를 발로 찬다면 사회적 관습상 불효라는 딱지를 붙이므로 그럴 수는 없다. 눈을 비비면서 마당에 나서니 개가 꼬리를 치며 달려왔다. 죄 없는 개를 발로 한 번 차므로 마음의 불쾌감을 떨쳤다고 하면 초자아의 감독에서 벗어난 상태에서 폭력을 휘두르므로 공격적 욕구도 충족시켜 주었다. 폭력의 대상을 강아지로 선택하는 것이 자아가 하는 역할이다.

이드가 출생시의 심리영역의 대부분을 차지한다면 자아는 살아가면서 형성되어 간다. 자아란 현실원칙에 의해서 움직이지만 이드의 욕망을 교묘하게 충족시켜주면서, 자신도 사회생활을 잘 꾸려나가는 방법으로 실행한다. 자아의 힘이 크고, 성숙되어 있어야 인간은 자신이 원하는 삶을 바르게 살아갈 수 있다. 이런 자아를 건전한 자아라고 한다. 심리치료는 건전한 자아를 확립시켜 주는 것이 목표이다.

자아의 바탕은 이드이다. 자아란 자신이 세상에서 생존하기에 필요한 요소를 이드로부터 받아들여서 자신의 에너지를 강화한다. 이드는 에너지를 자아에게 빼앗기므로 힘이 약화되어서 자아의 지배를 받게 된다. 이런 마음의 상태를 가지게 될 때를 건전한 자아로 성숙하였다고 한다.

쉽게 풀어서 설명하면 본능적 욕구는 억누르고, 이 사회에서 허용하는 행동을 하도록 유도하는 것이 자아이다. 본능적 욕구는 쾌락원칙에 따르고, 자아는 현실원칙에 따른다면 어째서 쾌락을 포기하는 일이 일어나게 될까? 자아는 무서운 감독관의 감시를 받고 있기 때문에 섣불리 쾌락지향적인 행동을 할 수가 없다. 만약에 감시를 무시하고 본능적 욕구대로 행동을 하였다면 죄책감이라는 심한 형벌을 받게 된다.

아무리 배가 고파도 가게 안의 빵을 훔치지 못하게 하는 것은 무엇일까? 아버지가 아무리 미워도 대들지 못하도록 하는 것은 무엇일까? 흔히 양심 때문이라고 한다. 행동을 무조건 욕망을 채우는 방향으로만 행동할 수 없게 하는 감독관을 양심이라고 하면, 이 양심이 바로 초자아가 된다.

초자아는 만 1세가 되면 조금 생겨난다. 어머니가 금지하는 행동을 할 때는 어머니가 싫어하는 표정을 짓는다는 것을 알기 때문에 슬금슬금 눈치를 보기 시작한다. 5~6세가 되면 초자아는 아주 많이 생겨난다. 9~11세가 되면 초자아는 거의 완성이 된다. 개개인들도 각자 양심의 기틀을 잡게 된다. 양심이 기틀이 잡힌다고 하여 영원히 변하지 않고 고정되는 것은 아니다. 이후에도 일부이지만 변화가 올 수 있고, 일부는 추가도 일어난다. 이런 이유로 수필쓰기는 자기 성찰을 통해서 마음의 구조에 변화를 일으킬 수 있다. 따라서 마음의 치료도 가능해진다.

어린 시절에 자신을 돌보고, 양육하는 부모의 칭찬과 벌에 의하여 할 수 있는 일과 해서는 안 되는 일을 구별하는 판별력이 생긴다. 즉 양심이 생긴다. 칭찬과 꾸중을 하는 부모의 가치관이 그대로 아이의 가치관으로 전해진다. 즉 부모의 도덕관을 동일시하여 자신의 도덕관으로 삼는다. 이것을 내재화라고 말한다. 9-11세가 되어야 내재화가 가능하므로 이 시기를 지나야 초자아가 완성된다고 할 수 있다. 5~6세에 무척 많이 생겨난다고 말하는 것은 이 시기에 오이디푸스 콤플렉스를 해결하면서 부모와 동일시하려는 경향이 아주 강해지기 때문이다.

양심이라고 할 때는 대체로 의식의 영역이라 할 수 있고, 초자아는 일반적으로 무의식에 속한다. 초자아는 크게 둘로 나눈다. 나는 누구처럼 되어야 한다는 갈망으로서 긍정적 성질을 가진다(자아이상). 졸음을 참고 열심히 공부하는 것이 이에 해당한다. 다른 하나는 '해서는 안 된다.'는 금지로서 부정적 성격을 지니게 된다. 금지의 초자아가 우리의 마음을 병적 상태로 만드는 데 더 큰 역할을 한다.

초자아가 약한 사람은 금지의 기능이 약화되어 있으므로 반사회적 성격의 사람이 된다. 반대로 초자아가 너무 강한 사람은 자신을 학대하여 '내가 잘못했어, 나 때문이야.'하는 죄책감에 사로잡힌다. 늘 수심에 차 있고, 초조해 하고, 자신이 없어서 우물쭈물하면서 자신의 의견을 당당하게 말하지 못한다. 그리고 불만에 젖어서 공상을 잘한다. 이런 성격도 자신을 학대하여 마음을 아파하는 일이 많으므로 바람직한 성격은 못 된다.

일반적으로 초자아는 무의식의 심급에 속하므로 의식적으로 그렇게 하지 말아야겠다고 마음먹어도 해결이 잘 되지 않는다. 초자아가 너무 약해도 즉 이드가 제멋대로 활개를 쳐도, 또 초자아가 너무 강하여도 건전한 마음의 구조라고 할 수 없다. 이드와 초자아의 갈등을 잘 아울러서 이드의 불만도 최소화하고, 초자아의 불만도 최소화하도록 기능하는 자아를 건전한 자아라고 말한다.

2) 라캉의 이론

프로이트가 주장한 이론이 종종 정신분석에서 난관에 부딪히곤 한다. 라캉은 프로이트의 이론을 그대로 수용하면서도, 자기 나름의 새로운 해석으로 난관을 헤쳐나가려 하였다. 마음도 언어처럼 구조 형식을 취하고 있다는 것이 라캉 이론의 핵심이다. 그래서 라캉을 구조주의자라고 말한다. 덧붙여서 말하자면 라캉의 구조주의 이론은 우리가 이해하기 무척 어렵다.

프로이트가 주장한 의식과 무의식을 그대로 받아들였지만 해석은 다르게 하였다. 의식 세계에서 서로 소통하는 방법은 언어에 의한다. 예로써 A라는 사람이 자기 집에 있는 책상을 친구에게 설명하려고 할 때 그 책상을 직접 들고 와서 보여주는 것이 책상을 정확하게 알리는 가장 좋은 방법이다. 그러나 우리는 그렇게 하지 않고 '책상'이라는 언어로 표현한다. 상대방은 실재로 책상을 보지 않아도 책상의 실물을 알게 된다.

그러나 언어란 소통하기 위해서 그 언어를 사용하는 사람들이 공통적으로 이해하고 있는 언어의 법칙 즉 문법을 알고 있어야 한다. 책상이라는 소리를 듣고 책상의 실제 모습을 그릴 수 있어야 한다. 화자나 청자가 문법을 공유하지 않으면 '책상'이라는 소리는 언어가 될 수 없고 단순히 소리로 끝난다. 언어에는 소리가 있고, 그 소리가 나타내는 대상물(실물)이 있다. 우리가 살고 있는 세상에서, 즉 우리의 의식에서 이 세상은 실재의 대상물로 소통되는 것이 아니고, 언어라는 상징에 의해서 존재한다는 뜻이다. 우리는 언어로 서로 소통한다. 마음도 언어에 맞추어서 언어처럼 구조화되어 있다.

사회인류학의 구조주의적 선구자인 레비 스트로스는 「친족관계의 기본 구조」라는 논문에서 구조주의의 기본 원리들을 제시하였다.

"명백하고, 확실하게 보이는 것 뒤에는 내적 논리가 숨겨져 있다. 이 내적인 논리가 바로 구조이다. 그러므로 오이디푸스콤플렉스는 사회적, 문화적 사회조직체를 구성하는 기본 구조이다."
 라캉이 한 말이다. 오이디푸스콤플렉스는 프로이트-라캉 이론에서 아주 중요하다. 뒤에 좀 더 상세하게 살펴보겠다. 오이디푸스콤플렉스를 요약하면 '근친상간 금지'가 겉으로 드러난 사회조직, 즉 소통이 가능한 의식세계에서 구조의 토대를 이루고 있다.
 지금까지의 설명을 반복해보면, 우리가 서로 소통하면서 살고 있는 세상은 언어라는 상징의 방법으로 소통이 가능한 세계이다. 사회조직의 기본 구조는 근친상간 금지이다. 왜 금지하였을까? 근친은 가족이라는 사회의 기본 조직의 구성원이면서 서로 욕망하는 대상이다. 따라서 이를 허용하면 사회 조직원 사이에 갈등이 일어나서 사회의 존속이 어려워진다.
 금지는 개인들에게 아무런 후유증을 남기지만 않는다면 아주 좋은 방법이다. 문제는 그로 인하여 편안하고 안정된 삶이 반드시 얻어지는 것이 아니라는 것이다. 금지의 방법은 의식세계에서 억압하여 무의식으로 추방하는 것을 말한다. 무의식에 가두어버린다고 하여 마음의 안정을 얻는 것이 아니다. 인간심리에 오히려 큰 영향을 주고 있다.
 언어는 우리가 살고 있는 의식 세계에 질서를 부여한다. 이 세상에는 산도, 나무도, 물도, 하늘도, 집도, 새도 있다. 언어가 만들어 낸 질서와 일관성 속에 존재하고 있다. 그러나 언어는 그 사물이 아니고, 그 사물을 대신하여 기호로 나타내는 대용물일 뿐이다. 의식의 세계에 질서를 주는 것은 실물이 아니고 바로 언어이다. 즉 언어는 실재를 상징으로 대체한 것이다.
 여기에서 라캉 이론의 중요한 가정인 상징계와 실재계라는 말을 떠올릴 수 있다. 우리가 사는 세계는 언어라는 상징으로 이루어져 있으므로 상징계라고 한다.

갓 태어난 신생아는 자신의 욕구를 쾌락지향의 원칙에 따라서 행동한다. 배가 고프면 무조건 충족만을 요구한다. 충족의 연기라든지, 욕구의 억압 따위는 존재하지 않는다. 만약에 어른이 신생아처럼 행동하면 비정상이라는 판정을 받고 우리가 사는 세상에서는 어울려서 살지 못한다. 어린이가 어른으로 성장하면서 욕구를 연기하거나, 참는 법을 배우므로 사회구성원으로 진입하여 우리와 함께 살아갈 수 있다.

프로이트는 자신의 조카아이가 어릴 때 실패놀이(fort-da 놀이)를 하는 것을 보았다. 어머니가 외출하고 집에 혼자 남아 있는 아이는 불안하고, 불쾌를 느낀다. 조카아이는 줄이 달린 실패를 멀리 던졌다가 다시 가까이 잡아당기는 놀이를 하고 있었다. 그때 아이는 즐거운 표정을 짓고 실패의 움직임에 맞추어서 '오-다(fort-da),' 라는 소리를 지르고 있었다. 프로이트의 해설에 의하면 아이는 어머니의 외출이 주는 불안감을 실패를 던져서 사라짐과 다시 돌아옴을 나타내는 상징적 놀이를 통하여 불안을 해소하고 있었다. 놀이는 다시 오-다라는 언어로 바꾸어서 상징화하였다. 18개월 된 아이는 이렇게 함으로써 어머니가 사라져버린 고통을 견딜 수 있었다.

어머니가 외출하여 부재함은 실재이고, '오-아(없네-있네)'라는 언어 표현은 상징이다. 실재를 상징으로 대체함으로 불안을 이길 수 있었다.

아이는 언어 습득을 통하여 사회진입을 한다. 이것은 상징계의 진입이라고 한다. 이로써 라캉의 마음 구조에서 핵심적 요소인 상징계를 도입하였다.

　실재의 경험을 언어로 바꾸어서 표현하는 과정을 살펴보자. 언어는 실재를 사진을 찍듯이 표현하지는 않는다. 자신이 경험한 것이 사회가 허용한 것으로 보이도록 합리화의 과정을 거친다. 도저히 수용할 수 없는 경험은 의식세계에서 추방해버린다. 추방은 심리 용어로 억압이라고 하고, 억압된 것들이 무의식을 구성한다. 이런 과정을 거치고 난 후에 언급되는 언어는 주인(말을 하는 주체)의 입맛에 맞도록 가공되어진 것이다.

　나는 실재의 경험의 주인인 동시에 말하는 자로서 언어의 주인이기도 하다. 실재와 실재를 가공하여 표현한 언어의 차이만큼이나 나라는 사람도 두 개로 나뉘어서 차이가 난다.

　이 과정을 수필쓰기라는 관점에서 짚어보면 경험이 수필이라는 형식으로 바뀌는 과정에서 사실 그대로가 아니고 필자의 입맛에 맞게 변형이 일어난다. 똑같은 사안을 두고 글쓰기 하는 개개인이 모두 자기의 입맛에 맞도록 가공하여 표현한다고 하면 결과물인 수필의 표현에 차이가 나고, 개인의 특질이 나타난다. 이 차이가 언어가 바로 말을 하는 사람의 개별성을 나타내는 지표임을 의미한다.

　말을 하는 나는 말을 듣는 상대방(너, 그, 그것 등)이 있을 때만 의미가 있고, 존재하게 된다. 언어에서 나타나는 개별성으로 언어의 주인인 '나'는 '자아'라는 개념으로 생각할 수 있다. 자아를 인식하는 일은 '나'로서가 아니고, 나 아닌 비아非我와 대비하였을 때 나타나는 차이에 의하여 가능해진다.

　요약하면 언어(상징)는 실재의 경험이나 대상을 지칭한다. 그러나 언어체계로 상징할 때는 실제와 차이가 나타난다. 나와 너가 소통하는 방법은 언어에 의한다. 언어는 어릴 때부터 습득하는 것이다. 나와 너의 소통이 이루어지려면 나와 너가 공통으로 언어의 법칙, 즉 문법을 인지하고 있어야 한다. 같은 사회체계에 사는 사람은 공통으로 언어의 문법을 습득하므로 언어 습득은 곧 사회진입을 의미하고 상징계의 진입을 의미한다.

우리는 타인과 소통하기 위해서 둘 사이를 중개해주는 언어가 필요하다. 언어에는 언어가 소통되는 사회의 문화, 금지, 법을 담고 있다. 어린이는 언어습득을 통해서 사회성을 얻게 되고, 상징계로 진입한다. 그 과정에서 어린이는 자기도 모르는 사이에 상징계의 영향을 깊이 받는다. 인간의 심리가 구조화되는 과정에서 사회구조의 영향을 벗어날 수 없다는 의미이다.

레비 스트로스가 사회의 기본구조를 '근친상간 금지'라고 하였다. 아이는 이 금지를 받아들여서 심리적 구조의 틀을 삼으므로 사회적 존재가 된다. 만약에 어린이가 '근친상간 금지'의 법을 받아들이지 못하면 개별성을 확립하지 못하게 되고(자아 확립), 사회 구성원도 될 수 없다. 아이가 상징계로 성공적으로 진입하게 되면 (사회 구성원으로 정착하게 되면) 금지하였던 사실은 무의식으로 들어가서 심리적 조직망을 만들어 낸다. 근친상간의 금지가 무의식의 조직망에서 기본의 틀을 만들어 낸다.

실제로 우리가 살고 있는 사회는 문법을 가진 언어에 의해서 체계화된다. 사회구성원은 공통의 언어로 소통하고, 사회를 형성하고 유지시킨다. 언어는 상징이다. 상징은 실재의 경험 자체가 아니다. 언어 속에서 형식적인 개념으로 바뀌어서 소통되는 것이다. 상징의 조건으로 상징이 지칭하는 대상과 동일하지 않다는 것이다. 상징과 대상은 당연히 가치가 다른 체계로 구성된다.

　상징을 나타내는 것은 언어만이 아니다. 사회적, 문화적 상징이라고 할 때는 생활의 실재적 여러 요소들이 포함된다. 서약, 약속, 법률, 의례, 대의명분, 신, 조국, 윤리적 규범 등등이 이에 해당한다. 사회적 상징은 반드시 명확하게 표현해야 할 규범을 나타내므로 담론과는 불가분의 관계를 가진다. 4)

　오르게스는 『담론과 상징』에서 상징이 되는 과정은 상상에서 시작하여 상징으로 완성된다고 하였다. 말하자면 상징이 되는 과정에는 상상과 불가분의 관계를 맺고 있다고 하였다.

　한 개인의 자아, 욕망, 생활을 표현할 때는 반드시 언어를 통해서만이, 즉 상징적 영역을 통해서만이 언급할 수 있다. 상징적 영역을 통과하는 과정에서 여과되면서 왜곡이 일어나므로 거짓말이 되기도 한다. 나는 언어의 주인이므로 언어화 할 때는 내가 사회체계에 종속하고자 하는 내 뜻이 담기게 마련이다.

　예로써 성(性-Sexuality)에 대하여 알아보자. 감각적인 충동에 의하여 욕구가 일어나면 환상을 통해서 정서화하고, 사회 속에서 행동하므로 인간화가 일어난다. 아름다운 여인을 보고 성적 충동이 일어나면 사회적 금기 때문에 그 여인에게서 직접적으로 성적 만족을 얻을 수 없다. 환상 속에서 그 여인과 성적 만족을 얻을 수 있도록 정서화

---

4) 담론 : 일반적인 뜻은 화자 사이의 대화라는 단순한 뜻이지만, 개념어가 되면 다양한 의미를 지닌다. 일반적으로 문화와 사회적인 문제를 어떻게 이해해야 하는가에 대해서 사회적 맥락 안에서 의미를 생산하고, 조직하는 수단이다. 언어가 일차적 요소이고, 핵심 개념이다. 즉 사회체계에 대한 인간의 체험을 언어를 통해서 체계적으로 조직하는 지식의 양식들을 구성하는 의미화 방식이다. 이에 대하여 라캉은 인간은 자신에 앞서 존재하는 담론의 포로이면, 의미작용의 법칙성을 피해 갈 수 없다고 하였다.

한다. 환상은 예술작품이나 다른 사회 체계가 허용하는 방법으로 행동하므로 사회구성원으로서의 인간이 된다. 그때 실제의 성적 충동을 예술에서 정서화하여 표현하므로 차이가 나타난다. 따라서 집단생활(사회생활)에서는 심리적이고, 지적인 활동에 의해서 반드시 여과작용이 일어난다. 여과되고 난 우리의 삶은 원래의 본질적인 것과는 완전히 다른 색채를 띠게 된다. 여기서 예술작품의 자리에 수필을 넣으면 문학치료로서의 가치를 발휘하게 될 것이다.

쉽게 풀어보면 충동적인 욕구만이 지배하는 신생아가 언어습득을 하면서 문화라는 도가니 속에서 사회체계에 맞는 경험들을 쌓아간다. 그 사이에 자기도 모르게 상징계의 그물망에 걸려서 꼼짝을 못한다. 즉 사회 규범에서 벗어날 수가 없다. 이때는 이미 태어날 때의 상태로 되돌아가는 일은 불가능하다. 이것을 사회화 과정이라고 하며 약 3세에서 6세 사이에 나타난다. 이 나이는 오이디푸스콤플렉스를 겪는 나이이기도 하다. 만약에 어른의 행동에서 어린 시절의 행동이 나타난다면 정상이라고 할 수 없다.

사회화 과정을 거치는 동안에는 삶의 한 국면을 강조하기도 하고, 어떤 국면은 억압해버리기도 한다. 실재의 우리 생활에서는 이것을 상벌원칙이라고도 하고, 칭찬과 꾸중이라고도 한다. 사회화 과정을 겪는 동안에 어느 누구도 억압에서 벗어날 수 없다. 억압된 욕구가 있던 자리는 빈 자리로 남는다. 이 빈 자리는 결핍으로 영원히 채워지지 않는다. 이 결핍을 욕망이라고 부른다.

태어나서 첫 번째로 대면하는 사회가 가족체계이다. 가족이라는 사회에서 사회화 과정을 겪으면서 가족구성원으로 정착하기 위해서는 오이디푸스콤플렉스라는 과정을 거친다고 주장한 사람은 프로이트이고, 라캉은 이에 대해 보충하여 설명을 하였다. 이 가설은 정신분석에서 아주 중요하다.

결핍으로 생긴 빈 자리를 텅 빈 채로 둘 수는 없다. 구멍이 뚫린 채로 두면 실재계의 망상이나, 문법이 다른 생활들이 구멍을 통해서 상징계로 유입되어 들어올 수 있다. 이럴 때는 도저히 상징계에서 정상인으로 살아갈 수 없다. 결핍으로 생긴 빈 자리를 땜질을 하여 메워야 한다. 방법은 상상이라고 하는 환상이다. 상상은 욕망을 제거한 자리에 거짓으로 꾸며진 이미지의 형태로 나타난다. 그런데 형태를 끊임없이 바꾸거나 되풀이함으로 그 이미지를 기억하기란 불가능하다. 따라서 상상은 인간의 창조력을 의미한다고 한다. 환상은 인간의 욕망이 위장하여 발현한 것이라고도 하였다. 백일몽도 환상이다. 프로이트는 백일몽과 예술작품을 동일시하였다. 우리는 환상의 자리에 수필을 놓으므로 정신치료의 일익을 담당할 수 있다. 상상이 발현하는 장소, 즉 환상의 세계가 라캉 이론에서는 상상계이다.

상상계는 인간의 마음속에 있는 모든 것과, 그것을 반사하는 생활을 의미한다. 환상 속에 있는 모든 것을 망라하여 상상계라고 한다. 상상계는 결코 충족되지 않는 상태로서 결핍의 상태를 뜻한다. 이것은 곧 무의식의 소망이다. 그러나 환상은 결핍된 인간의 욕망에 대리만족을 선사하므로 반드시 필요하다. 예로써 짝사랑하는 여인을 환상의 세계에서 데이트를 하였다면 인간의 결핍에 충족은 아니더라도 대리로 만족을 느끼게 한다. 어떤 면에서는 실재의 충족보다 대리의 만족이 더 기분이 좋을 수도 있다.

마음의 심급을 상징계, 상상계, 실재계의 3심역으로 나누는 것이 라캉의 심층 심리학의 기본이다. 그러나 라캉 심리학을 한마디로 요약하면 그것을 언어체계로 구성하였다는 것이다.

3) 오이디푸스콤플렉스

오이디푸스콤플렉스는 프로이트-라캉 심리학에서 아주 중요한 가설이다. 어린이가 사회구성원으로 자라나기 위해서는 반드시 겪어야 하고, 또 극복해야 할 과정이기 때문이다. 오이디푸스콤플렉스를 성공적으로 극복하지 못하였을 때는 여러 가지 정신병리적인 문제들이 발생한다.

오이디푸스콤플렉스는 그리스 신화에서 오이디푸스 왕의 이야기에서 빌려온 내용으로 아버지, 어머니, 그리고 나와 삼각관계에서 만들어지는 심리적 갈등을 가설화 한 것이다. 삼각관계의 내용은 오이디푸스 왕 이야기처럼 동성 부모가 죽기를 욕망하고, 이성의 부모에게는 성적 욕망으로 나타난다. 반대로 동성의 부모에 대한 사랑과 이성 부모에 대한 질투의 형태를 띠게 된다.

아들의 입장에서(오이디푸스콤플렉스는 남아에게서 더 분명하게 나타난다고 한다.) 아버지의 죽음을 갈망하는 일과 어머니를 성적 대상으로 욕망하는 일을 꿈에서라도 생각할 수 있을까. 생각조차 할 수 없는 일이다. 실제로도 생각조차 하지 않는다. 이렇게 생각조차 하지 않게 하는 심리기전이 있을 것이다. 심층심리학의 차원에서는 의식세계에서는 도저히 받아들일 수 없어서 무의식으로 억압해버렸기 때문에 그런 현상이 나타나는 것이다.

오이디푸스콤플렉스는 인격의 구조화와 인간 욕망의 방향을 결정짓는 데 근본적인 역할을 한다. 구조주의 인류학자 레비 스트로스가 가족 관계가 사회의 기본구조라고 한 사실을 기억한다면 오이디푸스 콤플렉스가 그렇게 낯설지만은 않을 것이다.

수필은 가족 이야기가 주류를 이룬다. 오이디푸스콤플렉스의 관점에서 가족이란 나의 인격 형성에 아주 중요한다. 자아성찰에서 가족 간의 관계를 살펴보는 것이 필수적이다. 문학치료의 개념으로 수필 쓰기를 할 때는 반드시 오이디푸스콤플렉스를 염두에 두어야 한다.

오이디푸스 현상을 겪는 시기는 3세에서 6세까지라고 한다. 그 이후에는 잠복되었다가 사춘기 때 다시 나타난다고 한다. 프로이트가 주장한 오이디푸스콤플렉스는 「토템과 터부」라는 그의 논문에서 제기한 원시적 아버지 살해라는 가설에서 입증하고 있다. 아주 아주 먼 옛날에 인간들도 동물의 차원에서 생활하고 있었다. 힘센 아버지는 어머니를 독차지하고 있었다. 자식들은 어머니를 차지하자고 싶은 욕망이 아무리 강하여도 아버지 때문에 욕망을 채울 수가 없었다. 아들 형제들이 모여서 의논을 하였다. 아버지를 죽이고 어머니를 차지하자고 한 아들들은 합심하여 아버지를 살해하였다. 이 다음에는 어머니를 차지하기 위해서 아들들이 서로 죽이고 죽는 분쟁이 일어났다. 시간이 지나자 이들은 욕망을 채우기 이전에 종족이 멸망할지도 모른다는 위기의식에 휩싸였다. 다시 의논하였다. 아버지를 절대 살해하지 말고 권위자로 모셔두자. 어머니를 욕망의 대상으로 삼지 말자. 이로써 터부의 금기가 생기면서 가족이라는 기본 구조가 형성되었다는 것이 프로이트의 가설이다.

역사적인 관점에서 실제로 이런 일이 있었느냐는 중요하지 않다. 심리 영역에서 금기의 법(근친상간 금지)을 정착시켰다는 것이 의미가 있다. 욕망과 법(금지)을 결합시킨 것은 라캉이다. 이것은 레비 스트로스가 말한 친족체계의 기본 구조의 명제와도 일치한다.

어린아이가 오이디푸스콤플렉스를 겪으면서 상징계로 진입할 때 가족 관계에서 자기의 자리를 획득하는 과정을 라캉을 통해서 알아보자. 어린이는 자신과 남을 구분하지 못하므로 동물의 차원에 머물고 있다. 동물 차원의 어린이는 성장하면서 사회의 질서를 유지하기 위한 법을 익히고 지키는 대신에 동물 차원에 머물게 하였던 욕망을 제거하거나 억압한다. 그래야만이 상징계로 진입하여 사회구성원이 될 수 있다. 사회성을 획득하는 과정에서 사람마다 차이가 나므로 개별성을 갖추게 된다. 이때는 동일시라는 방법이 적용된다. 아버지를 닮고, 어머니를 닮을 때는 아버지와 어머니의 개별성이 아이에게 영향을 준다.

프로이트 가설에서 어머니를 소유하고 싶은 욕망은 본능적 욕구이다. 아버지를 살해한다는 것은 사회적으로 금지하는 법을 어기는 것이다. 라캉은 오이디푸스콤플렉스를 아이의 성장함에 따라서 일어나는 사회화 과정으로 설명한다. 아버지의 법(금지 즉 사회적 규범)을 받아들이기 위해서 자신의 욕망을 억압해야 한다. 어린 시절에 자신의 욕망을 무소불위로 채우던 것을 포기하고 자신을 규제하는 법을 받아들이게 된다.

이것으로 심리화가 끝나버린다면 인간의 심층심리란 존재할 수 없다. 이때 밀려나버린 욕망이나, 그 욕망으로 인해서 생겨난 다양한 형태의 환상은 무의식 속으로 들어간다. 이것이 실재계를 형성한다. 실재계가 직접적으로 상징계에 나타나서는 안된다. 그때는 정신질환자가 되기 때문이다. 정상인에서는 다만 언어를 통해서만이 나타나므로 합법적인 욕망이 된다. 이때 자아(ego)가 형성된다. 즉 본능적인 욕구를 억압하므로 사회의 법을 받아들이게 된다. 사회 속에서 (오이디푸스콤플렉스에서는 가족의 위치에 자기의 위치를 찾게 되므로 욕구는 무의식으로 밀려나고 자신은 사회의 구성원이 된다.

오이디푸스콤플렉스를 다시 한 번 정리하면 어머니와 결합하는 것은 본능적 욕구이다. 아버지는 본능적 욕구를 금지시키는 사회적 규범으로 질서를 유지한다. 아버지를 죽임이란 사회 질서를 깨뜨리고 본능적 욕구에 따라서 행동한다는 것이다. 아버지를 죽임으로 오는 죄책감은 사회적 규범을 따르지 않는 것에서 오는 것으로 우리의 심리 작용에 아주 중요한 역할을 한다.

다시 한 번 말하지만 오이디푸스 현상은 인간화가 이루어지는 아주 중요한 구조적 순간이다. 프로이트는 3세에서 6세에 일어난다고 하였지만 실제 그 나이와 일치하는 것은 아니라고 한다.(프로이트는 발달심리학 개념이 강하므로 심리발달의 과정으로 보았다.) 라캉은 인간 심리발달의 단계가 아니고 어린이가 자신과, 세계와, 다른 사람과의 관계를 인식하므로 자신을 인간화시키는 순간을 말한다. 오이디푸스 현상은 가족이라는 상징적 구조의 토대가 된다. 아이가 오이디푸스를 겪어야 하는 이유는 인간이란 반드시 사회화되어야 건강한 인간이라고 할 수 있기 때문이다.

수필쓰기에서 자신을 되돌아보고, 반성하고, 성찰하는 것이 기본이라고 한다면 가족관계에서 자기의 위치를 자리매김하는 것에서 시작하는 것이 중요하다. 실제로 수필쓰기에는 가족 이야기가 무수히 많다. 이왕지사 가족 이야기를 쓰려면 이야기 뒤에 숨어있는 자신의 문제점을 성찰할 필요가 있다. 건강한 인간으로 거듭 태어나기 위해서이다.

4) 융의 이론

정신분석 이론은 프로이트가 창시자라고 할 수 있다. 프로이트 이론에서 '리비도는 성충동의 억압이다.'는 가설에 일부 학자들이 비판적인 태도를 보였다. 융은 프로이트의 수제자 격이었다. 그는 리비도를 성충동의 억압이라고 보지 않고 문화와 대인관계의 갈등이 중요하다고 강조하여 정신적 에너지를 리비도라고 주장하였다.

프로이트와 융의 결정적인 차이는 무의식에 대한 그들의 견해이다. 융은 '마음은 의식이든, 무의식이든 콤플렉스로 구성된다.'라고 하였다. 이때의 콤플렉스는 마음에 맺혀 있는 강한 감정의 덩어리라고 하였다. 우리의 심상心象은 강한 정감(affect)으로 체험하므로 형성되어 마음에 자리를 차지하고 있는 하나의 엉어리이기도 하고, 선천적으로 이미 그 엉어리가 마음속에 들어 있을 수도 있다. 선천적인 경우는 하나의 사회집단에서는 공통의 콤플렉스가 형성될 수 있으므로 '집단적 콤플렉스'라고도 하였다.

융도 인간의 마음을 의식과 무의식으로 나누었다. 의식이란 내가 알고 있는 모든 것을 말하고, 무의식은 의식된 것의 바깥에 있는 마음 전체를 말한다. 아직은 의식 바깥에 있어서 의식할 수 없지만 앞으로 의식될 수 있는 것을 말한다.

의식과 무의식에 대해서 프로이트와 견해를 달리 하였다. 의식에서 억압된 것이 무의식을 형성한다는 것이 프로이트이다. 융은 반대로 아이가 태어날 때는 무의식 상태이다. 자라면서 무의식에서 의식이 하나씩, 하나씩 분리되어 나온다고 하였다. 무의식에는 프로이트 이론으로 생성되는 것도 있다. 이것은 개개인의 무의식이다. 그러나 태어날 때 이미 형성되어 있는 것도 있다. 이것은 개개인의 경험이 아니고 인류의 원초적인 경험에서 생긴 것이다. 융은 이러한 무의식을 집단적 무의식이라고 하였다.

무의식은 의식의 뿌리이며 정신생활의 원천이다. 무의식은 의식의 보상작용을 한다. 의식에서 부족한 것을 채워주고, 의식이 일방적으로 흘러갈 때는 제동을 거는 역할을 한다. 이로써 정신활동이 전체적으로 통합되게 하며, 조화와 조절의 가능을 자율적으로 수행하는 능력을 갖는다.

의식의 내용도 모두가 정도에서 차이가 있다. 무의식과 의식 사이에 경계가 뚜렷하지도 않다. 오늘의 의식이 내일에는 무의식이 되고, 오늘의 무의식이 내일에는 의식도 된다. 무의식이 드러나는 방식은 말의 실수, 기억의 상실, 꿈, 환상이다. 신경증적인 장애(질병)로 나타난다.

문학작품도 무의식의 상징적 표현이라고 할 수 있다. 문학치료에서 수필의 중요성을 거듭 말하는 이유는 바로 무의식의 상징적 표현이기 때문이다. 작품 창작이나 읽기에서 염두에 두어야 할 일은 작품의 상징성이다. 상징은 지시하는 대상이 있다. 대상을 찾는 것은 바로 자기성찰인 것이다. 의식세계에서 주인의 역할을 하는 것은 바로 자아이다.

융 심리학에서 그림자의 개념은 아주 중요하다. 무의식을 성찰 할 때 성찰의 장애 요인으로 '그림자'라고 부르는 심상과 부딪힌다. 그림자는 한 마디로 말해서 무의식에 들어 있는 인격의 열등한 부분이다. 자아 콤플렉스가 무의식의 층에 머물고 있는 개개인의 성격 경향이다. 따라서 그림자는 프로이트 이론의 억압에서 생겨난 것으로 해석한다.

넓은 의미로 설명하자면 무의식은 의식의 그림자이다. 햇볕이 비친 대상의 뒷부분에는 그늘이 생긴다. 성격에서 밝고, 긍정적이고, 창조적인 부분이 햇볕이 비치는 부분이라고 한다면 뒷면에는 반드시 그림자가 생기게 마련이다. 어둡고, 부정적이고, 파괴적인 부분이 반드시 같이 존재하고 있다.

집단적 무의식이라고 말하는 선천적, 또 원형의 개념에는 반드시 양면성을 동반하고 있다. 그림자는 자아의 뒷면이다(이때의 자아는 의식의 주인이다. 프로이트 이론의 이드, 자아, 초자아의 개념에서 자아와 같다고 생각할 수 있다). 그림자는 의식의 반대적인 측면이므로 의식이 합리성을 일방적으로 추구하면 비합리성은 의식의 뒷면으로 배제되어 무의식을 형성하여 그림자가 된다. 도덕적인 완전무결을 지나치게 강조하면 이에 어긋나는 부분은 무의식으로 들어가서 그림자가 된다. 이렇게 형성된 그림자는 투사의 기전으로 타인을 통해서 나타난다(내가 A라는 사람을 싫어하면 내 감정을 A에게 떠넘겨서 A가 나를 싫어한다 라고 한다. 자신이 싫어한다는 것을 남에게 말하는 것은 피하면서 자신이 그를 싫어하는 이유를 합리화시키기 위해서 그 이유를 남에게 돌린다. 이것을 투사라고 한다). 자기성찰을 할 때 투사는 오히려 자기의 모습을 바라볼 수 있는 좋은 단초를 제공해준다.

그림자는 내 인격에서 제외된 부분이다. 그림자를 의식세계로 이끌고 나와서 나의 인격으로 통합하는 것이 인격의 폭을 넓히고, 의식의 시야를 확대할 수 있다. 이것은 자기성찰의 바람직한 방법으로 수필에서 추구해야 할 목표이다.

결국 그림자는 의식에서 푸대접을 받아서 버림받고 추한 모습이라고 하여 우리가 영원히 또는 완전무결하게 추방할 수는 없다. 햇볕이 나도 그림자를 지울 수 없듯이 그림자도 우리 자아의식의 중요한 반려자가 되어 있다. 그림자를 없애기 위해서 강압적으로 억누르면 오히려 인격에 손상을 준다. 그림자를 의식세계에서 받아들여서 살려주어야 한다. 이러기 위해서 나는 도덕적 갈등이라든지, 비합리성 따위의 아픔을 겪어야 하고, 극복해내어야 한다.

의식의 주인은 자아이다. 자아는 바깥세계와 자신의 내면세계를 모두 대면하고 있다. 자아가 외부세계와 마주할 때는 외부세계가 요구하는 기대에 맞추어 주는 방식으로 대응한다. 이때의 인격 양식을 외적 인격(persona – 페르소나-가면)이라고 한다. 자신의 내면과 대면할 때는 아니마, 아니무스라고 하는 남성적인 성격과 여성적인 성격을 만난다.

집단에는 누구나 따라야 하는 가치판단과 행동양식이 있다. 페르소나라는 말은 가면이라는 말로써 그리스 시대에 연극배우들이 자기가 맡은 역을 가면을 쓰고 연기하였다. 즉 할아버지 역을 맡으면 할아버지 얼굴의 가면을, 왕의 역을 맡으면 왕의 가면을 쓰므로 가면은 곧 그 사람의 전부를 표현하는 것이었다. 따라서 페르소나의 의미는 사회 환경에 따라서 자기에게 요구하는 대로 그에 맞추어서 생활한다는 것이다. 말하자면 체면, 도리, 본분을 지키며 행동하는 양식을 말한다.

자아가 페르소나와 동일시하여 외부세계의 요구에 잘 순응하면 할수록 내면의 세계, 즉 무의식과는 더 많은 갈등을 일으킨다. 사회생활을 너무 모범생으로 삶을 꾸려오던 사람이 어느 날 갑자기 심한 우울증에 빠지는 일을 흔히 본다. 자기의 삶에 회의가 몰려왔기 때문이다. 특히 중년을 지나서 사회생활도 끝이 날 즈음인 갱년기를 겪을 때 잘 나타난다.

페르소나는 사회생활에 필요한 것임은 틀림없다. 페르소나 때문에 사회질서가 유지되기 때문이다. 그렇다고 하여 페르소나를 개개인들이 자신의 인생의 궁극적 목표로 삼아야 하는 것은 아니다. 궁극의 목표는 자기 실현과 정신을 전체적으로 구현하는 데 두어야 한다. 페르소나는 전체 정신의 한 부분이어야 한다.

페르소나, 즉 외적 인격에 대응하는 내적 인격을 여성성은 아니마, 남성성은 아니무스라고 불렀다. 융은 남성과 여성 사이에 해부학적인 구분을 할 수 있듯이 의식의 경향에도 특색을 띠므로 서로 다르다고 하였다. 프로이트가 남성본위로 설명하는 경향이 있다면 융은 남녀 사이에 우월을 따지지 않고 단지 차이만을 인정하였다.

사회적 태도에 따라서 남자와 여자에게 요구하는 것이 다르다. 남성과 여성은 각각 자기의 성에 맞는 역할을 하려고 하므로 그에 합당한 페르소나를 갖추게 된다. 사회에는 남자에게는 남성성(남자다움)을 여자에게는 여성성(여자다움)을 요구한다. 이에 맞는 페르소나를 쓰다보면 내면에도 남성과 여성은 그 역할에 맞는 내면화 과정을 거쳐서 자기의 것으로 만든다.

이 성향은 먼 먼 옛날부터 원초적으로 형성된 것이라고 하였다. 아니마, 아니무스는 하나의 특수한 원형으로 여성성이라고 할 때는 내면 심리에 느낌, 감정, 예시적인 능력(샤먼적인 요소가 여성에게 강하다.)과 관계가 깊다. 남성성인 아니무스는 정신성, 지성 등과 관계가 깊다.

융 심리학에서 '원형'은 아주 중요한 개념이다. 원형론은 개인적인 내면이기보다는 집단적 무의식을 구성하는 수가 많다. 수필은 개인적인 요소가 강하므로 여기서 원형에 대한 심리현상은 더 이상 설명하지 않겠다.

융 심리학의 최종 목표는 자기실현이다. 자기가 가지고 있는 무의식적 기능성을 모두 살려내서 실천에 옮기므로 자기실현을 이룰 수 있다고 하였다. 흔히 정신치유를 그림자의 인격화라고 말하기도 한다. 드러내고 싶지 않는 자신의 열등한 인격을 자신의 인격으로 받아들여서 의식 세계에 머물게 하면 치유가 되었다고 판정한다. 그림자의 인격화가 이루어지면 '인격의 성숙'이라고 말한다.

수필을 쓰면서 자기 성찰을 하는 이유도 자기실현을 위해서이다. 그래서 성숙된 인격의 소유자가 되는 것을 수필쓰기의 목표로 삼을 만하다.

작가의 몽상과 문학 작품

　작가들은 어디에서 작품의 소재를 가져오는 것일까? 작가들에게 직접 질문을 해도 정확한 대답을 들을 수가 없다. 우리가 유추해 볼 수 있는 방법은 어린아이가 가장 애착을 느끼고 몰두하고 있는 놀이에서 찾을 수 있다. 놀이를 하고 있는 어린아이를 관찰해보면 자신의 놀이를 아주 진지하게 여기고 있다. 어린이는 엄청난 양의 감정을 놀이에 쏟아 붓고 있다.
　놀이의 반대편에는 현실이 있다. 놀이라는 유희의 세계에 자신의 감정을 쏟아 부으면서도 이것은 현실이 아니고 하나의 창조된 세계라는 것도 잘 알고 있다. 작가들이 작품을 쓰는 것도 어린이의 놀이와 유사성이 있다. 작품은 현실이 아닌 하나의 몽상이라는 것을 잘 알면서도 작가는 자신의 감정을 그대로 표출한다.
　수필을 쓰는 작가도 자신의 감정을 강하게 토로하면서 고통스러워한다. 그러나 읽는 사람에게는 쾌락을 준다. 왜냐면 작품은 현실의 반대편에 있기 때문이다. 우리가 직접 현실에 부대끼면 고통을 느끼지만 몽상의 세계로 들어가게 되면 몽상 자체가 쾌락을 주도록 변화되어 있기 때문이다.

현실과 놀이에는 이처럼 대립적이다. 아이가 자라서 어른이 되면 점차 놀이를 하지 않는다. 몸소 체득함으로써 현실을 이해하려고 한다. 어른이 되었다 하더라도 그 옛날 어린 시절에 자신이 놀이에 얼마나 몰두하였는가에 관한 기억은 지워지지 않고 남아있다고 한다. 기회가 있으면 자신을 짓누르고 있는 현실의 중압감에서 잠시나마 벗어나보려고 한다. 이것이 놀이의 대용으로 수필을 쓰게 하는 원동력이다.

사춘기를 지나서 성인기에 접어들면 더 이상 놀이에 빠져들지 않는다. 언뜻 보면 놀이에서 얻는 쾌락을 포기한 듯이 보인다. 그러나 인간의 정신은 한번 경험한 쾌락을 포기하는 것은 거의 불가능하다. 다만 그 대상을 바꿀 뿐이다. 이런 이유로 놀이 대신에 몽상을 즐기는 것이다. 구름 같은 이야기에 빠져서 모래성이나 쌓는 것이다.

어린이의 놀이와 차이라면 어린이는 자신의 놀이를 숨기려 하지 않는다. 성인은 자신이 모래성을 쌓으면서 몽상에 빠져있는 것을 수치스럽다고 생각하여 다른 사람에게 숨기려 한다. 몽상은 지극히 개인적인 자신만의 내면적인 삶으로 여겨서 마음속에만 품고 있으려고 한다. 반면에 어린이는 놀이가 어른이 되고자 하는 그들의 욕망을 나타내는 것이므로 마치 어른인 것처럼 놀이를 즐기고 있다. 놀이를 보면 어른의 삶에서 배운 것을 모방하는 것이 많다. 숨겨야 할 이유가 하나도 없다.

성인인 경우는 자신들이 어린 시절의 놀이에 빠져드는 것을 주변 사람들이 좋아하지 않는다는 사실을 잘 알고 있다. 이미 어른이 된 그들로서 어른이 되고자 하는 어린이의 욕망을 나타낸 놀이로서 쾌락을 맛볼 수 없기 때문이다. 어른들의 몽상을 불러오는 욕망은 개인적인 것이기 때문에 숨겨야 할 것들이 많다. 어른들의 몽상은 유치하고, 남이 알면 수치스러운 것이 많다고 생각한다. 그러므로 몽상은 개인만의 것을 간직한 것이 많으므로 많은 비밀의 장막에 가려져 있다고 보아야 한다.

몽상은 상상행위이다. 상상행위의 결과로 나타나는 모래성은 즉 몽상은 고정불변한 것이 아니다. 삶의 여러 여정에서 변화무쌍한 인상들에 의하여 형성된다. 개인적인 상황이 변할 때마다 몽상도 따라서 변한다, 한 시대를 거쳐 올 때 부딪히는 시대 상황이 우리의 심리 속에 각인되면서 새로운 흔적들을 덧붙여 나간다.

몽상은 세 개의 시간대를, 즉 과거, 현재, 미래를 넘나든다. 그러나 몽상을 일깨우는 계기는 현재의 인상이다. 현재의 인상이 욕망을 일깨운다. 이때 몽상이 일어나면서 욕망이 충족되었던 어린 시절로 데려간다. 이때의 충족감을 가득 안고 다시 미래로 여행하는 것이다. 욕망이 성취되는 상황이 바로 백일몽이고, 몽상인 것이다.

몽상이 과거, 현재, 미래로 넘나드는 하나의 모델을 구성해보자. 부모를 잃고 고아가 된 젊은이가 주위 사람의 소개로 도시에 있는 공장에 취직하기 위하여 사장을 찾아간다. 기차에 몸을 싣고 달리면서 그는 몽상을 한다. 취직이 된 후에 열심히 일을 하여 사장의 눈에 들게 된다. 사장은 예쁜 자기의 딸과 결혼을 시켜준다. 이때부터 행복의 순간이 그의 몽상을 차지한다. 그가 꿈꾸는 행복은 과거에 경험하였던 어린 시절의 행복이 모델이 되기 싶다. 상상은 자신의 경험에서 출발하는 것이 제일 손쉬운 방법이기 때문이다. 어린 시절에 이웃에 살고 있는 부잣집을 부러워하면서 곁눈질해보았던 삶이 곧 모델이 된다.

　정리해보면 현재의 어떤 계기가 과거의 모델을 바탕에 깔고 미래의 그림을 그리고 있음을 알 수 있다.

　밤에 잠을 자면서 꾸는 것을 꿈이라고 한다. 낮에 잠을 자지 않고 공상 속을 헤매는 것을 낮꿈, 즉 백일몽이라고 한다. 억압에 의해서 의식 세계에서 추방되어 무의식으로 숨어 들어갔던 것들이 욕망이 되어서 되돌아 오는 것이다. 욕망은 낮이든, 밤이든 시간을 가리지 않고 언제든지 귀환하는 존재이다. 되돌아올 때는 생경한 욕망 그대로가 아니고 엄청나게 변형되어서 나타난다.

　이제 몽상과 백일몽에 대한 사전 지식을 이만큼 기억하고 문학 작품에 대해서 살펴보자. 대중들에게 인기가 있었던 작품을 검토해보면 흥미로운 사실이 있다. 소설에서 흥미를 이끌어 내는 중심에는 주인공이 있다. 작가는 주인공이 독자들의 공감을 이끌어 내도록 온갖 공작을 다하고 있다. 그러나 수필의 주인공은 가공의 인물이 아닌 작가 자신이므로 차이가 있다. 소설의 주인공은 환상 속의 인물로서 독자의 동일시의 대상이지만 수필의 주인공은 현실의 인물이므로 독자에게 동일시가 아닌 경쟁의 대상일 수 있다.

　소설의 주인공은 작가의 몽상에 의하여 멋대로 가공하고, 창조할 수 있다. 그렇더라도 몽상의 일반적인 원리에서 보았듯이 작가의 유년 시절이 바탕이 되는 수가 많다. 수필은 작가 자신이 주인공이므로 소설과 다르게 몽상의 범위가 좁아질 수밖에 없다. 그러나 기본적인 원리에서는 큰 차이가 없다.

　수필을 쓰게 하는 현재의 강한 인상 내지 체험은 대부분 작가에게 어린 시절의 기억을 포함한 과거의 기억을 일깨워 낸다. 환기된 어린 시절의 기억이 욕망으로 바뀌어서 수필쓰기를 통해 그 충족을 얻는 것이다.

일반적으로 소설에서는 충족을 얻기 위해서 작가와 동일시되는 주인공을 창조한다. 자아예찬적인 주인공을 창조하여 소설 안에서 이성의 사랑을 독차지하고, 소설 밖의 독자의 시선을 집중시킨다. 그 주인공은 독자와도 동일시되는 인물이기 때문에 가능하다. 수필은 다르다. 주인공 예찬이 작가의 예찬으로 느껴지면 독자의 반응이 소설과는 다르게 나타난다. 수필에서는 주인공이 독자의 입장에서 관조의 대상이지 동일시의 대상은 아니기 때문이다.

성인이 되면 백일몽의 몽상을 수치스럽게 생각하는 경향이 있다. 수필을 쓸 때 욕망을 숨긴다면 독자들은 고백을 듣더라도 쾌락을 경험하지 못한다. 수치스런 욕망이라고 숨긴 채 자화자찬적인 글을 쓰면 오히려 거부감을 주거나, 냉담한 반응을 나타낸다. 오히려 개인적인 욕망이 들어있는 몽상을 보여줄 때 독자들은 더 진한 쾌감을 맛본다. 개인적인 몽상에는 수치스럽기까지 한 개인의 욕망이 들어 있기 때문이다.

프로이트는 밤의 꿈보다는 백일몽이 문학작품과 관련성이 더 깊다고 하였다. 꿈이 무의식의 지배를 더 많이 받는다면 백일몽은 의식의 지배를 더 많이 받기 때문이라고 하였다. 이런 이유로 꿈보다는 백일몽에서 더 많은 왜곡과 변형이 일어난다. 백일몽이 다시 수필이라는 실제의 문학작품으로 바뀌어서 나타날 때는 다시 한 번 왜곡과 변형이 일어난다. 이때의 수필에서 얼마나 솔직하게 작가의 욕망을 담을 수 있을지는 의문이다. 따라서 수필에는 자아예찬적인 나르시시즘 내용이 강하게 나타난다. 이러므로 수필을 쓴 작가도 자신의 수필을 통해서 자신의 모습을 정확하게 보지 못한다. 작가는 자신의 환상(백일몽)의 표현인 수필을 통해서 그 뒤에 숨어 있는 자신을 정확하게 읽도록 노력해야 한다. 그 뒤에 숨어 있는 자신을 찾아가는 긴 여행이 바로 자아성찰인 것이다.

자아성찰과 자아실현이라는 정신치료의 관점에서 보아도 자신의 욕망을 숨기지 않고 바라보는 것은 바람직하다. 욕망이 표현될 때 덮개로 가리고 자기예찬적인 글을 쓴다면 독자의 흥미를 끌지도 못할뿐더러 자아성찰도 할 수 없다.

(프로이트의 논문에서 직접 인용하였습니다.)

수필쓰기와 읽기, 하나

잃어버린 신발을 찾으러 여행을 하면서

이동민

　나는 꿈을 자주 꾸는 편은 아니다. 어쩌다 꾼 꿈도 잠에서 깨어나면 기억으로 남아 있는 것은 거의 없다. 그래도 신발을 잃어버리는 꿈은 여러 번이나 꾸었고, 깨어 난 뒤에도 유난히 생생하게 기억되었다. 음식점에서 벗어 둔 신발을 찾지 못해 당황하였던 꿈의 기억이 너무 선명하여 현실에서 실제로 일어났던 일처럼 느껴 질 때도 있었다. 옛날에 다녔던 학교의 마루바닥의 교실과 비슷한 곳이었는데, 내가 왜 그곳에 있었는지는 모르지만 벗어 둔 신발이 없어져서 난감해하다가 잠에서 깬 일도 있었다.
　같은 내용의 꿈을 반복하여 꾸면 그 꿈에는 틀림없이 의미가 숨어있다지 않는가.
　그 의미를 찾아가는 마음의 여행을 한답시고 눈을 감으니 얼핏 떠오르는 것이 있었다.

내가 초등학교에 다니기 전에 시골의 우리 마을에 흙벽돌로 어설프게 지은 교회당이 들어섰다. 여름날이면 예배를 보는 방은 무척 시원하였다. 골목길이나 배회하면서 사금파리나 작은 돌을 모아 길바닥에 앉아서 놀곤 했던 어린 우리는 자주 교회를 찾아갔다. 지금 생각해보면 요즘의 유치원처럼 노래도 가르쳐주었고, 동화도 재미있게 들려준 것 같다.

그때 들었던 동화들이 지금의 어렴풋한 기억으로는 〈백설공주〉라든지, 〈백조가 된 왕자〉의 이야기가 아니었을까 싶다. 얼굴은 전혀 기억나지 않지만 손짓을 하면서 구연동화처럼 들려주던 여선생의 모습은 아름답게 떠오른다.

동네 아이들과 어울려서 교회를 찾아가는 일이 우리 집에 알려졌다. 그때는 교회를 다니던 사람을 두고 마을사람들이 '예수쟁이'라면서 이상한 사람들인 양 바라보던 시절이었다. 우리 집에서는 교회를 가지 못하게 히였다. 그래도 가고 싶어 하는 나더러 "교회에 가면 눈을 감으라 해놓고 신발을 훔쳐간다."라면서 겁을 주었다. 정말 신발을 잃어버릴까 봐서 교회에 안 나갔을까 싶지만 그 이후로는 교회에 대한 기억은 더 이상 남아있지 않다.

어쨌든 그 후 그 교회도 우리 마을에서 슬그머니 자취를 감춰버렸다.

얼마 전, 아침에 수영장을 가면서 내가 늘 신고 다니던 헌 슬리퍼를 두고 그저께 아들이 사다 둔 새것을 신고 갔다. 수영을 마치고 신발장에서 내 슬리퍼를 찾았으나 주인이 없는 헌 슬리퍼만 남아 있고 내 것은 없었다. 어쩔 수 없어서 헌 슬리퍼를 신고 집에 왔더니 막내가 아주 언짢은 표정을 짓고 투덜거렸다. 여자 친구에게 선물로 받은 것인데 한 번도 신지 않고 잃어버렸으니 그 애에게 얼마나 미안하게 되었느냐는 것이 이유였다.

내가 저지르고 온 일이라서 아무 말도 않고 그 녀석이 투덜거리는 말을 듣고만 있었다. 가슴속에는 싸늘하게 느껴지는 먼 먼 거리감으로, 아니 분노라고 해야 할까, 서글픔이라고 해야 할까. 하여간 찬바람이 회오리치면서 지나갔다. 그 녀석은 아버지쯤은 아랑곳없다는 듯이 투덜대고 있었고, 나는 왜 납덩이 같은 가슴을 안고 가만히 듣고만 있었을까. 그래도 애비인데 네 친구가 애비보다도 더 소중하냐면서 버럭 고함이라도 질렀어야 하지 않았을까. 하지만 고함이 질러지지 않았다. 그러는 사이에 아이는 현관문을 열고 밖으로 나가버렸다.

생각해보니 기억의 바다에서 떠돌고 있는 것은 잃어버린 신발이었다. 그 신발은 틀림없이 내 마음의 깊은 곳에서 일어나는 일을 소리 질러 내게 알려주려 하고 있을 테다. 그런데 나는 도무지 그 신발의 말을 알아들을 수가 없다.

6·25 전쟁이 막바지로 접어들던 때 초등학교에 입학했다. 우리 또래는 거의가 검정 고무신을 질질 끌면서 학교에 다녔다. 그래도 고학년이 되었을 때는 전쟁도 끝이 났고, 반 아이들 중에는 더러 흰색 운동화를 신고 다니는 아이도 있었다. 추석 때도, 운동회를 앞두고도, 그 흰색 운동화가 신고 싶어서 사 달라고 조르고, 조르고 하였다. 그러나 운동화는 신어보지도 못하고 초등학교를 졸업하였다.

그때 내가 혹시 버림받은 아이가 아닌가 하는 생각을 하면서 스스로 불행의 올가미를 씌운 것은 아니었을까. 내 연상 속에서 갑자기 '거지왕자'가 튀어나왔기 때문이다. 거지로 바뀐 왕자가 다시 왕자로 되돌아올 때의 짜릿하게 느껴오던 희열감 때문에 '거지왕자'는 만화로, 동화책으로, 그리고 영화로 열 번도 더 보았다. 얼마 전에는 케이블 TV에서 보여준 최신판 「신데렐라」 영화를 대 여섯 번이나 보았다. 볼 때마다 재미가 있었다. 왕자와 결혼식을 올릴 때는 마찬가지로 짜릿함을 느꼈다.

다시 옛날을 떠올리면서 연상을 따라서 여행을 해보았다. 끝내 운동화를 사주지 않았던 아버지(아니, 기억에 없을 때 양자로 가서 아버지라고 불렀지만 실제로는 삼촌인)가 지금껏 내가 쓴 글에서 모습을 드러낸 일은 거의 없었다. 그만큼 내가 쓰지 않았던 것이다. 어머니의 이야기는 수도 없이 쓰면서 아버지는 내 글에서 왜 추방시켜 버렸을까.

초등학교쯤의 여름날이었다. 오후가 되면 소를 몰고 가서 앞 산 위에다 풀어 놓았다. 저녁이면 다시 소를 집으로 몰고 오는 일이 내 몫이었다. 그런데 그날은 왜 그렇게 가기가 싫었는지 모른다. 고개를 꼬고 몸을 비비 틀면서 사립문을 붙잡고 서 있었다. 방에 앉아 계시던 아버지(삼촌)께서 맨발로 우루루 달려 나와서 내 목을 움켜쥐고 땅바닥에 내동댕이를 치려는 듯이 몇 바퀴나 맴을 돌렸다. 내 발은 땅에서 떨어져서 허공에서 버둥거렸다. 겁에 질려서 울지도 못하고 소를 몰고 산으로 갔던 일이 방금 일어났던 일처럼 기억난다.

정신분석을 하는 선생님이 내 얘기를 듣는다면 아마 "그렇게 심하게 다루지는 않았을 것입니다. 유년의 기억은 거의가 환상이니까 그런 환상에 젖어 있었을 뿐입니다. 그러나 아버지에 대한 그런 환상은 의미가 있겠지요."라고 하겠지만, 하여간 내 기억으로는 그랬다.

잃어버린 채, 언제나 찾지 못하고 꿈에서 깨어났던 신발은 아버지를 말해주는 것일까. 기억하고 싶지 않는 일들, 그리고 찾아지지 않는 신발, 무섭기만 하였던 어린 날의 기억…, 잃어버렸던 신발 때문에 투덜대면서 나를 언짢게 하였던 아들녀석에게 나는 왜 아무 말도 않고 듣고만 있었을까. 아니면 아버지와는 관계없는 일이다. 아버지라면 그렇게 쉽게 기억해 낼 수가 없다고 하지 않을까. 마음의 심연에는 다른 사연이 있을거라고…

어쩌면 나는 죽을 때까지 내 신발을 찾기 위해서 헤매리라는 생각이 든다. 그 신발에는 나도 모르는 내가 있기 때문이다.

(2006. 6. 29.)

2005년 4월 5일에 임진수 교수가 이끌고 있는 프로이트-라캉 교실의 세미나에서 내 수필이 주제가 되었다. 임 교수는 내 글을 대상으로 긴 분석을 하면서 과거의 기억이 현재의 경험과 어떻게 연관되어 있는가를 다루었다. 임진수 교수의 분석 내용을 요약하여 소개하면 다음과 같다.

"이동민 선생님의 꿈과 그에 대한 꿈-사고에 따르면 아주 어렸을 때부터 지금까지 음식점이나 사람들이 많이 모인 장소에 가서 신발을 벗고 들어가야 할 상황이 생기면 '신발을 잃어버리면 어떻게 하나?' 하는 강박불안이 생긴다고 하였다. '신발분실 불안이라고 할까요?' '신발분실 강박이라고 할까요?' 그리고 자세히 생각해보니까 신발을 잃어버리는 꿈을 계속 반복적으로 꾸었다고 합니다. 따라서 그것은 실제 현실적인 불안이기도 하고, 반복된 꿈이기도 합니다.

그러한 꿈은 최근의 일을 연상시킵니다. 즉, 선생님은 최근에 아들 소유의 '딸딸이'를 끌고 목욕탕에 갔다가 잃어버린 일이 있었습니다. 그래서 아들에게 내가 여차여차하여 '딸딸이'를 잃어버렸다고 말하니까, 아들이 '그것은 여자친구에게 받은 선물'이라면서 아주 불쾌한 표정을 지었습니다. 선생님은 밖으로는 아무 말도 못했지만 내심으로는 '이놈 봐라! 아비라고 봐주지도 않네!'라는 섭섭한 생각이 들었습니다. 선생님은 '섭섭하다'라는 아주 부드러운 표현을 썼지만 아마 실제로는 아들이 무지하게 괘씸하였을 것입니다. 아들 편에서는 아버지가 '딸딸이'를 잃어버려 불쾌하고, 이동민 선생님의 편에서는 아들이 감히 불쾌감을 감추지 않는 것이 괘씸했던 것입니다.

그리고 신발에 관한 연상은 초등학교 입학 전으로 거슬러 올라갑니다. 선생님께서는 교회라고 하셨지만 당시에는 아마 예배당이라고 했을 것입니다. 교회의 주일학교 여선생님이 동화도 들려주고, 노래도 가르쳐줘서 예배당에 가서 그 분을 만나는 것 포기하기 힘든 '즐거움' — 선생님이 표현한 이 말에 주목할 필요가 있습니다. — 이었는데 삼촌(실제로는 아버지 역할을 합니다.) 이 예배당에 가지 말라고 으름장을 놓은 것입니다. 그 으름장은 당시 유행하던 속설, 즉 교회에 가면 '눈감고 기도하라고 해 놓고 신발 훔쳐간다.'는 속설과 연결되어 선생님은 예배당에 나가지 않게 됩니다."

이에 대한 임 교수의 해설을 내 나름으로 옮겨 보겠다.
여기에는 신발과 관련하여 먼 옛날, 내가 어렸을 적의 기억과 현재 일어났던 일이 서로 고리가 되어서 연계되어 있다. 두 경험 사이에는 예배당 여선생님 — 이동민 — 아버지(삼촌) 아들의 여자 친구 — 아들 — 아버지(이동민)라는 삼각구도의 공통점을 갖추고 있다.
삼각구도는 갈등의 구도이고, 오이디푸스콤플렉스의 기본 구도이다. 이 삼각구도에서 어린 시절의 이동민과 아들은 모두 그 구도의 중심 인물이 되어 있다는 것도 같다. 즐거움을 주는 사람이 예배당의 여선생님과 여자 친구라는 점에서 오이디푸스콤플렉스에 대비하면 욕구 충족의 근원을 어머니 즉 여자로 설정하는 것도 같다. 또 충족의 방해자는 아버지의 위치라는 것도 같다. 다른 점이라면 어린 이동민은 아버지의 법에 순응하여 자신의 쾌락을 순순히 포기하였지만 아들은 강한 불쾌감을 드러내면서 순응하지 않았다는 것이다.
이 수필의 구도를 검토해보면 '작가와 백일몽'에서 설명한 현재의 인상이 어떻게 과거의 기억과 연결되어 있는지를 잘 보여주고 있다.

수필의 주인공인 이동민이 겪은 과거의 경험은 오이디푸스콤플렉스기에 해당하는 연령이다. 이 연령기에는 '사회의 법'을 받아들이므로 자신의 욕망을 억압하는 시기이다. 아버지의 거부로 예배당 여선생님을 만나는 즐거움을 포기하는 것이 이 심리구도를 잘 보여준다. 문제는 포기한 욕망이 50년도 더 지난 지금까지 기억의 밑바닥에 찰거머리처럼 붙어 있다는 것이다.

임진수 교수는 이렇게 말하고 있다.

"이제 우리는 오이디푸스 구조가 애증의 감정싸움이나 인간관계라기보다는 쾌락(욕망)과 금지(법)의 싸움(또는 결합)이라는 것을, 현실(계)과 상징(계)의 만남이라는 것을 알았습니다."(*상징계, 상상계, 실재계(현실계)는 라캉의 심리구조의 기본이다. 마음의 구조, 라캉의 이론에 소개하였음).

이 말은 상당히 중요한 의미를 갖는다. 내가 누구를 미워하고, 좋아한다는 것은 어느 한 개인의 감정이 아니고, 현실계와 상징계라는 심리구조에서 생겨난다는 것이다. 이와 같은 심리구조는 개인이 좌우하는 것이 아니고 이미 정해져 있는 것이므로 그 심리구조가 좋아하고, 싫어하는 것이지 개인이 좋아하고, 싫어하는 것이 아니다 라는 것이다.

나는 자기를 내세우기를 좋아하는 사람을 싫어한다. 이것도 따지고 보면 어릴 때부터 남의 앞에 함부로 나서지 말라는 교육을 받은 탓이라면 내가 그런 사람을 미워하는 것은 내 탓이 아니라는 것이다 (일반적으로 엄한 유교 가정에서 자라난 사람은 이런 교육을 많이 받았다. 그러나 오늘은 서양사회에 익숙해야 하므로 자기 의견을 분명히 나타내고, 토론을 할 줄 알아야 한다. 남의 앞에 나서는 것을 싫어하는 사람은 일반적으로 자기의 의견을 잘 양보할 줄 모르고 토론에 익숙하지 않으므로 바람직한 인격상은 아니다).

따라서 내가 A라는 사람을 미워하는 것도 내가 감정의 주인으로 미워하는 것이라기보다는 구조의 그물망에 걸려서 옴짝 달싹하지 못하고 미워한다는 것이다.

이러한 논리는 사실이야 어떻든 간에 내 자신을 성찰하는데 도움이 된다고 생각한다. 나의 감정이란 것도 절대적인 것이 아니고 환상의 덫에 걸려서 허수아비처럼 춤추는 것이라고 생각한다면 내 감정을 제어하는 데 도움이 된다.

아들이 아버지인 이동민에게 불쾌의 감정을 나타낸 것도 아들의 감정이 아니고, 아들이 살아온 시대의 구조가 내면화되어서 나타난 것이라고 생각하면 마음을 훨씬 더 누그러뜨리기 쉽다.(아들의 시대는 아버지의 시대와 다르게 여자 친구와의 관계가 확실하고, 표현을 자유롭게 하는 것을 허용하는 시대에 살았기 때문에 아들이 아버지에게 표현하는 감정은 아버지를 죽이고 싶도록 밉다든지 하는 것이 아니고, 일상적인 감정 표현의 부류로 넣을 수 있다.) 나의 감정에만 휩싸여서 섭섭하게 느끼기보다는 아들의 시대를 살면서 형성된 아들의 감정을 아들의 입장에서 바라볼 수 있다면 나의 감정은 훨씬 더 부드러워질 수 있다.

정신건강에서 건강의 지표로 삼는 것 중에는 타인의 입장에서 생각할 수 있어야 한다고 하였다.

내 수필에서도 밝혔듯이 나는 더러 신발을 잃어버린다는 불안에 휩싸여 있었다. 20여 년째 거의 매일 사우나를 하러 다니면서 몇 번이나 신발을 잃은 일이 있다. 그렇다고 하여 그 신발이 비싼 것도 아니고, 불안을 줄 만한 건덕지도 없다. 도저히 논리적으로는 설명이 되지 않는다. 그렇다면 이것은 의식세계의 저 너머에 있는 또 다른 세계와 관련이 있다.

신발을 잃어버리는 꿈을 연속으로 꾼 일도 있었다. 그러다가 잊어버릴 때는 몇 년째 한 번도 신발의 꿈을 꾸지 않는다. 이것을 임진수 교수는 '불안'으로 진단하였다. 불안은 프로이트가 "원래는 쾌락(즐거움)이었던 것이 금지, 억제됨으로 불쾌감으로 변질된 것을 말한다."라고 하였다.

신발이 불안을 야기하기보다는 신발이 상징하는 그 어떤 것이 있을 것이다. 나의 수필에서 신발은 오이디푸스콤플렉스의 삼각구도와 관련하여 중심의 위치에 자리 잡고 있다. 임진수 교수는 더 이상 분석하지 않았다. 내 수필에서 더 이상의 단초를 구할 수가 없었기 때문이다. 그러나 나는 어렴풋하지만 그 이유를 알 것도 같다. 우리 집 가족사와 나의 개인사가 만들어 낸 아득한 옛날의 기억이 아름답지 않기 때문이다. 나에게는 몹시도 아픈 기억이기 때문이다. 아직도 그 기억의 억압에서 벗어나지 못하여 수필로 표현하지 않았을 것이다.

임 교수는 자신의 상담 사례를 들려주었다. 아들은 어릴 적에 어머니로부터 몹시 미움을 받았다고 하였다. 그러면서 어머니에게 매맞은 이야기를 할 때 자신의 오른팔을 들고는 등 뒤까지 돌려서 자신을 후려치는 연기를 하면서 이렇게 제 뺨을 때렸어요, 라고 하였다. 그의 어머니에게 이 말을 하였더니 어머니는 전혀 기억이 나지 않는다고 하였다. 임 교수의 진단은 어머니의 말이 맞을 것이라고 하였다. 유년의 기억은 거의가 환상이므로 대부분이 거짓이라고 하였다.

　나도 유년의 아픈 기억이 많지만 수필에서는 거의 표현하지 않았다. 소에게 풀을 먹이러 가면서 겪었던 기억도 아팠지만, 자신을 비극의 주인공처럼 생각하는 환상은 기억은 공통으로 가지고 있다지 않는가. 그렇다면 내 기억들도 환상으로 이루어져 있을지 모른다.

　그러나 유년의 기억이 거짓인 환상으로 이루어져 있다는 것이 중요한 것이 아니다. 정작 중요한 것은 그런 환상적 기억을 왜 가지게 되었는가 하는 심리작용이 중요하다.

　다시 한 번 임 교수의 분석을 소개하겠다.

> 　마지막으로 사후 작용에 의한 주체의 전 과거의 공명작업에 눈을 돌려봅시다. 앞에서도 말하였지만 이동민 선생님의 꿈에서, 현재는 최근의 기억을 일깨우고, 그 최근의 기억은 초등학교 이전으로 이어지고, 그것은 다시 우리로 하여금 그 이전을 구성하게 하는 식으로 연상의 사슬이 연결되어 있습니다. 마치 도미노처럼 맨 앞에 있는 말을 툭 치니까 그 다음의 말이 연쇄적으로 넘어지는 것과 같습니다. 다른 비유를 든다면 스트라스부르그 대성당의 종이 울리니까 그 도시의 모든 성당들의 종이 연쇄적으로 울려, 도시 전체가 하나의 콘서트 홀이 되는 것과 같습니다. 이렇게 현재의 방아쇠를 당기니까 과거의 총알들이 기관총처럼 순식간에(거의 동시에) 발사되고 있습니다. 다시 말해 신발을 잃어버릴 것 같다는 현재의 불안이 일어날 때 그와 유사한 전과거의 경험이 한꺼번에 공명을 일으키는 것입니다. 그러니 그 위력이 얼마나 대단하겠습니까? 종들이 공명을 일으킬 때 그 안에 있으면 고막이 터지거나 미칠 것과 같습니다. 심지어는 전생까지도 공명합니다. 왜냐면 주체의 심리구조는 어머니와 아버지(특히 어머니)로부터 연유한 것이기 때문입니다. 어머니, 아버지의 동일시를 통해서 주체의 심리도 구조화하기 때문입니다. 이것이 바로 정신분석의 관점에서 본 윤회입니다. 우리는

윤회의 틀을 어떻게 벗어 날 수 있을까요?" —생략— 기억의 끝은 환상으로 이루어져 있습니다. 그렇다면 결국 우리의 정신적 삶은 환상 위에 세워진 사상누각인 셈입니다. 신발도 의미를 모르는 상징인 것입니다.(환상의 구조에서 생겨난 것이므로) 환상 위에 세워진 환상의 집(정신분석에서는 오인의 구조라고 합니다.) 그래서 불교에서는 모든 것을 환(幻)으로 보는 것입니다. 인간의 존재 하나하나는 하나의 모래인간인 셈입니다. 오인의 구조가 오인을 낳는다는 것은 이동민 선생님이 몇 번이나 반복해서 사용한 '모르겠다'는 말에 잘 나타나 있습니다."

수필을 쓸 때는 거의가 과거의 기억을 통하여 회상의 형식을 빌린다. 과거의 기억을 불러오기 위해서는 현재의 경험을 필요로 한다. 이것을 '사후 작용'이라고 한다.

우리는 아무런 불안도 없이 잘 살아가다가 어느 날 갑자기 불안에 휩싸이는 것을 본다. 흔히 갱년기에 잘 나타나므로 갱년기 장애란 말도 쓴다. 이때는 무의식에 숨어 있던 욕망이 현재의 작은 계기가 방아쇠가 되어서 한꺼번에 튀어나오므로 마치 종소리에 고막이 터질 듯이, 당장이라도 미쳐버릴 듯이 압박한다. 심리적인 고통이 그만큼 강렬하다는 것을 표현한 말이다. 쓰레기로 버려도 하나 아깝지 않을 신발을 잃고 엄청난 불안으로 빠져드는 것을 그렇게 설명하고 있다.

임 교수는 프로이트—라캉 이론으로 더 깊이 있는 설명을 하고 있지만 여기서는 생략하겠다.

한 마디 보탠다면 우리는 무의식 속에 엄청난 불안의 폭탄을 안고 살아가고 있지만 그 사실을 모른다. 그 사실을 모른다는 것이 건강한 것이다.(라캉은 우리의 심리구조상의 문제이므로 우리가 발버둥 친다고 벗어날 수 없다고 하였다). 불교 식으로 말하자면 우리는 무명無明 속에서 살고 있는 것이다. 우리가 자기성찰을 거듭하여 불교에서 화두를 내걸고 답을 찾듯이 하여 다행히 명明을 찾았다고 무명이 없어지는 것이 아니다. 무명이 무명인 줄 알았다고 하여 무명이 없어지지 않는다는 것이다.

방법은 무명을 부정하지 않고, 무명을 무명으로 인정하고 나와 더불어서 살아가야 한다. 나의 현실을 그대로 인정하고, 그 현실을 나의 현실로 받아들여서 같이 살아가는 것만이 정신치료에 도움이 된다. 융이 말한 그림자의 인격화란 말과 같은 뜻이다.

결국에 나도 아들이 불쾌할 수 있다는 것을 인정하였다. 그는 자기 시대의 방식으로 감정을 표출하였다는 것을 인정하였다. 그것이 꼭히 아버지를 증오의 대상으로 갈등하고 있는 것이 아니라는 것을 인정하고, 진심으로 수용하였다.

저녁에 들어온 아들은 내게 정중히 잘못을 빌었다. 그 아이도 아버지의 입장에서 이번 일을 바라보았음이 틀림없다.

그래서 지금도 나는 아버지이고, 그 녀석은 내 아들인 것이다. 어버이 날이면 선물도 챙겨오고 있는 것이다.

감정치료와 수필

융이 말하기를 마음은 강한 감정의 응어리들이 맺혀있는 것이라고 하였다. 감정의 응어리들이 역동적으로 상호작용을 하여 만들어내는 것이 심상, 즉 마음이라고 하였다.

그렇다면 감정은 무엇일까? 감정은 경험에 대한 나 자신의 반응이다. 감정은 나의 내부에 존재하는 것이므로 나의 것이다. 나의 것이라고 하여 나의 소유물이기보다는 오히려 나의 주인이라고 하는 것이 이해가 빠를 것이다.

우리를 둘러싸고 있는 세상에 대하여 나는 반응하고, 생각하고, 신념을 가지고, 그리고 상상한다. 이 과정을 겪으면서 반응하는 것이 나의 감정이다. 우리는 흔히 무엇이 나를 화나게 만들었다고 말하지만 그 어느 것도 나를 화나게 하는 것은 없다. 그것을 바라보고 내가 화를 내었을 뿐이다. 굳이 따진다면 대상을 인식하고 화를 내는 방식으로 내가 반응하였을 뿐이다. 인식한다는 것은 우리가 어떻게 느꼈는가를 말한다. 말하자면 감정적 인식인 것이다.

감정이 우리에게 주인 행세를 한다면 감정이란 확고부동한 원리성에 기초하여 어느 누구도 이의를 제의할 수 없을 만큼 토대를 구축하고 있는 것일까? 아니다. 감정 또한 각 개인의 경험을 통해서 구체화되므로 개개인의 삶에 차이가 있는 한 형성되는 감정도 개개인에 따라 다를 수밖에 없다.

 그렇다면 감정은 우리에게 어떤 일을 하기에 필요하다고 말하는 것일까? 감정은 우리가 개체로서 살아남을 수 있도록 해주는 방어전략이다. 공포심이 생겼다는 것은 주위의 위험 가능성을 환기시켜 내가 미리 방어할 수 있도록 해준다. 예로써 통증이 마비된 사람, (즉 나병환자처럼)이 불에 데이거나, 칼에 베이는 등 온몸이 상처투성이가 되어 있음을 본다. 마약 복용자를 예를 들어보면 마약중독자는 흔히 공포가 사라지고, 죽음마저 두려워하지 않는 상태가 되므로 자살도 서슴지 않는다고 한다. 살아남는다는 것은 본능적인 반응이다. 감정적 반응도 본능처럼 나타난다.

 감정은 흔히 두 부류로 나눈다. 인생을 즐겁게 해주는 감정과 슬프게 하는 감정이라고 한다. 행복, 기쁨, 사랑, 평화는 삶을 즐겁게 해주는 편에 속한다. 이런 감정은 의학적으로도 면역체계를 강화하여 생존의 확률을 분명히 높여준다. 반대로 우울하거나, 분노 같은 감정은 우리에게 고통을 주고, 생명에도 감점의 요인이 된다. 주위에 감정을 드러내지 않는 수도 있다. 전혀 감정반응을 나타내지 않는 수도 있다. 반대로 작은 자극에도 감정반응을 극대화시키는 수도 있다. 이러한 감정은 건강을 해친다는 사실도 잘 알려져 있다.

 슬픔에 처해 있는 사람에게 우리는 흔히 '힘을 내어라.'라는 위로와 격려의 말을 한다. 이런 형식적인 말이 고통을 받고 있는 사람에게 얼마나 도움이 되는지는 의문이다. 슬픔을 일으키는 좀 더 근본적인 문제에 접근하는 것이 올바른 방법이다. 여기서 성찰이라는 방식을 주장하는 수필쓰기는 권장할 만한 방법이 된다.

감정은 활발하게 움직이고, 끊임없이 변화하는 역동성이 본질이다. 이렇게 쉴 새 없이 변화를 거듭하는 것은 마음과 연결되어 있기 때문이다. 우리의 마음은 실제의 상황에서만 반응하는 것은 아니다. 몇 년 전에 「말아톤」이라는 영화를 보았을 때 얼굴이 온통 눈물로 범벅이 된 일이 있었다. 늙수그레한 나이에 누군가가 훔쳐볼까 하여 얼른 눈물을 훔치곤 하였다. 내가 보고 있는 영화는 시나리오에 의해서 만들어진 것에 불과하다는 것을 뻔히 알면서도 마음은 실제처럼 반응하였기 때문이다. 이럴 때 영화를 보고 웃고, 울고, 놀라고 하는 것은 거의가 환상에 대한 반응이다. 어린이용으로 만든 영화를 어른이 보면 너무 황당하여 감정반응이 쉽게 일어나지 않는다. 이처럼 우리의 감정에 깊이 개입하는 요소에는 환상도 중요한 역할을 한다.

작가의 몽상을 문학작품이라고 한다. 그렇다면 수필은 우리의 마음이 반응할 수 있는 환상의 세계를 얼마든지 제공할 수 있다. 언어에는 의미전달만이 아니고 감정전달도 한다. 수필을 읽으면 의미와 더불어 작가의 감정이 더 진하게 느껴지는 경우도 수없이 많다. 직접적인 표현보다는 글의 행간에 감정을 숨기고 있는 수도 많다. 작품읽기를 통하여 그 감정을 집어내는 것도 읽기의 한 방법이다.

그렇다면 작가는 감정을 왜 행간에다 숨기고 있는 것일까? 소설보다는 수필에서 이러한 경향이 훨씬 더 심하다. 작가가 자신의 감정을 감추기할 때는 읽기를 하는 독자보다는 쓰기를 하는 작가의 입장에서 한번 생각해 보아야 할 것이다.

일반적으로 우리 문화에는 감정을 구분하는 경향이 있다. 분노, 슬픔, 두려움 같은 것은 감정을 표현하는 것이 허용되지 않는다. 우리 문화에서 이런 감정은 터부시하였다. 어릴 때부터 화를 강하게 내면 온갖 이유를 붙여서 비난하고, 심지어는 벌까지 주었다. 친구사이일 때는 참을성이 없다고 하고, 대상이 어른일 때는 버르장머리가 없다는 식으로 비난한다 .심지어는 부모나 가계까지도 싸집아서 욕을 하니까 참아야 하는 감정인 것이다. 남자아이가 눈물을 잘 흘리는 것도 계집아이 같다는 식으로 놀림감이 된다.

이런 감정은 나쁘다고 어릴 때부터 딱지를 붙여놓은 감정이므로 어른이 되어도 표현하는 데 익숙지 않다. 수필을 쓰는 작가도 이런 감정의 문화에서 벗어날 수 없다. 더욱이 소설이 허구라면 수필은 자신이 주인공이므로 더더욱 표현하기가 어렵다.

너무 엄한 교육을 받고 자란 아이일수록 일찍부터 이런 부정적인 감정은 의식세계에서 추방하여 무의식에 감금해버린다. 감금이라고 말하는 까닭은 의식적으로 화를 내고자 하여도 좀처럼 표현하지 못하는 수가 많기 때문이다. 무의식에 갇혀서 그 사람의 그림자가 된다. 의식의 뒷면에서 그림자가 되어 얌전히만 지내고 있다면 아무런 문젯거리도 되지 않는다. 그림자가 되어 있는 무의식을 어떤 계기로 건드리게 되면 안정장치가 풀린 폭탄처럼 폭발하기 때문에 바람직하지 않다는 것이다.

바람직한 방법은 그림자를 순화시켜서 의식세계로 조용하게 데리고 나오는 것이다. 말이야 쉽지만 무의식이라는 음침하고 음습한 동굴에 갇혀있는 그림자를 아무런 저항 없이 의식세계로 데리고 나오는 일이 결코 쉽지 않다. 그렇다고 하여 가슴속에 묻어만 둘 수도 없다. 오랫동안 묻어두면 화병이 되어서 끊임없이 마음에 고통을 안겨준다.

치유 방법으로 수필쓰기는 아주 좋은 방법의 하나이다. 문학작품은 환상의 표현이므로 환상적인 방법으로 바꾸어서 표현하기가 쉽다. 노골적이고 직접적인 감정의 표현이 허용되지 않는다면, 상징과 은유로 바꿀 수도 있고 행간에 묻어서 표현할 수도 있다. 그렇게라도 하면 마음의 고통에서 벗어날 수도 있고, 아주 시니컬한 표현을 하므로 카타르시스도 느낄 수 있다.

마음이 아프면 흔히 종교기관을 찾아가서 종교적인 방법을 택하기도 한다. 좋은 방법이긴 하여도 나름대로 어려움도 있다. 일반적으로 종교적인 방법에서는 부정적인 감정의 표현은 금기시한다. 표현보다는 억압을 방법으로 많이 사용한다. 용서하고 억압하므로 보상을 받는다는 방식을 주로 사용한다. 그러나 수필쓰기는 무조건 억압하고, 숨기는 것을 주장하지 않고, 행간에 숨기는 한이 있어도 감정표현을 통해서 치유의 효과를 얻고자 한다.

수필을 읽다보면 감정을 표현하기보다는 억지로 숨기면서 오히려 자책을 하는 글을 많이 본다. 실제로는 미움이 가득한데 너그럽게 자신의 잘못을 자책하고, 미움의 대상은 오히려 용서한다는 식의 방식으로 치유가 될까?

억압되어 있는 감정을 문학이라는 방식을 통하여 순화하고, 변형시켜서 표현하므로 가슴의 응어리를 털어낼 수 있다면 카타르시스를 얻을 수 있다. 무조건 용서하고 자책하는 종교적인 방법과, 나름대로 자신의 감정을 토로해내는 수필쓰기 방식에서 어느 것이 더 바람직할까? 감정표현에는 문학적 표현을 빌려서 수필쓰기를 하는 것이 더 좋은 방법이 아닐까?

 문제는 수필쓰기가 요즈음 유행하고 있듯이 자신의 내면을 숨기고 무조건 사회가치에 순응하는 글을 쓴다면 치유 효과가 얼마나 있을까?

수필쓰기와 자기표현

　수필작가는 글을 쓸 때 끊임없이 작가를 비난하고 꾸중하는 내면의 소리를 듣는다. '내면의 비평가'라고 하는 것이 더 적절한 말인지도 모른다. 그 비평가는 정말 시시콜콜한 것까지도 일일이 밝혀내어서 자기의 주인을 부끄럽게 만든다. 맞춤법이나 띄어쓰기가 틀렸다는 식의 소소한 것부터 삶의 태도와 방식까지도 간섭한다. 친구에게 그런 식으로 말을 해서는 안 된다, 라든지, 직장의 상사에게 불만이 없는 사람이 어디에 있어, 면전에 불만을 드러내어서는 사회생활에 불이익이 오니까 참아야 한다는 등등의 세세한 삶의 태도까지 관여한다.
　내부에서 오는 제지와 감시는 사람이 살아가는 동안에는 결코 피할 수 없는 나의 일부이다. 부모가, 형제가, 학교의 선생님이, 존경하는 위인의 말씀이, 결혼한 후에는 배우자의 짜증 섞인 잔소리까지도 어느 사이에 내재화되어서 나의 감시자로 둔갑하였다. 이들은 글쓰기를 할 때 느닷없이 나타나서 하나하나 간섭을 일삼는다.
　이럴 때 우리는 어떻게 행동하고, 대답하는가?

솔직히 말해서 우리는 비평의 목소리를 지겨워한다. 그렇지만 막상 글을 써놓고 보면 그 비평에 잘도 따랐음을 알 수 있다.

비평의 목소리를 지겨워하는 나와, 잘도 따르는 나는 누구인가? 앞에서도 말하였듯이 나의 존재는 둘로 나뉘어져 있다. 욕망의 주인으로서 나와, 사회의 눈이라는 타인의 시선으로 세상을 바라보는 내가 있다. 내면의 감시자를 미워하고, 그의 손아귀에서 벗어나고자 하는 나는 바로 내면의 나이고, 욕망의 나이다. 그러나 쓴 글을 읽어 보면 내면의 나는 어딘가에 숨어버리고, 감시자의 지시를 잘도 따랐음을 알 수 있다. 자신을 아주 멋진 인물로 분장하여 표현하므로 타인의 눈에 맞추어서 그려내었으나 자신은 그 사실을 인식하지 못하고 있다. 자신이 글의 주인이 되어서 자신의 진정한 목소리를 쏟아내고 있다고 믿고 있다.

글에서 표현하고 있는 자신은 이상화된 자신이다. 그래서 수필작가는 자신의 작품에 강한 애착을 느낀다. 자신의 작품을 몇 번씩 되풀이하여 읽고 나서도 별로 싫증을 느끼지 않는다. 오히려 글 속에 빠져 들어간다. 자신이 표현한 이상자아에 빠져드는 것이다. 나르시시즘적인 욕망이다. 자기의 작품을 좋지 않게 평하면 기분이 나빠진다.

우리는 감정을 내 안에 담아둔다. 우리는 몸안에 담아둔 감정을 언제든지 끄집어 낼 수 있다. 그러나 바람직하지 않은 감정은 끄집어내기보다는 숨기는 데 더 익숙해져 있다. 특정한 어떤 감정은 환영받지 못한다는 것을 알면 의식에서 추방하여 아주 깊숙한 마음속에 감추어 버린다.

보기로 고아로 자란 사람은 어릴 때부터 세상을 혼자 힘으로 꿋꿋

이 헤쳐 나가야 한다는 말을 더 많이 듣는다고 한다. 주위에서 흔히 듣는 말도 사람은 험한 세상에서 살아가려면 용감해야 한다. 울지 말아야 한다는 소리를 보통 사람보다 더 많이 듣는다고 하였다.

　감정은 정적이고, 얌전하게 쉬고 있는 것이 아니다. 힘이 있는 에너지이다. 몸안에 쌓아 둔 감정은 여기저기를 돌아다니면서 행패를 부린다. 머리를 아프게도 하고, 팔다리에 힘이 빠지게도 한다. 심하면 우울증과 불면증에 빠지게도 한다. 그러하다고 하여 슬퍼하거나, 나약해져서 쉽게 눈물을 보이는 것을 허용하지 않는다. 이런 것들이 바로 내면이 비평가가 되어서 글쓰기를 할 때 일일이 간섭을 한다. 간섭이 심할수록 병적 증상이 되어서 나타난다. 이런 이유로 마음이 아픈 사람에게 나타나는 병적 증상을 '기억의 흔적'이라고 말한다.

　이러한 증상들에서 벗어나는 방법은 몸안에 갇혀 있는 감정들이 떠나가도록 물꼬를 만들어주는 것이다. 30년 동안을, 아니 40년 동안을 좋은 아내로, 좋은 어머니로 칭찬을 받으면서 살아온 중년 부인이 수시로 우울증과 불면증으로 고생하는 일을 흔히 본다. 더더욱 슬픈 사실은 자신은 마음의 증상들로 괴로워하면서도 좋은 여인으로 건강하게 살고 있다고 믿고 있는 타인의 시선 때문에 자신의 아픔을 마음 깊숙이 숨겨둔다는 것이다.

　타인의 노골적인 시선을 살짝 비켜나면서 내 안의 감성을 드러내는 방법은 없을까?

　마음의 병을 갖고 있는 사람일수록 분노를 갖고 있는 것 자체에 대해서 두려움을 갖는다. 자신의 감정을 명확하게 드러내지 못하고 우유부단한 것은 판단에 대한 불안이다. 모든 사람을 만족시킬 만한 대답이라면 판단내리기를 주저할 이유가 없다. 그런 판단은 있을 수가 없기 때문에 주저하는 것이다. 판단을 유보한다고 하여 마음속에 정말 아무런 결정도 하고 있지 않을까? 이미 결정을 하고 있으면서도(무의식에서) 표현을 하지 못하고 있을 뿐이다. 나중에는 표현하지 못하였음을 또 자책한다.

말하자면 이들은 타인과 의견 충돌을 일으키기보다는 자신을 억누르고, 속박하고, 학대하는 데 더 익숙해져 있다. 그렇다고 마음의 편안을 얻는 것도 아니다. 혼자서 끙끙거리면서 환상 속에 빠져들어 심적 고통을 완화시키려 한다. 몽상으로까지 흘러가서는 안 된다. 몽상에 이르면 마음의 병이 상당히 깊어져 있기 때문이다. 사람은 환상으로 자신의 욕망을 순화시킨다.

신체의 고통을 호소하면서 병원을 찾는 많은 사람들이 병의 원인이 신체적인 부조화에 기인하지 않고 정신적인 데 있다는 것은 잘 알려져 있다. 참고 있는 분노가 신체의 어느 부위에 머물게 되면 그 부위에 신체적 고통을 일으킨다. 방광염이나 만성기침도 있다. 만성두통, 만성피로증 등등 수도 없이 많다. 마음에 기인하는 증상은 치료가 어렵다. 환자들은 정신적 원인을 수용하려 하지 않기 때문이다. 증상은 곧 치료라는 말이 있다. 신체의 고통을 겪으므로 마음속의 고통을 잊으려 하기 때문에 신체의 고통을 없애는 것은 마음의 고통을 환기시키는 역할을 하기 때문이다.

마음의 고통을 줄이기 위해서 또는 덮어두기 위해서 흔히 환상에 빠져든다. 사람들은 환상을 통해서 자신의 감정과 대화를 나눈다고 한다. 환상은 자신의 감정을 가장 적나라하게 보여주는 이야기꾼이라고 한다.

환상의 자리에 수필을 놓아보자. 수필은 자신 속에 겹겹이 쌓여있는 감정을 전해주는 이야기꾼이라고 할 수 있다. 환상이 곧 정신치료라는 말은 아니다. 환상의 심리학이라면 자신이 욕망을 감추어 둔 것이기 때문에 환상 속에 너무 깊이 빠져버리는 것은 결코 바람직하지 않다. 환상에는 나의 내면에 잠재된 욕망을 전달해주는 이야기꾼일 뿐이다. 그것도 직접적인 전달이 아니고, 환유와 은유와 상징을 섞어서 들려주는 이야기이므로 그 뜻을 잘 새겨야 한다.

초등학교 4학년이 쓴 일기를 소개한 글을 옮겨 보겠다.5)

나는 오늘 일기가 쓰기 싫다. 솔직히 말하자면 일기쓰기 싫은 날이 하루 이틀이 아니다. 그런데 생각해보면 일기를 왜 꼭 써야 하는가? 난 그렇게 생각했다. 우리 반에도 일기를 쓰지 않는 사람이 있는데 생각이 거의 똑같다. 그리고 많기도 하다. 우리 마음속에 말하고 싶지 않은 것, 감추고 싶은 것이 많은데…, 그것도 쓰거나 기록하면 누군가 보게 되는데…. 다 알게 될 것이 아닌가? 또 억지로 일기를 쓰고자 하면 자발적이지 않기 때문에 의미가 없다. 그래서 나는 일기를 쓰기 싫은 때가 있다.(학교에 부탁하고 싶다) 자기가 억지로 쓰는 것은 아까 말했듯이 자발적이지 않아서, 내 생각에는 쓰고 싶은 날에만 썼으면 좋겠으나 일주일에 한 번은 써야겠고, 물론… 그런데 그것조차 안 해오면 우리 학교 법칙이기 때문에 경고*3을 받으면 엄중한 처벌을 내려도 좋다. 그러면 학생들에게 그 시간 동안 학교 숙제나, 학원 숙제, 시험 공부, 책읽기를 했으면 좋겠다. 그 이유는 매일 형식적으로 없는 일을 꾸며내는 것도 어렵고 시간낭비라고 생각한다. 그리고 그 시간을 소중하게 아끼고, 사랑하고, 잘 활용한다면 우리 학교 학생들은 조금씩 공부의 여유를 가질 수 있고, IQ가 높아지고 스트레스의 결정의 시간을 때울 수 있다. 이 부탁을 조금이라도 읽어주시는 것도 감사하고 답변을 남겨주시면 더욱 감사드리겠습니다."

---

5) 변학수. 문학치료. 학지사. 쓰기치료. 2005. 245쪽

초등학생이 쓴 일기라고 소개하였다. 그러나 성인이 쓴 수필도 이 글의 형식과 다름이 없다 싶어서 이 글을 인용하였다.

이글이 말하고자 하는 것은 일기를 쓰기 싫다는 것이다. 여기에서 일기는 그 학생에게나 우리에게 많은 것을 시사하고 암시한다. 일기는 아마도 선생님이 낸 숙제 같다. 학생에게는 반드시 해야 하는 하나의 규범이고, 규칙이다. 성인에게는 반드시 지켜야 할 사회 규범일 것이다. 이 아이는 숙제가 하기 싫은 것이다. 아이는 규범과 하기 싫음 즉 욕망과의 갈등을 겪고 있다. 일기를 쓰기 싫은 이유로는 남에게 드러내고 싶지 않는 자신만의 비밀이 있기 때문이다. 이것은 자신만의 쾌락지향적인 일인지도 모른다. 자신만의 욕망인지도 모른다. 그래서 규범을 어기고 일기를 쓰지 말기를 주장하면서 깊은 죄책감을 느끼고 있음을 알 수 있다. 이 학생은 자신의 죄책감을 없애는 방법으로 자기를 합리화시키는 데 이글을 거의 채우고 있다.

일기를 읽으면 우선 자기 합리화를 길게 쓰게 한 학생의 심리기전을 읽어야 마음의 치유가 가능할 것이다.

일반적으로 수필쓰기도 이 학생의 일기와 큰 차이가 없다. 다만 수필은 이 일기와 다르게 강제성이 없기 때문에 반드시 써야 할 이유는 없다. 그런데도 수필을 쓰는 것은 쓰지 않고 배겨날 수 없는 숨어 있는 언어들이 있기 때문이다.

그냥 가슴에 담아두기로는 감정의 에너지가 너무 크기 때문이다. 수필에서 숨어 있는 내면의 언어를 직접적으로 표현하지 못하는 것은 위의 일기처럼 감추고 싶은 것들이 있기 때문이다. 그것은 사회가 용인하지 않는 욕망인 것이다. 가슴에 담아두기에는 부담이 많고, 토로하기에는 타인의 추상같은 시선이 무섭다. 이런 갈등은 수필에서 흔하게 만난다.

　막상 써진 수필을 읽어보면 숨어 있는 언어는 끝까지 얼굴을 드러내지 않는 것이 대부분이다. 위의 일기처럼 길고 긴 자기 합리화로 수필의 전체를 채우는 것을 흔히 본다.

　위의 일기에서도 타인의 시선을 피해서 은밀히 즐기고 싶어하는, 일종의 강박관념과 죄책감이 어우러져 있음을 볼 수 있다. 일기쓰기를 거부하는 심리기전에는 무언가 자기만의 쾌락에 탐닉하고 있음을 은연 중에 드러낸다. 일기의 뒷부분에 여러 가지 자신의 주장을 나열한 것은 일기를 쓰지 못한 데에 대한 죄책감의 표현이다. 이 아이는 다른 사람이 자신의 일기를 본다는 전제하에 글을 썼다. 자신의 욕망을 드러내기보다는 자기 합리화로 일관하고 있다.

　이것은 수필에서 흔히 보는 방식이다. 수필쓰기에서 긴 긴 합리화로 자신의 죄책감을 완화하려는 것을 흔히 본다. 잠시나마 마음의 안정을 얻을 수도 있을 것이다. 수필쓰기는 근본적인 자기성찰에 의한 자신의 더 깊은 내면을 들여다보아야 한다. 수필쓰기는 자신의 삶을 객관적으로 바라볼 수 있는 장점이 있다. 그러나 타인의 시선을 너무 의식하여 '이상자아'만을 표현하므로 나르시시즘에 빠진 글은 오히려 자신의 내면을 덮개로 감싸는 역할을 한다. 이런 글로써는 자신의 내면을 객관적으로 바라볼 수가 없다.

수필쓰기와 카타르시스

아리스토텔레스가 시창작에서 장르를 나누면서 '비극'에 대한 정의를 이렇게 내렸다.
"비극이란 진지하게 여겼던 일정한 크기를 가진 행위의 미메시스인데 각 부분들에, 각각의 종류대로, 따로따로 뿌려진 양념된 언어를 수단으로 낭송을 통해서가 아니라 행동하는 사람들을 통해서 이루어지며, 연민과 공포를 통해서 그와 같은 격정(적 사건)들의 카타르시스를 수행하는 미메시스이다."
고대 언어들을 현대 언어로 해석할 때는 의미 해석이 모호하고, 다양해진다. 이 개념은 아리스토텔레스가 문학이론에 적용하였던 내용이다. 그러나 아리스토텔레스의 정의에서 '카타르시스'는 여기에서 딱 한 번만 나온다고 한다. 자연히 해설이 구구해지고 여러 학설이 나오게 마련이다.
일반적인 해석은 "연민과 공포를 통해서 격정(적 사건)들의 카타르시스를 수행하는 미메시스이다."에서 답을 구하는 것이다. 즉 비극은 감상자에게 연민과 공포를 일으킬 수 있는 사건들로 구성되어야 한다. 재현하는 그 사건을 바라보는 감상자는 내부에 연민과 공포가 생겨나서 그 이전에 자신이 경험하여 존재하는 연민과 공포를 씻어낸다는 논리이다. 이때의 카타르시스는 정화한다, 깨끗이 한다, 없애버린다의 의미로 해석한다.

　이 이론을 수필쓰기에 적용시켜 보자.

　"미메시스는 모방의 뜻이지만 재현의 의미로도 사용한다. 수필작가는 자신이 경험하였던 내용을 모방 내지 재현하는 것이다. 경험의 재현은 연민과 공포를 자아내는 아픈 기억들로 구성되어 있다. 글을 읽는 독자가 작가의 연민과 공포를 대하므로 자신의 속에 숨어있던 연민과 공포를 몰아내므로 자신은 연민과 공포에서 벗어날 수 있다."는 논리이다.

　마찬가지로 수필을 쓰는 작가의 입장에서 까마득히 잊고 있었던 과거의 경험을 재현하여 연민과 공포를 경험하므로 자신을 연민과 공포로 몰아넣었던 감정의 찌꺼기들을 바깥으로 쏟아버릴 수 있다고 설명한다. 이로써 자신의 마음이 깨끗해지고, 맑아지므로 카타르시스를 수행하였다고 할 수 있다.

　아리스토텔레스의 이 이론은 의학에서 차용한 것이라고 한다. 그리스인들은 인체는 네 종류의 체액으로 구성되어 있다고 하였다. 체액들의 구성이 조화를 이루고 있어야 건강하다. 이러한 생리 이론은 그리스인만이 아니고 고대인들의 공통된 사고방식이었다. 이집트인들은 병이 진행하는 현상을 신체의 각 부분에 변화가 왔을 때 나타나는 인체의 현상일 뿐이라고 하였다. 이러한 현상이 나타나는 원인론에서 혈액이 가장 중심적 위치를 차지한다고 믿었다. 공기에는 영적 존재가 있다. 공기는 폐에서 혈액으로 옮겨타고 우리 몸의 구석

구석에 영기가 전달된다. 체액이나 영기에 이상이 생기면 부패현상이 나타난다. 이때는 땀을 흘리거나, 설사와 배뇨를 통해서 부패물을 체외로 제거해 주어야 한다. 실제의 시행으로는 나쁜 피를 뽑아내는 사혈법이나, 인공으로 설사와 배뇨를 일으키는 방법을 사용하였다. 방귀를 뀌게 하는 것도 하나의 치료법이었다. 말하자면 몸에서 부패물을 제거하여 신체를 깨끗하게 정화시킨다는 이론이었다. 이런 치료 방법은 조금씩 차이는 있더라도 고대 인도인이나 중국인들도 흔히 사용하였다.

마음을 아프게 하는 감정도 이런 방법으로 털어버릴 수, 있다는 생각에서 시작한 치료방법이 현재에도 이용하고 있다.

그리스 시대에 유행한 인체 생리도 우리 몸은 혈액, 점액, 황담즙, 흑담즙의 네 체액으로 이루어져서 서로 조화를 유지하므로 건강한 상태가 유지된다는 체액설이었다. 조화가 깨어지는 것이 병이다. 이 중의 한 체액에서 이상이 나타나도 그 부분만이 질병 상태가 되는 것이 아니고 우리의 몸 전체가 영향을 받는다. 병이라는 것은 인체라는 전체를 단위로 나타나는 현상이지 신체의 어느 부위가 이상한 상태가 된다는 것이 아니었다. 이런 면에서 현대의학과 차이가 있다.

체액의 부조화가 나타났을 때의 현상을 소화불량이라고 하였다. 우선은 소화불량을 없애고 체액이 조화를 이루도록 회복시켜주는 것이 중요하다. 치료법으로는 주로 식이요법을 사용하였다. 최후의 방법으로 소화불량의 체액을 인공적으로 제거하는 방법을 사용하였다. 오늘의 관점에서 보면 외과적 수술에 의하여 피를 뽑아주거나, 농을 제거하는 것이다. 아주 적극적인 치료법이 바로 카타르시스 시술이었다. 이것은 그리스인들이 흔히 사용한 치료법이 아니었고, 마지막 방법으로 시행하였던 시술이었다.

문학이론에서 말하는 카타르시스는 의학에서 병든 체액을 제거하여 깨끗이 정화시킨다는 데서 유래하였다. 문학에서는 부조화의 체액이 아니고 병든 감정들, 즉 부조화의 감정들을 제거하는 것을 말한다. 아리스토텔레스가 의사였음을 생각하면 카타르시스 이론이 의학에 바탕을 두었음이 하나도 이상하지 않다.

정신분석에서 카타르시스 요법을 먼저 도입한 사람은 브로이어이다. 히스테리 환자가 발작을 일으킬 때 알아들을 수 없는 소리를 중얼거리는 것을 관찰하였다. 브로이어는 최면을 걸어서 중얼거린 말의 근원을 찾아 나섰다. 연상의 방법으로 추정하였을 때 그 중얼거림의 이면에는 마음에 큰 상처를 준 과거의 경험이 얽혀 있다는 것을 알았다. 그는 고통을 준 그 감정을 제거하고, 방출하도록 치료하여 좋은 결과를 얻었다.

고대에는 문학의 기능에 인간의 영혼이나 마음을 치유하는 종교적인 기능이 있었다. 현대에 와서는 종교적 기능은 퇴색되어 버렸지만 심리적 기능으로 바뀌어서 여전히 유효한 역할을 하고 있다. 문학은 근본적으로 우리의 사고와 감정과 심리적인 행위의 소산물이라고 말할 수 있다. 따라서 인간의 정신적 고통과는 깊은 관련이 있다.

정화이론을 프로이트는 그대로 받아들여서 어릴 때 억압하였던 기억을 불러내어 회상하므로 치유의 가능성을 찾으려고 하였다. 어릴 때의 아팠던 기억을 배설해버리므로 고통에서 벗어나자는 논리였다.

수필쓰기는 회상에서 시작한다. 심층 심리의 깊숙한 곳에 감추어

두었던 기억은 쉽게 불러낼 수가 없다. 그러나 현재의 어떤 경험이 계기가 되어서 과거의 기억을 찾아가는 것이 대부분의 사람들이 겪어보는 마음의 행로이다. 실제로는 억압해두었던 기억을 불러내는 일이 오히려 고통을 유발할 수도 있다. 과거의 기억이 의식세계로 되돌아 올 때는 오히려 심한 불안이 나타나기도 한다. 따라서 수필쓰기에서 표현할 때는 직접적으로 나타내기보다는 은유하고, 상징하는 형태를 띠게 되는 수가 많다.

억압하였던 기억들은 우리의 사고가 합리적으로 수행하는 것을 방해한다. 자동적인 감정의 매개에 의하여 사고한다.

즉 사고도 반사적으로 반응한다는 뜻이다. 내가 잘 아는 분이 억울하다면서 하소를 하였다. 자기는 근시가 있어서 안경을 끼지 않을 때는 사람을 잘 알아보지 못하므로 땅만 보고 걷는다고 하였다.

하루는 땅만 보고 걸었는데 나중에 친구로부터 심한 항의를 받았다고 하였다. 인사를 해도 못 본 척하고 지나쳤다면서 너는 평소에도 나를 무시하는 경향이 있다면서 얼굴색까지 바꾸어서 항의하더라고 하였다. 자기는 그날 정말 누구가 자기에게 인사하는 것을 보지 못하였다면서 그 친구는 평소에도 나를 고깝게 생각하는 기색이 자주 나타난다면서 분해하였다. 눈이 나쁘다고 이야기하였는데도 자기의 감정을 직선적으로 표현하더라고 하였다.

이 이야기를 들으면서 나는 두 사람의 입장을 생각해보았다. 둘 다 자신의 사고가 옳다는 믿음에 빠져 있었다. 자신을 이해하지 못하는 상대방이 나쁘다는 감정이 가득하였다. 우리는 일반적으로 자신의 사고는 아주 합리적이고, 모순이 없다고 크게 믿고 있다. 사실은 우리는 도식적이고, 자동적인 사고에 젖어 있는 경우가 허다하다.

항의를 하는 사람이나, 항의를 받는 사람이나 스스로 생각에는 자신이 옳다는 생각에 사로잡혀서 남에 대한 배려는 전혀 하지 않고 있다.
　공연히 타인을 오해하고 감정을 쌓는 일은 우리가 살아가는데 하나도 도움이 되지 않는다. 그런데도 우리는 수없이 오해를 하고, 감정을 쌓으면서 살아가고 있다. 더욱이 우리는 거의 대부분이 정신적인 장애를 안고 살아가고 있다. 왜냐면 정상과 비정상의 구분은 정신의 장애요인이 있고, 없고가 아니고 양의 차이이기 때문이다. 우리는 모두가 약간의 우울증, 약간의 강박증을 안고 살아가고 있다. 이럴 경우는 흔히 사물의 인지에 자동적 사고를 하게 된다.
　예로써 우울증이 있을 때는 자신의 경험이나 미래에 대해서 부정적으로 사고하는 경향이 있다. 기분이 좋지 않은 경험이 아무리 적더라도 확대하여 해석하므로 과민하게 반응하는 경향이 있다. 중년을 넘어서는 사람들이 가장 흔히 부딪히는 것은 건강에 대한 불안이다. 건강염려증이라고 하는 불안심리는 자연스런 노화현상도 과민하게 반응하여 공포를 느낀다. 이런 경우는 꼭 정신장애자라서 불안해하는 것은 아니다. 위험에 대한 불안 때문에 자신을 믿지 못하고 반복적으로 행동하는 강박관념도 누구나 경험하는 부조화의 감정이다.
　자동적 사고를 하게 되는 배경을 꼼꼼히 따져보면 그 사람의 삶을 유지하는 어떤 방식이나 법칙이 현실의 생활에 적응하기 어렵도록 하는 어떤 가정으로 이루어져 있음을 볼 수 있다. 예로써 행복한 삶을 꾸리기 위해서는 너무 완벽하게 생활해야 한다는 믿음이 지나치게 강한 윤리의식으로 어릴 때의 억압해버린 지난 날의 기억이 근간을 이루고 있는 수가 많다고 하였다. 한 치의 잘못도 허용할 수 없는 모범생의 경우에 강박관념이 많다고 한다.
 감정의 찌꺼기를 걷어내어야 우리는 마음을 평온하게 유지할 수 있다. 그러나 분노나 불만을 직접적으로 표출해내는 일은 쉽지 않다. 왜냐면 사회성을 확립하는 과정에서 자신의 욕구나 불만은 드러내지 않도록 교육을 받으면서 자란 것이 우리이기 때문이다.
 내 경험으로는 감정을 쏟아내는 좋은 방법으로 수필쓰기가 적격이었다. 직설적이고, 폭발적인 감정의 표현이야 할 수 없지만 은근슬쩍 비유를 하거나, 은유하거나 냉소적인 투의 글을 쓰므로 분노의 감정이 많이 해소되었던 경험이 있다.

 우리가 분노나 불만을 경험할 때는 성장하면서 사회성을 획득하는 과정에 사회에 적응하기 어렵게 하는 자동적 사고가 내 안에 자리 잡지 않았는지를 살펴볼 필요가 있다. 수필을 내면의 고백이라고 하여 수필에 직접적으로 표현하는 일은 거의 없다. 그날에 내가 표현한 수필은 자동적 사고의 배경에 대한 단초를 제공하는 수가 많다.
 수필쓰기를 통하여 감정의 표현으로 내가 일시적인 위로를 얻는 것만으로는 어딘가 미흡하다. 내 사고가 자동적 사고는 아닌지를 검증해보아야 한다. 자기의 내면에 그와 같은 가정적 사고가 숨어 있다면 바꾸도록 노력해야 한다. 일반적으로 강박관념은 사회생활을 너무 모범적으로 수행하는 사람들에게 많다. 너무 도덕적인 사람일수록 실제로는 마음의 고통을 더 많이 겪고 있는 사람인지도 모른다. 자신을 학대하고, 남의 행동이 조금이라도 일탈을 하면 수용하지 못하는 완고한 사람인 수가 많다.
 자신의 행동을 너무 완고하게 이끌고 있는 어떤 지침이 자신에게 내재되어 있을 때는 스스로에게 질문도 해보아야 한다. '이것이 나에게는 왜 그렇게도 소중한 지침이 되어 있는 것일까?'에서 답을 구해보아야 한다. 그래서 수필쓰기를 불교에서 화두를 내걸고 평생을 답을 찾아 헤매는 과정과 같은 것이라고 말하기도 한다.

  우리는 수필을 통하여 단순히 나의 감정을 배설해내는 것으로 끝내지 말고 더 깊은 내면에 숨어 있는 감정을 찾아내어 바깥으로 쏟아내어야 한다.

수필-누가 나를 용서하는가?

사람이란 정말 이해하기 어려운 존재임이 틀림없다. 어느 목회자를 상담하였던 사례를 읽어보면 같은 죄를 짓고, 동일한 벌을 받았다 하더라고 사람에 따라서 형벌의 강도는 달라진다. 같은 죄, 같은 벌은 사회적인 규약이라면 달라지는 형벌의 강도는 오로지 스스로가 결정하는 것이다.

모 목회자는 설교를 할 때 옳고, 그름을 너무 단호한 어조로 말하므로 설교를 듣는 사람을 감동시키기는커녕 오히려 저항심을 불러 일으켰다. 조그마한 잘못에도 너무 심하게 질책하였기 때문에 교회의 신자들은 이 목회자를 싫어하였다. 교회의 신자들이 자신을 싫어한다는 사실을 알고 깊은 좌절에 빠져 있었다. 그는 아내의 탓으로 돌렸다. 아내의 말에 사사건건 트집을 잡으면서 자신의 목회 활동에 아내는 하나도 도움이 되지 않는다는 투로 비난하였다.
주변 사람이 전하는 말은 그 목회자의 말과 달랐다. 목사의 부인은 아주 상냥한 분으로서 교회의 신도를 따뜻하게 대한다고 하였다.

남편에게도 헌신적으로 봉사한다고 하였다. 더욱이 목사님의 심한 질타에 마음을 상한 신자들의 마음이 풀어지도록 어루만져 준다고 하였다. 목사는 그런 아내를 못마땅해 하였다. 그는 아내와 애정 관계를 유지하는 것도 거부하면서 스스로 가정을 파괴하고 있었다. 그는 자신을 신에게 봉사하는 종이라고 굳게 믿고 있었다.

옆에서 지켜보던 선배 목회자가 도저히 두고 볼 수 없어서 그를 만나 대화를 나누었다. 그는 신의 이름으로서가 아니고 인간의 마음으로 대화를 나누었으면 싶다고 말하였다. 처음에는 신에게 봉사하는 자신의 단호함을 강조하였다. 아내는 인간애를 핑계로 신에게 자신을 헌신하려는 데 방해가 된다고 하였다. 그는 오랫동안 대화가 이어지면서 그가 신에게 그토록 봉사하도록 하게 한 정신적 에너지가 무엇이었는지 드러내기 시작하였다.

옛날에 그는 주한 미군으로 근무하면서 2주간 일본으로 파견을 간 일이 있었다. 동경의 휘황한 거리를 쏘다니다가 외로움과 도시의 유혹을 이기지 못하여 매춘부와 몇 번의 관계를 맺었다고 하였다. 그 후로 그는 깊은 죄책감에 빠져들었다. 용서를 구하기 위해서 신에게 더 깊이 헌신하였다. 성경공부도 더 열심히 하였고, 다른 사람이 하느님의 법을 어겨서 자기처럼 죄인이 되지 않도록 하기 위해서 더 강한 어조로 타락을 비난하였다. 그 길만이 자신이 용서받는 길이라고 믿고 있었다.

아마도 목사가 의탁하였던 신은 그 목사를 용서하였을 것이다. 그토록 간절하게 용서를 바라는 속죄의 소망을 들어주지 않았다면 인간이 신에게 용서를 받는다는 것은 불가능한 일이기 때문이다.

그러나 정작 무의식에 억압되어 있었던 죄책감은 용서를 받지 못하고 있었다. 자신을 용서할 수 있는 자는 오직 자기 자신이기 때문이다. 자신을 학대하다시피하면서 교회의 일에 깊이 빠져들었지만 자신은 깨끗하지 못하다는 자책감에서 벗어날 수 없었다. 말하자면 용서가 안 되었던 것이다. 그렇다고 이 고민을 어느 누구에게 털어놓을 수 있다 말인가? 아내에게도 털어놓을 수가 없었다.

신 앞에서 참회함으로써가 아니고, 선배 목회자와 상담을 함으로써 무의식 속에 가두어 두었던 죄의식, 자신의 말로는 '죄의 덩어리'가 탈출할 수 있는 출구를 만들었다. 그가 왜 아내에게 냉담하게 대하였는가라는 선배의 질문에 이렇게 대답하였다.

"파견 근무가 끝나고 약혼녀가 기다리는 한국으로 돌아와서 바로 결혼을 하였다. 아내를 볼 때마다 동경에서 저질렀던 일이 떠오르면서 심한 갈등으로 고통을 받았다. 교회에 나가서 새벽까지 기도하면서 하느님의 용서를 구하고, 당신에게 내 몸을 바치겠다고 맹세하였다. 그러나 아내 앞에 서면 죄책감이 지워지지 않았다. 하느님은 누구든지 용서한다고 하였으니까 용서를 해주었겠지만 아내에게 범한 자신의 죄는 용서받을 수 없었다. 그는 아내가 베푸는 사랑을 받을 자격이 없다는 죄책감에 시달리고 있었다. 자신이 아내의 사랑을 따뜻하게 받아들여서 아내가 즐거워할 때는 자신이 아내를 속이고 있다는 생각이 엄습해 왔다.

자신의 죄를 속죄하기 위해서는 자신에게 벌을 주어야 하므로 심한 학대를 하였고, 아내의 따뜻한 사랑을 받는 행복한 남자가 되어서는 안 되었던 것이다. 그는 스스로 만든 마음의 감옥에 자신을 가두어 놓고 징벌을 가하였다. 이것이 하느님에게 속죄와 참회를 하는 것이라고 생각하였다.

베스 펀크가 쓴 책에서 이 사례를 인용해 보았다.

이 사례에서 보면 하느님의 용서를 구하는 참회의 삶을 살았지만 마음의 평화도 일상에서의 행복도 얻지 못하였다. 하느님의 용서는 그에게 별다른 도움을 주지 못하였다.

일반적으로 죄의식에 사로잡힌 사람은 어떤 행위나 행동에 의미를 부여하고, 반복하고 되풀이하면서 공을 들인다고 한다. 행위를 중지하였다가, 또 반복하기를 되풀이하는 것은 반복이 특징인 어떤 의례들과 유사하다고 한다. 같은 행위를 반복하는 이유는 만약에 태만하게 되면 불안에 휩싸이기 때문이다. 마음이 불안할 때 계속하여 손을 비빈다든지, 다리를 떨고 있는 행위를 흔히 볼 수 있다.

베스 펀크가 보여준 사례의, 종교에 헌신이라는 행위도 따지고 보면 불안을 잊으려 하였던 행위의 반복이라고 할 수 있다(종교행위는 의례이다).

강박관념은 죄의식과 관련되어 있는 수가 많다. 본인은 죄의식에 대해서 모르고 있으므로 '무의식적 죄의식'이라고 할 수 있다. 지난 날에 경험하였던 어떤 사건이 뿌리이지만 의식세계에서는 까맣게 잊혀져 있다. 유사한 사건이 일어나서 자극을 주면 예외없이 되살아나서(무의식적으로 되살아나므로 본인은 그 원인을 역시 모른다고 한다.) 자신을 유혹하기도 하고 죄의식을 불러온다. 앞으로 그 죄에 해당하는 벌을 받는 불행이 찾아오리라는 예감을 하게 한다. 종교에 깊이 빠지거나, 소문난 처녀보살을 찾아가서 부적을 사거나, 점을 보러 여기저기 찾아다니는 의례적인 일에 몰두한다. 이것은 예견되는 불행을 의식적으로 피해보려는 심산에서이다.

강박증은 죄의식과 아주 유사하다. 자기들은 용서받을 수 없는 죄인이라고 생각하고 종교인들이 종교생활에 더 깊이 침잠하는 것은 일종의 불행에 대한 방어수단인 것이다.

모든 정신분석학자들의 일치된 의견은 아니지만 프로이트에 의하면 어린 시절에 본능 충동의 억압(성적 본능도 포함됨)을 수행하는 과정에 양심이 생겨나서 본능과는 반대되는 역할을 한다. 억압해두었던 본능은 끊임없이 의식세계에 유혹의 손길을 보내므로 양심과 심한 갈등을 일으킨다. 이 과정에서 불안심리가 생겨난다. 불안 심리는 죄의식에서 오는 징벌에 대한 두려움의 표현인 것이다.

프로이트의 설명에 의하면 교회에서 치르는 결혼식 의례는 성본능에 대한 죄의식을 제거해주는 의식적 의례라고 하였다. 일반적으로 종교는 특정의 본능적 충동을 단념하도록 하는 것이 기본이라고 하였다. 본능적 유혹 뒤에 따라오는 죄의식과 신의 징벌에 대한 공포 형태로 불안을 조장하는 것은 종교 생활에서는 불가피한 것이라고 하였다.

문제는 앞의 목회자의 사례에서 보았듯이 종교는 우리의 불안을 해소하고 일상에서 행복한 삶을 보장하지 못하였다는 것이다. 말하자면 신이 우리를 용서할 수 있으나 한 개인으로서 나 자신을 용서할 수는 없었다는 것이다.

여기에서 유용한 대안으로 수필의 역할이 강조된다. 위의 사례에서 보여준 목회자는 하느님의 엄하디엄한 율법을 바라보면서 용서를 빌었지만 율법에 얽혀 있는 스스로가 자신을 용서할 수 없었던 것이다.

하느님의 율법은 무엇이었던가? 목회자의 자신에게 내재되어 있는 양심이었다. 프로이트의 제2지형학에 의하면 자신의 감시자는 초자아이다.

  수필은 신이라는 매개자를 두지 않고 스스로를 바라볼 수 있는 좋은 방법인 것이다. 수필이라고 하여 자신을 정확하게 바라보는 것은 물론 아니다. 자신의 양심이 감시자가 되어서 자신을 양심의 잣대로만 바라보게도 한다. 그러나 수필쓰기는 신이라는 어마어만 권능을 가진 감시자를 따돌리고 바라볼 수 있으므로 자신을 좀 더 정확하게 바라볼 수 있는 방법이 될 수 있다.

  우선 자신이 쓴 글을 점검해 보기로 하자. 아마도 거의 대부분은 도덕 교과서처럼 딱딱한 윤리의 덩어리들로 뭉쳐져 있을 것이다. 왜냐면 죄의식(무의식적)이 강할수록(양심이 강한 사람일수록) 감추는 덮개가 더 필요하기 때문이다.

  수필에서 자신을 학대하고 참회하는 글은 아주 많다. 수필에서 참회하는 글을 쓰므로 마음의 평화를 얻고 일상에서 행복을 추구할 수 있다면 얼마나 좋을까? 앞에서 목사님의 사례를 장황하게 인용한 이유는 바로 여기에 있다.

  여기 수필에서 흔히 만나는 유형의 글을 하나 인용해보자.

> 지나쳐 버린 많은 날들, 때로는 분수를 알지 못한 채 남의 허물을 힐책하고, 하찮은 이기심으로 남을 배려할 줄 모르는 과오를 범하면서도 혼자 잘난 척하며 살아온 일은 없었는지. 그 때문에 남의 가슴에 서러운 눈물 자국을 남기는 않았는지도 되돌아 보아진다.
>   그러한 생각을 하노라니 마침 구름 속에 갇혔던 햇살이 돋아나 무언가 나를 꾸짖는 소리처럼 어떤 떨림이 은은하게 묻어온다.
>
> ―「갓바위에서」

모 수필문학상 수상작가가 쓴 글을 평하는 글에서 인용하였다. (여기서는 수필의 성취도를 따지는 것이 아니고 문학치료로서 수필을 말한다.)

수필에서 표현하는 자신은 실재의 자신보다는 이상자아로서 자신을 표현하는 경향이 있다. 이 글대로라면 끝없는 참회로 자신을 다독이고 있다. 평글에도 "작자의 글을 통하여 짐작건대 "남의 가슴에 서러운 눈물자국을 남기는" 일을 할 사람으로는 결코 보이지 않는다."라고 하였다. 나도 평자처럼 이 수필작가가 남을 해꼬지하거나, 눈물을 나게 하지 않으리라고 믿는다. 그러나 문학치료라는 관점에서 이 글을 본다면 이렇게 참회하므로써 자신을 용서하고 편안함을 얻을 수 있을까? 하는 의문이 남는다.

앞의 사례로 든 젊은 목사는 긴 상담을 통하여 신을 매개하지 않고 자신을 들여다보는 눈을 뜨게 되었다. 용서란 칼날같이 날카로운 신의 잣대로 얻어지는 것이 아니라는 사실을 깨닫는 것이 마음을 열게 된 첫 열쇠였다. 우선 가까운 사람들을 '신에게 봉사하기 위해서'라며 자신이 만들어 놓은 굴레를 벗겨주고, 용서하였다.

교회에 헌신하는 자신을 이해하지 못하였고, 도와주지도 않았다고 질책하였던 아내에게도 자신이 너무 엄한 신의 잣대로 평가하였음을 깨달았다. 언젠가 감기로 몹시 괴로워할 때는 오늘은 기도회에 참석하지 말고 집에서 쉬라고 하였다. 신의 종인 당신이 건강하기를 신도 바라고 있다고 말하였다. 그때 목사는 버럭 화를 내면서 목회자의 삶을 도와주지는 못할망정 자신의 믿음을 방해한다고 하였다. 신을 매개하지 않고 인간애의 눈으로 바라보니 자신을 진정으로 사랑한 아내가 보였던 것이다.

이렇게 하므로 그는 용서의 의미를 깨닫기 시작하였다. 그것은 자신의 무의식에 잠재되어 있던 죄의식 때문이었지 아내의 잘못이 아니라는 것을 깨달았다. 아내를 용서하기보다는 자신이 용서를 구하였다. 더 중요한 것은 자신을 용서할 수 있었던 것이다. 신도들에게 칼날같이 들이댔던 잣대들도 거두어들이면서 질책보다는 용서하는 마음을 가졌다. 그때서야 자신이 자신을 용서할 수 있었다.

수필은 바로 자신의 내면을 들여다보고, 자신을 이해하고, 자신을 용서하는 길잡이로서 안성맞춤인 것이다.

수필에서도 사례로 든 목사님처럼 끝없는 참회만을 쏟아낸다면 내 자신이 용서가 될까? 엄한 잣대로 자신을 질책한다면 자신을 용서하기 더 어려워지는 것은 아닐까? 우리는 먼저 남을 용서하는 것부터 배워야 자신을 용서할 수 있다고 한다.

이제 프로이트의 말을 인용하면서 마무리하겠다.

> 종교가 금지하는 행위-억압되어 있던 본능의 표현-이 얼마나 자주 종교라는 허울 좋은 이름으로 자행하고 있는지 상기해보면 신경증이 어떤 것인지 알 수 있을 것이다.

여기서 종교 대신에 자신을 자책하게 만드는 어떤 지침을 대입해보면 자신을 돌아보는 데 도움이 될 것이다.

수필쓰기와 읽기, 둘

유산

박태칠

'○○○증여세 3500억대 납부.'
 거실을 청소하던 중 널브러진 신문지들을 정리하다가 발견한 기사의 한 제목이다. 그 아래로는 '사상 최대 규모', '주식으로 현물납부' 같은 소제목도 보였다. 다른 생물체의 삶처럼 동떨어진 내용이기에 그냥 신문지들을 모아 묶었다. 그러면서도 도대체 얼마를 증여받으면 세금이 3500억 원이나 될까 하는 생각이 슬며시 든다. 청소를 계속하면서도 뭔가 불공평한 느낌이 자꾸 들었다. 수년전의 일이 생각났다.

 "팔십만 원은 받아야 돼요, 그 이하로는 절대로 안 돼요."
 병환으로 기력이 쇠약했던 아버지가 전화기에 대고 평소와는 다르게 강경한 어조로 고함을 지르고 계셨다. 아내와 나는 영문을 몰라 서로를 마주보며 아버지의 방에서 흘러나오는 소리를 듣고 있었다. 나중에 사연을 들어본즉 우리가 시골에서 살았던 그 집을 누군가 사려고 한다는 것이었다.

그 집, 주인이 떠난 지 10년도 더 된 그 집은 아마도 폐가가 되었을 것이었다. 그건 시골에서도 낙엽처럼 이골 저골을 떠돌던 우리 가족이 처음이자 마지막으로 소유하였던 집이었다. 그러나 내가 결혼 후 비록 셋방이지만 도시에서 부모님을 모시고 난 뒤부터 그 집은 빈집이 되었다. 건물터도 남의 소유이고 건물이래야 고작 삼간 토담집을, 그것도 오래 방치한 집이니 그냥 주어버리자는 나의 의견과, 그래도 팔십만 원은 받아야 한다는 아버지의 의견은 장마철 비 내리듯 자주 대립하였다.

내가 반대한 이유는 그곳에 계약이랍시고 가기가 싫었기 때문이었다. 아직도 그곳에는 아버지를 막일꾼 대하듯 했던 국민학교, 중학교 동창생들이 면소재지 근처에 몇 명은 살고 있을 것이고, 아무리 시골이라지만 쓰러져 가는 폐가를 팔아 단돈 팔십만 원을 마련하려는 궁핍한 '엿장수 박씨 아들'을 기억하는 이웃들을 생각하니 나는 도저히 아버지 의견을 따를 수 없었다.

차라리 돈이 필요하면 제가 드릴 테니 어디에 쓰실 건지 말씀을 하라며 다그치는 불손한 나의 태도에도 아버지는 아무 말씀을 하지 않으셨다. 그러다가 시간이 좀 지나 잊을 만하면 또 집 이야기를 하시곤 하셨다. 수차례의 이야기를 듣다 못한 아내의 권유도 있고 해서 결국 나는 계약을 하러 가기로 했다.

아버지의 소원을 들어준다는 차원에서 가는 길이니, 저쪽에서 흥정하자는 대로 빨리 응하고 집값도 주는 대로 받아오리라 마음을 먹었다. 체류시간을 최대한 줄이기 위해 매매계약서를 대강 작성한 다음, 매입자 집을 파악한 후 일부러 어둔 밤에 시골을 향하였다. 노란 중앙선에 의해 정확히 반이 쪼개진 아스팔트길을 따라 나의 차는 조용하게 달렸다. 하지만 마음은 복잡하였다. 친정으로 돌아가는 소박맞은 신부처럼. 이윽고 살던 곳의 면소재지 신작로에 도달하니 힘들었던 어린 시절이 또렷이 되살아났다.

　농촌이라지만 타향이었고, 송곳 하나 세울 땅이 없었던 아버지로서는 호구지책을 위해 그 길을 수없이 드나드셨다. 추수기에는 남의 경운기에 높다랗게 쌓아올린 볏단 뒤에 검불처럼 매달려서 돌아오곤 하셨다. 들판에 누렇게 익은 벼가 모두 사라질 때까지 저녁마다 이웃들은 일손을 구하러 우리 집을 찾아왔고, 아버지는 매일같이 경운기를 바꾸어 타고 돌아오셨다.

　농한기에도 쉴 수는 없었다. 조그만 손수레에 엿을 한판 가득 담아 가위질을 하며 정처 없이 길을 떠나면, 석양이 벌건 저녁에 폐지와 고물을 가득 싣고 힘겹게 돌아오시던 바로 그 길, 친구들과 가다가 아버지를 보면 내가 슬며시 숨던 바로 그 길에 내가 돌아 온 것이었다. 희망이라곤 실오라기 한 줄 보이질 않던 조반석죽朝飯夕粥의 땅, 그나마 어찌어찌하여 농사일을 해주고 얻은 그 집이 우리의 유일한 재산이었다.

　밤이 좀 늦어 만난 매입자는 원치 않게도 유년 시절의 나를 좀 아는 듯이 보이는 사람이었다. 약간의 예의를 차려 그동안의 안부를 물은 그는, 그 집을 허물고 다른 용도로 쓰려고 한다면서 사실 팔십만 원은 좀 비싸지 않느냐고 하면서 조심스레 내 눈치를 살폈다.

　"팔십만 원 다 주세요. 십 원도 못 뺍니다."

　나는 강한 어조로 못을 박았고, 그는 좀 머뭇거리다가 어쩔 수 없이 그대로 돈을 넘겨주었다. 출발할 때의 부끄러웠던 마음과는 달리 나는 의기양양하게 돌아왔다.

　집에 들어서자마자 나는 돈 봉투를 아버지께 넘겨 드렸다. 아버지는 내 안색을 살피다가 수고했다 하시며, 돈을 꺼내 떨리는 손으로 한장 한장 넘기셨다. 액수가 틀림이 없음을 확인한 후 봉투에 돈을 다시 넣고 가만히 보는 아버지의 얼굴에는 만감이 교차하고 있었다. 잠시 후 아버지는 며늘아기를 불러달라고 하셨다. 아내가 방에 들어오자 아버지는 우리 앞에 돈봉투를 다시 내놓으셨다.

　부모라고 해도 물려준 것 하나 없이 얹혀살아 미안했는데 이거라도 받아라. 시아비가 돼서 줄 것이 이것뿐이라 부끄럽구나.

　우리는 당황하여 몇 번을 사양하다가 결국 그 돈을 받았다. 그 돈 팔십만 원, 그것이 그런 용도였을 줄이야! 얼마 후 아버지는 돌아가셨으니 결국 그 돈은 아버지의 유산이 되고 말았다.

　이런저런 생각에 나는 청소를 중단하고 창문 밖을 바라보았다. 만춘 晚春이 지나가는 아파트 화단에 꽃잎이 한 장씩 떨어지는 백목련과 파랗게 자라는 잡초들이 보인다. 씨 떨어진 곳 아무데서나 뿌리내리고 억척으로 살다가 꽃피우고 사라지는 그들의 모습이 새삼 숭고하게 보인다. 찬바람을 원망 않고 햇볕 한줌 바라지 않는 그들이 묵묵히 나를 본다. 사랑의 유산 팔십만 원, 그것조차도 과분함을 말하는 듯하다.

　문득 멀리서 낯익은 형상이 천천히 움직이는게 보였다. 자세히 보니 폐지가 가득 실린 손수레를 노인이 힘없는 걸음으로 밀며 가고 있었다. 나는 신문지 뭉치를 들고 후닥닥 밖으로 나갔다.

벙어리 엄마

박태칠

"영어 원어민 수업에 자녀를 등록하러 오신 분이 있습니다."

　민원대에서 근무하는 직원이 다가와서 좀 난처한 표정으로 이야기를 하였다. 이미 접수가 끝난 상황이 아니냐는 표정으로 그를 보았다. 그렇게 설명하였지만 좀체 물러서지 않고 계속 서 있다는 것이다. 나는 민원 창구 쪽으로 눈길을 보냈다. 젊은 아주머니가 조용히 이쪽을 바라보고 있었다. 고개를 끄덕이자 그녀는 나에게 다가오고 직원은 제자리로 돌아갔다.

이번 수업은 선착순 모집이 원칙이며 신청자가 워낙 많아 정원은 벌써 초과하였으며, 추가등록자도 많아 지금은 늦었음을 정중하게 설명하였다. 그러나 그녀는 아무 말이 없었다.

"그분은 듣지도 못하고 말씀도 못하시는 분입니다."

조금 전 그녀를 안내했던 직원이 못 미더운 눈치로 계속 이쪽을 쳐다보다가 끝내 한마디한다. '아차' 하는 당혹감이 스쳤다.

조금 전에 했던 말을 메모지에 간략히 적어 그녀 앞쪽으로 내 밀었다. 잠시 반응을 기다렸으나 그녀는 여전히 미동도 않고 서 있었다. 고개를 들어 얼굴을 쳐다보니 절망감과 애원이 교차하는 눈에 물기가 서리고 있었다. 낭패감이 들었다. 하는 수 없이 추가등록자 명부를 그녀에게 내밀었다. 그녀는 제일 끄트머리에 딸아이의 이름을 적어놓고는 돌아서 가다가 다시 한번 애절한 눈으로 이쪽을 바라보았다.

이곳 동사무소로 온 지 반년이 지났다. 교육환경이 좋지 않다는 주민여론을 듣고 '어린이 영어 원어민교실'을 운영하기로 한 것이 발단이 되었다. 처음 시도하는 프로그램이라 반신반의하였으나, 연일 신청이 쇄도하였다. 급기야 3일 만에 홍보현수막을 철거하였지만 막무가내로 접수를 요구하는 민원인과 뒤늦게 찾아오는 민원인을 돌려보내는 것도 일과의 큰 부분을 차지하였다. 한바탕 홍역이 끝나갈 무렵에 그녀가 찾아 온 것이었다.

알고 보니 그녀는 똑같이 청각장애를 가진 남편과 정부의 보조금을 받아가며 어렵게 살고 있었다. 다행히 초등학교에 다니는 딸은 정상이었다. 딱하긴 하였지만 이미 정원이 찼으니 어찌할 수 없다는 생각이 들었다. 그러나 쉽게 잊혀질 줄 알았던 그녀의 일이 개강일이 다가올수록 점점 더 큰 부담으로 다가오는 것이었다. 미동도 않고 그린 듯이 서 있던 모습과 애처롭게 바라보던 모습이 자꾸 떠올랐다. 그러나 어쩔 것인가. 그녀 딸아이를 위해 이미 접수한 순서를 바꿀 수도 없는 노릇이었다.

어떤 날은 종일 창밖을 보면서 고민을 하였다. 창밖에 나뭇잎이 계절 따라 화려하게 변하고 있었다. 세월은 어느 잎에나 똑같이 적용되고 있었다. 그것이 원칙이란 말인가. 결국에 결론을 내린다. 모두에게 똑같이 선착순접수가 원칙이 아니었던가. 원칙대로 하자. 원칙대로…….

개강을 하루 앞두고, 결국 아무런 해법을 못 찾은 채, 퇴근을 하면서 술을 한잔하였다. 내일은 수업참가 여부를 통지해줘야 할 텐데 무슨 말로 설명할 것인가 생각하니 가슴이 답답하였다. 잠자리에 누우니 그녀의 물기 어린 눈동자가 떠올랐다. 그 친숙한 서글픔, 뭔가 가슴에 와 닿는 것이 있었다. 왠지 본 듯한 그 젖은 눈은 어릴 때 내가 본 어머니의 눈물이었다. 어머니도 젊어서부터 청각장애인이었다.

내가 열 살쯤일 때 어머니와 함께 대구에 왔다가 시골집으로 돌아갈 때였다. 버스로 4시간이나 되는 비포장도로를 한참 달리던 복잡한 차 안에서 남자 안내원이 승객들의 표를 검사하기 시작하였다. 그가 어머니의 표를 본 순간 험악한 표정을 지으며 어디로 가느냐고 고함을 지르더니, 행선지가 맞지 않다며 우리를 강제로 차에서 내리도록 하였다. 아마 시외버스정류장에서 승차권을 구입할 때에 매표원이 어머니와 대화가 제대로 되지 않자 행선지를 대충 써 버린 것 같았다.

중도 하차한 지점에서 집까지는 이십 리가 넘는 길이었다. 한밤중에 집에 도착할 때까지 몇 개의 짐 보따리를 이고 진 어머니는 나를 걸리며 아무 말 없이 숙명처럼 그 먼 길을 걷기만 하였다. 다리가 아프다고 투정을 부리던 나는 어머니의 젖은 눈을 보고는 더 이상 말을 못했다. 그 적막했던 밤길은 가난하고 귀가 어두운 어머니의 삶이었다. 더 이상 그 길을 눈물로 가는 사람이 있어서는 안 될 터인데. 물기 어린 두 사람의 눈이 교차되면서 나는 밤잠을 설치고 말았다.

키가 껑충하게 크고 선하게 생긴 미국인 강사가 들어왔다. 나는 그 딸아이의 이름을 맨 마지막에 추가로 적어 넣은 학생명단을 건네주었다. 그는 차근하게 명단을 보더니 정원보다 한 명이 늘어난 것을 보고 의아한 표정으로 나를 바라보았다. 이 아이 부모님은 듣지도 말하지도 못합니다. 나는 명단의 끝을 가리키며 더듬거리는 영어로 말했다. 그리고는 다음 말과 단어가 떠오르지 않아 잠시 침묵하였다. 묵묵히 서 있던 그녀의 모습이 떠올랐다. 말 못하는 것은 그녀와 내가 다를 것이 무엇인가. 너도 벙어리야. 그런데 원칙대로 하자고? 나는 스스로를 경멸했다. 현재 이 아이는 부모의 유일한 입과 귀입니다. 이 아이가 나중에 부모를 잘 돌볼 수 있도록 가르쳐 주십시오. 어렵게 몇 마디를 겨우 연결하자 그는 고개를 크게 끄덕이며 오케이를 연발하고는 수업을 위해 사무실을 나갔다.

나는 벙어리 엄마에게 딸아이를 수업에 보내라고 문자를 보냈다. 이젠 꼭 원칙대로만은 살지 않으리라고 생각해본다. 원칙이라는 미명하에 장애인을 정상인과 동등하게 경쟁시키려 했던 나의 얄팍한 편의주의가 경멸스러웠다. 이젠 인간애적인 삶을 살고 싶다. 가로수 잎사귀 한 잎이 바람에 휘청거리더니 가을이 땅에 툭 떨어졌다. 가만히 보니 구멍 뚫린 낙엽이다. 그녀에게 상처를 주지 않은 것이 다행스럽다. 휴대전화가 부르르 떨더니 '감사 합니다'란 문구가 보였다. 그녀가 내게 보인 최초의 반응이었다.

박태칠의 수필 두 편을 읽으면서 마음 치료에 수필이 어떻게 유용한가를 검토해보자. 건강한 상태란 어떤 상태인지를 다시 한 번 되짚어 보면, 마음이 편안한 상태(well-being state)를 건강이라고 정의하였다. 정신의학적인 면에서는 자신의 정체성을 뚜렷이 하고, 현실이 어렵고 힘들더라도 그 사실을 솔직하게 받아들여서 잘 소화해내고, 적응하는 능력이 있는 사람이라고 하였다. 나는 뒤의 정의에 더 많이 공감한다. 왜냐면 자신의 현실을 솔직히 받아들이기보다는 변명하고, 합리화하려는 것이 더 흔한 인간의 심리이기 때문이다.

융은 이것이 자기실현이라고 하였다. 자아(Ich, ego)라고 하지 않고 자기자신(Selbst, self)이라고 하였다. 자아가 자신의 한 부분을 나타내는 것이라면 자기자신은 하나의 인격체로서 통합된 자기를 나타내는 말이라고 하였다.

융의 이론에 의하면 무의식 상태로 태어난 아기가 사회에 적응하는 과정에서(사회성 확립) 페르소나(persona)도 생기고, 내면 심리로서 아니마, 아니무스라고 하는 여성성과 남성성도 생기며, 의식과 무의식의 분리도 일어난다고 하였다.

자기실현이란 분리된 자기가 아니고 인격체로 통합된 자신을 실현하는 것이다. 이것을 자기인식(내가 누구인가를 인지하는)의 과정이며, 자기의 내면에 있는 미지의 속성과 가능성을 깨달아가는 과정이다. 의식화란 자기자신을 지적으로 이해한다는 뜻이 아니다. 자신을 깨닫는다는 것이다. 자신의 정체성을, 즉 자신의 개성을 깨닫는다는 것이다. 페르소나로서 내가 아니고, 전체 정신으로서 나의 본래적인 모습을 인식한다는 뜻이다. 우리는 흔히 주위의 어떤 사람을 두고 한 사람은 좋은 사람이라고 평하고, 다른 사람은 나쁜 사람이라고 평하는 것을 본다. 이것은 서로가 자신의 정체성이 다르고, 개성이 다르기 때문이다. 따라서 내 자신을 들여다 볼 때도 나는 나를 부끄럽게 볼 수도 있고, 긍정적으로 볼 수도 있다. 이때 자신을 긍정하는 태도로 보도록 하자는 것이다.

우리의 내면에는 열등한 부분의 무의식이 있다. 이것을 융은 '그림자'라고 하였다. 나의 어두운 면, 나의 부정적인 면, 나의 파괴적인 면이 무의식의 한 면을 형성하지만, 의식 세계에는 잘 나타나지 않는다. 그러나 의식세계에 부정적인 모습으로 출몰하면서 인격에 손상을 입힌다. 자기실현에는 그림자가 출몰의 형태로서가 아니고 의식에 동화하여 자신의 인격의 폭을 넓히고, 의식의 시야를 확대함으로 이루어진다.

마음의 치료는 바로 그림자의 의식화이다. 따라서 그림자의 인격화가 목표이다. 그림자를 자신의 의식세계에 받아들이려면 도덕적 갈등을 극복할 용기가 있어야 한다. 박태칠의 수필 두 편을 이런 관점에서 검토해보자.

박태칠의 두 편의 수필은 그의 개인사이고, 가족사이다. 역사란 시간을 따라 전개된 사실적 사건의 연속이라고 할 수 있다. 그러나 머릿속에서 기억과 회상이라는 과정을 거쳐서 재현되는 사건은 사실로서의 역사는 될 수 없다. 두 편의 수필이 비록 개인사이긴 해도 사실로서의 역사가 될 수 없는 이유인 것이다. 기억과 회상에는 심리적인 기전이 중요한 역할을 하기 때문이다.

우리는 지난날, 더욱이 어린 시절의 기억은 거의가 사실과 일치하지 않는다. 기억의 뒤에는 망각이라는 공백이 나타나고, 변형된 왜곡이 있다. 이렇게 공백과 변형을 만드는 것은 바로 그 자신의 심리실체라고 한다. 우리가 자신을 인식하자는 것은 바로 공백과 왜곡을 일으킨 심리적 실체를 찾아가는 일이다. 말하자면 '그림자'를 찾아가는 길이다. 망각되고, 왜곡된 기억의 너머에 있는 실체를 찾아가는 과정이 왜곡되지 않는 자신을 찾아가는 과정인 것이다. 찾아낸 그림자를 의식세계로 데리고 나와서 자신의 인격으로 통합하고 나면 정신치료가 되었다고 한다.

심리적 실체를 찾아가는 과정에는 일반적으로 회상을 통해서 기억을 불러내는 현재의 자극이 필요하다. 수필 「유산」에서 그 과정을 짚어보고, 내면의 기억을 어떻게 인격화하는가를 검토해보자.

그는 신문에서 재벌 2세가 어마어마한 증여세를 납부하였다는 기사를 보고 부자 부모를 둔 신문기사의 주인공과 자신을 비교하기 위해서 과거를 기억으로 불러오므로 회상의 과정을 겪는다. 회상을 통해서 과거로 시간 여행을 하므로 드러내고 싶지 않았던 자신의 내면을 되짚어 보는 계기가 되었다. 재벌부모-3500억원-재벌2세의 삼각점이 아버지-80만 원-박태칠의 삼각점으로 이동한다. 다시 엿장수 아버지-가난-어린시절의 박태칠로 새로운 삼각점이 구성되면서 회상을 통한 과거로의 유영이 일어난다.

유년시절을 보냈던 집의 가격을 80만 원으로 결정하였다는 아버지와 화해가 아닌 대립이 나타난다. 이 사실에서 우리는 필자 자신은 과거를 부끄러워하고, 숨기고 싶어 하는 심리를 읽을 수가 있다. 아버지가 끝내 고집하는 80만 원을 포기하자고 주장하는 박태칠의 이유는 분명하다. 부끄러운 가족사를 다시 대면하는 것이 싫었던 것이다. 다시는 의식세계로(현실 세계로) 불러오고 싶지 않은 어두운 그림자를 만나는 것이 싫었던 것이다.

"내가 반대한 이유는 그곳에 계약이랍시고 가기가 싫었기 때문이다. 아직도 그곳에는 아버지를 막일꾼 대하듯 했던 초등학교, 중학교

동창생들이 면소재지 근처에 몇 명은 살고 있을 것이고, 아무리 시골이라지만 쓰러져 가는 폐가를 팔아 단돈 팔십만 원을 마련하려는 궁핍한 엿장수 박 씨 아들을 기억하는 이웃들을 생각하니 나는 도저히 아버지의 의견을 따를 수 없었다."

이 인용문에서 아주 솔직하게 자기의 심정을 토로하고 있다. 여기서 우리는 자신의 아픈 기억을 잊고 싶어 하는 강렬한 원망을 볼 수 있다. 또 고향 친구들이 어떻게 지내는지도 모른다는 기술에서 그가 과거와 단절하고 살아왔음도 알 수 있다. 그 이유로서 바로 막일꾼 박 씨의 아들이기를 싫어한 그의 심리가 잘 나타나 있다. 더더욱 오늘의 자기를 여전히 팔십만 원짜리의 가난한 자로 평가할지도 모른다는 불안이 내재되어 있다.

그가 이사 와서 살고 있는 대도시에서는 그의 과거는 얼마든지 장막의 뒤에 숨겨둘 수 있다. 아무도 자신의 과거를 모르는 이곳에서는 어린 시절처럼 기죽어 할 일도 없다. 과거를 모르는 이곳에서 그는 열등감도 숨겨 둔 채 사실 행복하게 살고 있다.

그런데 그는 왜 수필이라는 글쓰기 형식을 빌려서 드러내고 싶지 않은 내면을 노출시키고 있을까?

현재의 삶을 다시 살펴보면 그는 과거와 단절하고 있는 듯이 보인다. 왜냐면 유년을 보낸 시골의 친구들이 어떻게 지내는지를 잘 모르고 있다. 그가 과거를 의식적으로 회피하였음을 말해준다. 자기의 과거를 아는 사람이 없는 도시에 살고 있으므로 그의 과거는 잊혀지고, 그의 열등감도 사라진 것일까? 설령 신까지도 잊어버렸다고 하더라도 자신의 과거를 자신은 결코 잊어버릴 수가 없다. 무의식으로 추방해버렸더라도 때때로 출몰하여 자신을 아프게 한다. 그래서 단절된 삶을 산다고 하여 좋은 해결책이 되는 것은 아니다.

아버지의 완고한 고집을 꺾지 못하여 다시 부끄러운 과거와 대면하러 갈 때 그는 일부러 밤을 택하였다. 자신을 드러내기 싫었던 것이다. 이것은 바로 자신의 과거를 잊을 수 없다는 것이다. 어쩌면 고향에 살고 있는 사람들, 자신을 알아보는 사람들도 스스로가 자신의 과거를 비참하게 생각하는 만큼 생각하지 않는다. 그냥 '아 그때 너였구나, 그때는 너 참 고생을 많이 하였제. 이렇게 잘 자랐구나.' 정도로만 생각할 것이다. 그리고 금방 잊어버릴 것이다. 그런데도 본인은 훨씬 더 아프게 기억에 담아두고 있다.

이 수필의 의미는 숨기고 싶었던 자신의 그림자가 의식세계로 되돌아와서 긍정적인 역할을 한다는 데 있다. 그림자의 인격화가 일어남을 보여주는 데 있다.

재벌2세의 증여세에 대비하여 나타난 아버지-팔십만 원-작가의 삼각구도에서 팔십만 원은 작가의 그림자를 상징하고 있다. 이것이 다시 아버지-유산-작가의 삼각구도로 바뀌면서 팔십만 원의 의미는 아버지의 사랑으로 바뀌게 된다. 아버지-사랑-작가의 삼각구도는 열등감의 원인이었던 아버지가 사랑의 대상으로 전환한 것이다. 그림자의 인격화가 일어나면서 자기실현에 의한 인격의 성숙이 이루어진 것이다.

이 글을 읽고 난 뒤에 나는 그의 유년시절에 대하여 지나가는 말로 질문을 한 일이 있었다. 그는 이렇게 대답하였다.

"별로 친구들과 어울리지 않았어요. 아버지가 모아온 폐품에는 온갖 헌 책들이 있었어요. 그 책들을 읽으면서 보냈지요. 정말 많은 책을 읽었어요."
 "그랬었구나, 박 선생이 수필을 잘 쓰는 이유가 아버지가 가지고 온 책 때문이구나. 그렇다면 아버지는 바로 수필가 박태칠의 은인이네."
 "그래요. 저도 그렇게 생각해요."
 만약에 이 작가가 수필쓰기를 하지 않았다면 어떤 방식으로 자신의 그림자를 인격화하였을까? 건강한 정신의 소유자라면 나름대로 자신에게 맞는 방법을 찾았을 것이다. 그는 수필쓰기를 통해서 자기성찰을 하고 자신을 새롭게 인식할 수 있었다. 마음속에 그림자로 남아있던 엿장수 아버지는 오히려 오늘의 자신을 있게 한 원인제공자로 긍정하므로 마음치료를 할 수 있었다. 마음속에 숨어 있던 부정적인 아버지를 의식세계로 불러내어 사랑을 깨닫게 해준, 책읽기를 하게 해준 긍정적인 아버지로 재탄생시켰다. 아버지가 탄생하신 것이 아니고, 작가가 탄생시켰던 것이다.

 '벙어리 엄마'도 비슷한 구도로 되어 있다. 현재의 경험이 과거의 경험을 불러내는 형식으로 쓰여져 있다. 현재의 작가—벙어리 아주머니—신청 규칙이라는 삼각구도의 갈등 관계가 벙어리 어머니—어릴 때의 작가—버스 차장이라는 구도의 과거가 회상으로 떠오른다.
 벙어리 아주머니는 딸을 영어 원어민 수업에 등록시켜 달라고 조르고 있는 것을 보고 자기가 어렸을 때 버스를 타고 가면서 난처함을 겪었던 그때의 벙어리 어머니를 떠올렸던 것이다. 회상이란 현재의 경험이 자극이 되어서 과거의 경험을 불러내는 것이다. 그러나 여기서는 회상의 뜻을 말하고자 하는 것이 아니다. 정신분석에는 왜 그런 회상을 할까 하는 작가의 심리기전이 더 중요하다.

어머니가 버스 차장으로부터 곤욕을 치르고 있을 때 아무런 도움도 주지 못한 자신에게 강한 질책(무의식적)을 하고 있음이 행간에서 읽어진다. 모임에서 그의 수필을 독해하면서 '어머니가 그런 곤란을 겪고 있는데 말을 할 수 있는 필자는 왜 도와드리지 못했느냐.'는 질문을 받고, 아주 과민한 반응을 보였다. 그는 "글쎄요. 시골에서 사느라 바보 같은 사람이었나 봅니다."라는 말이었던 것으로 기억이 난다. 이 말을 따져보면 그는 속마음으로는 자신을 자책하고 있음이 역력히 보인다. 아득한 기억 속에 잠겨 있던 자신이 지금도 부끄럽다는 자책감을 은연중에 내비친 것일 게다. 여기서는 숨기고 싶었던 것은 벙어리 어머니가 아니고, 어머니에게 아무런 도움을 주지 못한 자기 자신일 것이다.

딸을 규칙상 받아줄 수 없다는 말에 난감해하는 벙어리 어머니의 모습에서 그가 어렸을 때의 어머니를 보았을 것이다. 그 순간에 어머니를 도와주지 못하였던 자신의 부끄러운 모습을 아픈 마음으로 바라보았을 것이다. 그는 규칙을 어겨서 벙어리 아주머니의 소망을 들어주었다. 내 생각으로는 그가 그 어머니의 소망을 들어준 것이 아니고 자신의 아픈 과거를, 자신의 죄책감을 씻어내고 싶었던 것이 아니었을까? 왜냐면 그는 벙어리 아주머니의 딸을 규칙을 어기고 받아 주므로 수필로 자신의 과거를 드러낼 수 있었던 것이다.

우리는 부끄럽다고 생각하는 경험은 숨기고 드러내지 않으려고 한다. 강하게 억압하면 무의식 속에 숨어버리므로 내 자신이 기억해 내지 못하기도 한다. 그것을 억지로 기억해 낼 때는 사실과 전혀 다른 형태로, 자기에게 유리한 형태로 기억하는 수가 많다. 말하자면 개인적인 역사의 왜곡이 일어나면서 실체는 어딘가로 숨어버린다.

더더욱 어린 시절의 기억은 자신을 아름답게 채색한다. 그래야만이 자신이 죄책감의 굴레를 뒤집어쓰는 것을 방어해준다.

문제는, 그렇다고 하여 심리적인 안정을 얻고 마음이 평온해지는 것이 아니다. 왜곡 뒤에 숨어 있는 실체를 찾아내어 인격으로 통합시켜야만 치유가 되는 것이다.

'벙어리 엄마'에서는 유년의 기억을 비교적 진실하게 표현하고 있다. 왜곡하였다고 생각되지 않는다.

사실은 그의 기억이 얼마나 사실인지, 아닌지는 그렇게 중요하지 않다. 정신치료에는 진실을 따지고, 그런 기억을 하게 되는 심리실체를 따지기 때문이다. 그는 드러내고 싶지 않았던 과거의 기억을 표현하고 있다. 이것은 어머니가 벙어리라는 사실이 아니다. 곤경에 빠진 어머니를 도와드리지 못한 자신에 대한 무의식적인 죄책감이다.

무엇이 진실된 표현인가를 묻는다면, 규칙에 어긋나게 떼를 쓰는 벙어리 어머니를 도와주는 데서 읽을 수 있다.

'벙어리 엄마'를 다시 읽어보면 그는 자신의 기억을 왜곡하고, 채색하지 않고 진실을 드러냈다. 남에게 보이고 싶지 않는 자신의 과거를 다른 사람에게 표현할 때는 심리적으로 열등의식을 제거하였다는 뜻이다. 가방 끈이 짧은 사람은 학교에 대한 콤플렉스가 은연중에 나타난다. 학교 이야기만 나오면 슬며시 피해버린다. 반면에 "나는 시골에서 초등학교도 겨우 나왔어. 그런 불리함을 오로지 발로 뛰는 것으로 때웠어. 그래서 오늘의 내가 되었잖아. 솔직히 말해서 내 밑에서 대졸생도 많이 일하고 있어."라고 말하였다면 누가 더 정신적으로 건강한 사람일까? 사람에 따라서 아니꼽게 볼 수도 있다. 그러나 본인이 자신에 만족하고 긍정한다면 건강한 것이다.

이 수필에서 느낄 수 있는 것은 자신의 죄책감을 보상하는 방편으로 어려운 처지의 사람을 돕는다고 볼 수도 있다. 물론 심리적인 보상을 말한다. 이것이 사회적으로 긍정하는 가치에 입각한 것이라면 수용해도 좋다. 그는 자신의 과거를 솔직하게 말하면서 사회에서 긍정하는 가치를 수행하고 있다. 정신적으로 건강해졌다는 뜻이다.

그는 수필을 통해서 무의식에 남아 있을 어두운 그림자를 의식세계로 불러내어 자신의 인격으로 동화하였다. 융이 말한 그림자의 인격화이다. 이것이 바로 정신치료인 것이다.

수필은 내 자신을 성찰하고, 치유하고, 편안을 얻을 수 있는 아주 좋은 방법이다.

수필-농담과 즐기기

　이유식은 수필에서 유머와 위트는 글의 맛을 내기 위한 양념이라고 하였다. 농담과 유머는 동일한 의미를 가지는 말은 아니지만, 내용에서는 상당히 유사하다. 유머가 더 넓은 뜻을 가지므로 수필에서 유머를 어떻게 활용하는지 좀 더 알아보자.
　유머는 우리말로 익살이나 쾌사(快事-통쾌하고 기쁜 일)에 해당한다. 중국에서는 해학과 골계라는 말을 사용한다. 대체로 우스갯말이나, 우스운 외양, 우스운 행동 양식으로 표현되는 행위를 말한다. 유머의 효용은 긴장을 해소시키는 것이다. 즉 쾌락을 만들어 낸다는 것이다. 긴장의 해소라는 관점에서 유머의 속성에는 유희성이 있다.
　농담은 희극적 요소가 강하지만 희극과 일치하는 것은 아니다. 농담의 주목적인 쾌락을 완성하기 위해서는 제삼자가 반드시 있어야 한다. 농담은 행하는 자의 사고 과정에 속하지만 듣고 쾌락을 향유하는 사람이 있어야 완성된다. 수필에서는 읽는 독자가 있어야 한다. 농담은 수필에서 단순히 맛이나 내는 양념이 아니다. 더 이상의 의미를 담고 있다.

농담의 사전적 의미는 '실없이 장난으로 하는 웃음의 말'이라고 하였다. 실제적인 목적이 없이 단지 웃기 위한 행위로 규정하므로 농담에는 유희성이 내포되어 있음을 강하게 시사하고 있다. 유희적이라는 것에 프로이트는 농담을 주목하였다. 프로이트의 관점에서 실제적인 목적이 없다는 데서 설명을 달리한다.
　유머의 일종인 농담에 유희적 판단이 있는 것은 당연하다. 그 밖에 '무의식 속에 숨어 있는 의미'와 숨겨진 것을 드러내는 것이라는 정신분석적인 설명을 하였다. 프로이트가 주목하는 것은 바로 이것 때문이다.
　농담은 우선은 당혹감을 주지만 깨달음과 연결되어 있다는 데 묘미가 있다. 프로이트는 농담이 무엇인가, 라는 질문을 던지고 나서 드러나지 않는 것, 숨겨진 것을 끌어내야 한다는 사실을 강조하면서 무의식과 연관지었다. 눈여겨보아야 할 점은 농담이 갖고 있는 이중적 의미이다. 수필에 단순히 맛이나 내는 양념이 아니고, 수필의 기본적인 골격을 이룰 수 있는 요소가 될 수 있다.
　유머와 농담에서 가장 낮은 수준에 해당하는 것이 익살이다. 별다른 의미가 없는 시시한 말놀음 정도이다. 수필쓰기에서도 익살은 높은 수준의 글로 보기는 어렵다. 단순히 쾌락만 선사하기 때문에 양념으로 보아도 무방할 것이다.
　농담에도 효용의 정도가 다양하다. 단지 타인의 거북한 시선을 다른 곳으로 옮기기 위한 목적도 있다. 깊은 의미를 내포한 것이 아니고 자신을 합리화하고, 변명하기 위한 수단으로 활용하는 수가 있다. 예로써 친척에게 돈을 빌려서 생활하는 주제에 비싼 한우 고깃집에서 식사를 하다가 돈을 빌려준 친척에게 들켰다고 하자. 돈을 빌려서 생활하는 처지에 비싼 한우를 먹으러 다니느냐는 친척의 질책에 이렇게 대답하였다고 하자. '돈이 없을 때는 돈이 없어서 못 먹고, 돈이 있을 때는 한우 고기를 먹어서는 안 된다면 나는 언제 고기 맛을 볼 수 있습니까?' 자신의 난처함을 얼렁뚱땅 모면하려는 행위이다. 농담에는 깊은 의미가 없을 때도 많다. 이런 경우는 악의가 없는 농담이라고 말한다.

그러나 농담에는 어떤 목적 즉, 경향성을 띠는 경우가 많다. 좋아하지 않는 사람에게나 싫어하는 짓을 하는 사람에게 슬쩍 비꼬는 투의 농담을 할 때도 있다. 농담 자체가 목적이 아니고 풍자, 방어, 공격 등의 적의가 목적인 것도 있다. 수필에서 이런 양식의 농담을 이용하여 사회풍자나 사회비평의 방법으로 이용하기도 한다.

성적인 쾌락을 즐기고 싶어 하는 외설적인 농담도 이중적 의미를 내포하고 있다고 보아야 한다. 농담 행위가 듣는 사람에게 성적 쾌락을 불러일으키므로 일차적으로는 쾌락이 목표이다. 음담패설이라고 칭하는 언어행위는 원래는 여성을 겨냥하여 유혹을 시도하는 내밀한 뜻이 있다고 한다. 그래서 음담패설은 상대방에게 쾌락 대신에 수치심을 유발하기도 한다. 이런 이유로 수필쓰기에서 외설적인 농담을 기피하는 경향이 있다.

일반적으로 음담패설에는 농담을 하는 사람과 대상의 인물이 있는 것이 보통이다. 흔히 남자가 농담할 때는 여자를 겨냥하는 수가 많고, 여자가 농담할 때는 남자가 동석하는 것이 일반적인 사례이다. 그러나 수치심 때문에 여자가 남자 앞에서 시작하는 경우는 드물다.

음담을 통해서 원초적 쾌락을 향유하는 효과를 얻지만 사회문화적인 금지의 작용도 무시하지 못할 요소가 된다. 수필에 적용할 때는 세심한 배려가 필요하다.
 쾌락만이 목적이 아니고 적의가 있는 농담도 많다. 적의가 있는 농담은 행사하는 사람에게 일종의 쾌락을 선사한다. 그러나 상대에게 언어를 이용한 적대적 폭력으로 나타나는 수가 많기 때문에 수필에 응용할 때는 유의해야 한다.
 농담에는 쾌락기제가 작용하고 있음은 어느 누구도 부인하지 못한다. 그러나 외부적인 금지나, 마음의 내부에서 일어나는 금지된 욕망을 은근슬쩍 표현하므로 금지에 대한 저항을 나타내기도 한다. 성에 대하여 너무 엄격한 사회에서는 외설적인 농담을 이용하여 저항하기도 한다. 이때는 사회가 눈치를 채치 못하도록 요령껏 행하여야 한다. 이것을 농담의 기술이라고 하며, 농담에서는 기술을 상당히 중요시 한다. 농담을 행하는 사람은 농담으로 말하였지만 받아들이는 사람이 전혀 쾌락을 느끼지 못하든지, 오히려 불쾌감을 느낀다면 농담으로서 기능을 상실하기 때문이다.
 우리의 삶에서 농담을 행하는 심리적 기제를 알아보자. 농담에는 기본적으로 '놀이(유희)와 익살'이라고 부르는 요소들이 있다. 어린 아이들의 놀이 행위가 대표적인 것으로서 쾌락 효과가 있기 때문에 반복적으로 되풀이하는 것이 특징이다. 쾌락에 비판적 요소가 끼어들면 놀이는 더 이상 반복하지 않는다고 한다.
 놀이에서 쾌락 이외의 요소는 없애버리고 쾌락만을 추구할 때는 익살이라고 한다. 익살은 무의미한 언어의 조합 따위로 이루어지므로 수필쓰기에서 익살을 응용하는 것은 맛을 내는 정도의 양념 역할만 한다고 할 수 있다. 익살을 잘못 사용하면 수필이 무의미한 말장난으로 흘러가기 때문이다.

수필쓰기에서 농담이 주는 효과를 꼽으라면 아무래도 '무의미 속의 의미'라고 요약할 수 있다. 농담은 익살과 다르게 비판에 의해서 쾌락적 요소가 없어지지 않는다. 페히너는 '미학입문'에서 쾌락의 효과에 관하여 '특별한 의미가 없는 쾌락 조건들이 서로 결합하면 결합하기 전의 개별적인 요소들이 주는 효과를 합한 것 이상의 효과를 나타낸다. 즉 미적 상승이 일어난다고 하였다. 농담을 만들어 낼 때 참고할 만한 가치가 있는 언급이다.

농담의 쾌락원칙에 대한 프로이드의 설명은 이렇다. '쾌락을 방출하고자 하는 충동이 일어나서 방출하려고 노력할 때 이 충동을 저지하고 방해하는 충동도 동시에 나타난다. 억제가 충동보다 더 강하더라도 충동은 소멸되지 않고 남아 있다. 이럴 때는 어떤 목적이 담긴 경향적 농담을 구사한다.' 즉 미운 사람에게 욕이라도 하고 싶은 충동이 일어나면 체통이나 사회적 신분 때문에 욕을 해서는 안 된다는 (사회적 금지라고 한다.) 억제도 동시에 나타난다. 이럴 때는 농담으로 바꾸어서 표현한다라는 뜻이다. 직접적인 욕설 대신에 욕설에 해당하는 감정을 실어 나르는 도구를 적절하게 선택하여 포장하므로 사회문화적인 금지를 회피할 수 있다. 즉 농담의 방식을 선택한다는 것이다. 이때는 욕망을 억제하는 것보다 훨씬 더 강력한 쾌락을 느낀다고 하였다.

수필은 허구가 아닌 진실로 자기 자신을 표현해야 한다. 자연히 표현에 제한을 받을 수밖에 없다. 사회문화적인 금기나 초자아의 감시를 무시하고 표현하기에는 상당한 용기가 필요하다.

농담에는 이성적인 논리성이나 비평적 판단은 배제되어 있다. 사회문화적인 금기와도 배치되는 속성을 지니고 있다. 농담은 쾌락원칙에서 출발하여 웃음을 자아내는 역할이 바탕이다. 그러나 새로운 의미를 만들어 낼 수 있다는 데 묘미가 있다. 수필에서는 익살보다는 농담의 특성이 더 가치가 있다. 농담으로 얻는 이득은 마음속에 감정을 가두어 두므로 치러야 하는 비싼 정신적인 비용을 가볍게 해 주는 효과가 있다.

웃음이 유발되는 심리적 기전에는 자기도 모르는 사이에 중요한 것이 사소한 것으로 바뀌는 불일치가 나타날 때 자연스럽게 발생한다고 하였다. 농담에서 나타나는 웃음은 자동적인 과정이다. 농담에는 약간의 가치비하적인 요소가 있으므로 자칫하면 상대에게 불쾌감을 유발할 수 있다. 수필에 적용할 때는 신중을 기해야 할 점이다.

프로이트가 농담에 관심을 가진 것은 꿈과 유사점이 많다는 것을 알고 나서였다. 농담으로 표현되는 내용들이 꿈이 형성되는 꿈-작업 과정(꿈이 형성되는 과정)과 상당히 많이 일치하였다.

꿈은 낮의 경험이 해결되지 못하고 심리적 잔재로 남아 있을 때 잠자는 동안에 의식의 지배를 벗어나서 작동을 하는 것이다. 낮의 경험에서 해결하지 못하였기 때문에 소망이나 소원성취를 바라는 형태로 나타난다. 의식 세계에서 억압하였던 것이 무의식에 잠재되어 있다가 잠자는 동안에 의식세계의 합리적인 영향을 받아서 꿈을 만든다. 꿈은 바로 무의식의 표현인 것이다. 꿈과 유사점을 많이 가진 농담도 무의식의 또 다른 표현인 것이다. 꿈으로 나타날 때는 낮의 경험이 그대로 나타나지 않고, 많이 변형되어서 나타난다. 이것을 압축, 이동, 왜곡이라고 한다. 농담도 마찬가지이다.

꿈으로 나타날 때는 초자아의 검열을 무시한다. 꿈에는 비도덕적인 것도 서슴없이 나타난다. 농담도 검열을 피하는 수단이다. 농담의 심리적 기전은 꿈만큼 잘 알려져 있지 않다.

농담이 꿈과 다른 점이라면 언어를 통해서 즐거움을 얻는 것이다. 따져보면 우리가 지적발전을 하는 과정에서 이성적으로 억압해버렸던 언어들, 그것은 우리에게 쾌락을 주었으나 더 이상 구사할 수 없었던 언어를 맛보려는 것이다. 유년기에 친구들과 즐거워하면서 나누었던 상스런 말들을 어른이 된 후에는 더 이상 구사하지 않는다. 어릴 때 깔깔거리면서 나누던 언어들을 성인이 되어서 사회생활을 하면서 바라보면 얼마나 유치하고 혐오스런 언어인가. 그러나 사회에서 통용하는 언어가 너무 딱딱한 사회적인 언어라면, 어릴 때 친구들과 나누었던 언어들은 얼마나 많은 즐거움을 가져다 주었던가.

성인들에게서 어릴 때의 언어들이 사라지는 것은 그 언어들이 초자아의 검열에 통과하지 못하였기 때문이다. 농담은 바로 어릴 때 사용하였던 언어들이 주었던 즐거운 기억들의 터전이 된다. 어릴 때의 언어유희가 어른들이 사용할 수 있는 언어들로 가공되어서 농담이라는 형태로 나타나는 것이다. 무의식에 억압하였던 언어들을 의식세계로 불러낼 때는 꿈이 형성되는 것과 같은 기전인 압축, 이동, 전이, 변형 등으로 가공되어서 나타난다. 농담의 특징으로는 농담으로 가공하는 기술을 꼽는다. 농담-기술이라고 말할 만큼 중요하다. 기술의 방법에는 압축, 이동, 사고의 오류, 무의미, 간접적 표현, 반대 등등의 기법을 활용한다. 더 이상 설명은 생략하겠다.

기술에는 농담이 아니면 표현이 금지되는 무의식적 경향을 완전히는 아니더라도 부분적으로 공개하거나 방출하는 것이 허용되도록 도움을 준다. 특히 성적인 농담에서 그런 경향을 볼 수 있다. 농담의 목적이 적대적인 것을 나타내는 것이거나, 성적인 것이거나 농담이 아니면 표현이 허락되지 않는 것을 표현하는 것이다. 훌륭한 농담은 전하려는 메시지가 있어야 한다. 그러나 표현이 금지된 충동을 기교(농담의 기술)를 부려서 방출시켜 줄 때 느끼는 쾌감만큼 크지 않다.

농담이 쾌락을 주는 것은 사고의 퇴행이다. 마치 어린아이의 행동으로 되돌아가는 듯이 하여 어른 생활의 구속을 벗어버릴 때 느끼는 쾌락이다. 또 하나는 농담이 아니면 표현이 금지되었을 충동이나 욕망을 방출하는 데서 오는 즐거움이다. 실제로는 충동을 방출할 때 오는 쾌감이 훨씬 더 크다고 하였다.

농담 행위를 요약하면 쾌락을 목표로 하는 정신기능 중에서 가장 사회 수용적이다. 즉 사회에서 거부하지 않는 행위이다.

농담은 일종의 놀이이다. 즉 유희이다. 농담은 욕구에 의하여 제한받지 않고 단순한 심리장치를 통하여 작은 즐거움을 얻으려는 것이 목적이다. 쾌락을 얻은 이후에는 외부세계와 연결되는 기능을 갖는다. 수필에 활용할 수 있는 것은 이 기능 때문이다.

다시 수필과 농담의 관계를 살펴보자. 지금까지의 검토에서 농담은 쾌락과 숨겨진 의미가 목적이므로 수필에서 단순히 맛을 내는 양념은 아니다. 수필쓰기가 문학치료의 유용한 방법이라면 농담은 활용가치가 아주 높은 기법이 된다. 양념보다는 훨씬 더 높은 가치를 가진다.

감정을 폭발적으로 분출하여서는 안 된다. 수필쓰기는 감정을 순화시켜서, 서서히 표출해내는 방법이 된다. 이때 농담을 사용하는 것은 유용한 기법이다. 분노의 폭발을 제어하는 방법으로 적대적인 농담을 이용할 수도 있다. 성적인 욕망도 검열을 통과할 수 있게 가공하는 방법으로 농담은 유용하다.

다시 요약하면 수필에서 농담의 기술을 활용하는 것은 바로 즐기기를 향유하는 것이다. 농담은 쾌락과 더불어 또 다른 의미를 내포하므로 농담을 하는 것은, 즉 수필쓰기에서 농담을 활용하는 것은 정신적인 긴장을 방출할 수 있는 좋은 방법이다. 정신치료에 유용하게 응용할 수 있다는 뜻이다.
 농담에는 무의식적인 욕망이 숨어 있으므로 방출하는 것은 좋은 치료방법이다. 수필에서 농담의 기법을 잘 활용하므로 치료효과도 올릴 수 있다.

수필에서 성이론과 성담론

프로이트라고 하면 우선 떠오르는 것이 '성애'라는 말이다. 그는 정신분석 이론에 '성애'를 가설로 확립하고 그의 이론을 전개해 나가기 때문이다. 정신분석이론은 실제가 아닌 가설을 근거로 전개된다는 사실을 잊지 말아야 한다.

프로이트의 여러 이론들은 실제의 사건을 다룬 것이 아니다. 그렇다면 이것은 '환상'이다. 인간의 심리작용을 지배하고 있는 것은 환상이라는 뜻이다. 인간의 심리는 실제적인 경험이 아니고 환상이 구조화된 것이라고 할 수 있다.

프로이트는 어린아이도 성욕을 가지고 있다고 주장하면서 '유아기 성욕론'을 발표하였다. 이전에도 아무도 유아 성욕을 주장한 사람이 없다. 성욕은 사춘기를 지나면서 성립된다고 하였다. 인간의 내면 심리를 구성하는데 가장 중요한 요소가 '성애'라는 것이 프로이트의 주장이다. 즉 성애의 환상이 무의식의 결정적 요소라는 것이다.

소아학을 공부할 때 유아기의 어린이에게 부모의 성행위 장면을 절대로 노출시켜서 안 된다고 배웠다. 어린이는 부모가 서로 싸우는 줄 안다. 아버지는 가해자가 되고, 어머니는 피해자가 되어서 평생 동안 무의식에서 기억으로 남는다. 나중에야 그것이 프로이트 이론에서 나온 것을 알았다.

짝짓기는 모든 생물체가 종족을 유지하기 위해서는 필요불가결한 행위이다. 생물체들은 짝짓기하는 방법을 어떻게 배웠을까? 어쨌거나 우리는 본능이라는 말로 설명한다. 솔직히 말해서 궁색한 변명이다. 짝짓기의 방법을 터득하는 것을 '앎'이라고 한다면 지식을 취득하였다는 뜻이 된다. 아주 옛날에 우리의 조상이 동물적 단계에서 벗어나지 못하였을 때 학교에서 배운 것도 아니고, 언어로 배운 것도 아니다. 눈으로 본 하나의 '그림' 형태로 지식을 획득하였을 것이다. 우리는 경험을 이미지라고 하는 그림 형식으로 기억하는 것과 관계가 있을지 모르겠다.

우리가 지금도 경험하고 있듯이 육체가 성숙하면 성욕이 발생하였을 것이다. 이것은 생리적인 현상이다. 생리현상에는 인체 내에 생화학적 물질이 작용하므로 나타난다는 사실도 현대의학이 설명하고 있다.

다음으로는 남녀의 성기가 결합하는, 즉 성교라는 방법을 알게 되었다. 이것을 우리는 컴퓨터 다루는 법을 익히고는 정보를 얻었다고 하듯이 하나의 정보라고 할 수 있다.

정보는 경험으로 배운 것일까? 하찮은 미물도 태어나면서부터 알고 있는 것으로 보아서 태생시에 이미 뇌세포에 정보가 입력되어 있는지도 모를 일이다. 그렇다면 우리는 유전적으로 전해지는 계통발생적 지식(본능적 지식)을 상정해야 한다. 본능적 지식, 즉 본능이란 성교는 어떻게 해야 하는 것이라는 구체적이고 상세한 지식은 아니다. 단순히 성기 결합이라는 핵심적인 것만 담고 있을 것이다.

　이 모든 지식과 정보를 갖고 있는 어린아이가 부모가 보여주는 장면이나, 가르쳐주는 언행과 마주치면 어떤 '무의식적 생각'이 생길 것이다. 프로이트는 이때 나타나는 생각을 본능과 현실적인 경험 사이에 나타나는 차이라고 불렀다. 이 차이를 메우는 것이 '환상'이다. 풀어서 설명을 하자면 본능적 욕구가 나타나지만 현실에서는 본능을 채울 수가 없다. 이 둘 사이에는 차이가 나타므로 환상으로 그 차이를 메운다는 것이다.

　프로이트는 이 환상을 '원장면' '유혹장면' '거세'라는 셋으로 나누고, 이 셋을 뭉뚱거려서 '원환상'이라고 불렀다.

　원장면이란 어린아이가 처음으로 보게 되는 부모의 성교 장면을 말한다.(누누이 말하지만 어린아이가 부모의 성행위를 직접 목격할 수도 있지만, 아니더라도 환상으로 성립되는 장면이다.) 어린아이는 성적으로 흥분하기도 하고(유아기 성욕론), 제어하기 힘든 상태(환상적으로)가 된다. 성욕은 자연스럽게 부모와 관련된다. 어린아이가 성행위를 상상한다면 그와 가장 가까이서 생활하는 부모가 대상이 되는 것이 개연성이 가장 높다.

　어린아이는 부모의 성행위 장면을 보고 어떤 해석을 하게 될까?

　첫째는 아버지가 어머니에게 폭력을 휘두른다고 생각한다. 이 말은 어린아이가 성교란 가학-피학 관계로 이해한다는 것이다. 사실은 우리 사회의 보편적인 관념이 아닐까? 성문제가 발생하면 남자는 가해자로, 여자는 피해자라는 의식이 우리 사회에 굳어있는 것이 아닐까?

　두 번째는 어린아이가 그 장면을 목격하면 성적 흥분이 일어난다는 것이다. 유아기의 성적 흥분이 꼭 성교를 하고 싶다는 것을 뜻하는 것은 아니다. 그러나 나중에 성적 흥분이 바로 성교를 하고 싶다는 욕망의 표출임을 알게 된다. 그 대상이 어머니라는 사실을 알게 된다. 어머니와 성교는 '근친상간 금지'라는 사회문화적 금지에 해당하므로 아버지가 자기의 성기를 잘라버릴지도 모른다는 불안에 휩싸인다. 거세불안이라고 한다 실제로 성기를 자르는 일이 일어나는 것은 아니지만 심리적으로 불안을 느낀다는 것이다. 이 시기는 심리발달 단계로는 오이디푸스 기에 해당한다.

세 번째는 어린아이가 부모의 성교를 정확히는 아니지만 어렴풋이 이해하는 단계로 '배설구 이론'을 주장하였다. 어린아이는 어머니에게 항문과 질이 있다는 사실을 알지 못한다. 성교란 성기의 결합이라는 사실을 어렴풋이 알고 자신이 목격한 원장면을 이해하기 위해서 항문이 나타나는 것이다. 성교에는 반드시 남자의 성기가 들어가야 할 구멍이 있어야 한다. 그러나 어린아이의 지식으로는 여성의 질이란 것을 모른다. 구멍은 당연히 항문이 되는 것이다.

그러나 뭐니 뭐니 해도 원장면 이론의 핵심은 성교를 폭력으로 본다는 것이다. 어린아이의 이 생각은 실제와는 다른 환상인 것이다.

거세도 마찬가지이다. 거세란 실제로 남자아이의 성기를 떼어내는 것은 아니다. 그러나 남자아이는 떼어낸다는 환상으로 불안해하는 것이다.

유아기에 무의식에 입력된 성에 대한 기억은 폭력이고 거세이다. 불안의 요소들이다. 성인이 되고 나서도 우리가 성에 대한 사고를 어떻게 하고 있는지를 보여주는 대목이다. 잘못된 지식을 무의식에 입력한 어린이는 어른이 된 후에 과거를 환기시켜 주는 자극을 받으면 불안이 되살아난다.

　자극이란, 반드시 환상으로 되살려내기 위해서 현실적인 실마리가 있어야 한다는 것이다. 현실적으로 옛날을 떠올리게 하는 자극이 있어야 한다.

　프로이트 논문 「늑대인간」에 의하면 환자는 시곗바늘이 V자를 만들면 공포감에 빠졌다. 이 환자에게 공포를 불러오는 원인을 찾아다니던 프로이트는 환자가 유아기에 목격한 부모의 성행위에서 어머니의 다리가 V자 형태를 한 것을 보았다. 두 다리를 벌리므로 나타난 V자 형태는 무의식에 공포로 기록되었던 것이다(폭력으로 입력됨.) 시곗바늘이 V자를 만드는 것을 보는 것은 현실적인 자극을 경험하는 것이다. 이로써 과거의 경험이 되살아나서 공포를 경험하는 것이다. 프로이트는 늑대인간의 환자가 공포를 일으키는 것을 이렇게 설명하였다.

　어머니를 성욕의 대상으로 삼는 것은 '근친상간 금지'를 위반하는 것이다. 벌로써 자기의 성기는 아버지가 떼어버릴 것이다(거세)라는 공포가 생긴다.

　원장면에는 반드시 유혹 장면이 있다. 어린아이가 성적 흥분을 느꼈다는 뜻이다. 프로이트 이론의 유혹 장면은 성욕의 탄생과 관련이 있다. 내가 정신분석 강의를 들으면서 불알을 떼어버린다는 거세의 개념을 두고 강의하는 교수님이나 강의를 듣는 학생이나 서로 정확하게 의미 전달이 안 되어서 몇 번이나 질문이 오고 갔다. 이 글을 읽는 독자들도 마찬가지 경험을 하리라 생각한다.

　거세는 금지되어 있는 성욕을 의식세계에서는 표현하지 말라는 금지의 의미이다. 욕망을 없앴다. 욕망을 거세했다는 뜻이다. 성욕을 의식세계에서 추방하여 무의식 세계로 내려보냈다는 뜻이다. 실제의 거세가 아니고 심리현상으로서 거세인 것이다. 어린아이에게 거세 불안의 공포가 나타날 때는 심리현상이 실제의 불알을 뗀다는 거세로 바뀌어서 나타난다는 것이다. 어린아이는 본능적 호기심에 따른 의문을 실제 경험과 연관지어서 답을 구하기 때문이다.

원장면, 유혹 장면, 거세가 원환상을 구성한다. 이것은 현실적인 경험으로 얻어지는 것이 아니다. 이 세 장면이 실제의 경험인지, 환상인지를 프로이트도 딱 부러지게 결론을 내리지 않았다. 우리가 아주 어릴 때에 경험을 하였더라도 기억은 못하는 것일 수도 있다는 것이다.

그러나 프로이트가 분명하게 언급한 것은 이 환상이 본능적 지식과 성욕에 의해서 자발적으로 생긴 것이라고 하더라도 반드시 현실적인 단초가 있어야 가능하다고 하였다. '늑대인간'에서 공포를 일으키는 것은 시곗바늘이 V형을 이룬다는 현실적인 단초가 있을 때만 가능하였던 것이다.

프로이트는 무의식 형성에 성욕이 가장 중심 역할을 한다는 그의 가설을 주장하였다. 프로이트가 인간의 성생활에 대하여 주장한 것을 좀 더 살펴보고 수필쓰기와 연계시켜 보겠다.

프로이트가 인간의 성을 강의하였을 때 그는 '신사 숙녀 여러분, 성적인 것은 무엇보다도 우리가 말해서는 안 되는 점잖지 못한 것입니다.'라는 말로써 시작하였다. '말해서 안 되는 점잖지 못한'이라는 이유로 우리는 일상에서 성을 언급하는 것을 꺼린다. 수필쓰기에서는 더더욱 기피하는 경향이 있다.

성행위에 대한 일반인들의 인식은 '쾌락을 얻기 위해 맺는 육체관계'이며 특히 이성간의 성 기관과 관계를 의미한다. 일반적으로 우리는 성을 남성과 여성의 대립, 쾌락의 희구, 생식기능을 위한 것, 비밀스럽고 점잖지 못한 것으로 이해한다. 동성애자나 성도착증의 경우에는 거의 괴물 취급을 한다. 프로이트에 의하면 정상적인 일반인들도 사실은 성도착증이라고 할 만한 행위를 하고 있다고 하였다(아마 성행위 전에 하는 전희를 말하는 것 같다). 그 외에도 훔쳐보기 행위, 노출 행위 등등 성도착증적인 행위를 일반인들도 하고 있다.

프로이트는 이 강의에서 이렇게 묻고 있다.

"신사, 숙녀 여러분. 이런 이상한 성적 만족을 우리는 어떻게 해석해야 할까요? 분노하거나, 개인적인 혐오감을 표현하거나, 나는 이런 방식의 욕구 충족에는 공감하지 않는다고 말하면 될까요?"

프로이트는 일탈이라고 할 만한 성행위를 일반인들도 즐기고 있다고 하였다. 실제로 1940년대에 킨제이는 평범한 일반 부부들의 성행위를 조사한 후에 충격적인 보고를 하였다. 음란하다고 하는, 또는 도착증이라고 하는 성행위를 일반 부부 중의 아주 많은 사람들이 즐기고 있더라고 하였다. 말하자면 성에 대한 우리들의 이중적인 모습을 폭로하였다.

프로이트의 해석에 의하면 우리의 먼 조상은 우리가 일탈이라고 하는 방식의 성행위를 아무런 거부감없이 행하였다는 것이다. 다만 점잖지 못하다는 사회문화적인 금기가 성욕을 인간의 무의식에 심어서 하나의 욕망으로 만들었다는 것이다.

실제로는 즐기고 있으면서 외관상으로는 분노하고, 혐오한다는 이중성이 인간의 내면에 갈등을 일으키는 것이다. 우리 사회가 설정한 가장 주요한 교육의 과제는 '분출하는 성욕은 억제하고 제한하라.'

'성욕의 억제는 개인의 정신적 의지로 통제하여라.' 이다. 이것은 사회의 명령이므로 누구도 거역할 수가 없다.

사회가 너무 많은 통제와 억압을 하면 정상적인 성적 만족이 현실적으로 어려워지므로 평소에는 전혀 나타나지 않던 성도착증적 충동이 나타난다고 하였다. 대표적인 예로써 강박증에 시달리는 사람일수록 아주 강한 학대 음란증의 충동이 일어나서 성도착증으로 지향하려는 경향을 보인다고 하였다. 강박신경증은 일반적으로 초자아가 강한 사람에게서, 즉 사회생활을 너무 정직하게 하는 모범생에게서 잘 나타난다고 한다. 강박증은 욕망을 충족시키려는 충동과, 그 충동을 방어하려는 내부의 감시자가 갈등을 일으키는 현상으로 나타난다. 강박증의 흔한 증상은 같은 행동의 반복이다. 현관의 열쇠를 잠그고도 불안하여 확인하러 집으로 되돌아가는 행위같은 것들이다. 그래서 강박증이 강한 사람에게는 반복적인 자위행위가 많다고 하였다(서양문화에서 자위 행위는 죄악이다. 비정상적인 행위인 것이다. 그러나 현대에 와서 청소년의 자위를 범죄시 하지 말자는 주장이 설득력을 얻고 있다). 자위는 상상을 동반하기 때문에 상상의 내용이야 다르지만 자위 행위 자체는 유일하고, 동일한 유형의 행위이다. 우리가 흔히 정상적인 성적 만족이 좌절되면 비정상적인 방법에서 충족시키려는 경향이 있다. 이것이 바로 정신병적인 행위인 것이다.

수필은 개인의 인격을 나타내기를 주장한다. 일반적으로 인격이라고 할 때는 사회적 요구를 척도로 삼아서 평가한다. 그러나 인간의 내면은 외부적인 인격과는 또 다른 모습을 가지고 있다. 내면과 외부적인 모습이 너무 다르면 심리적 갈등을 일으키고, 고통의 원인이 되기도 한다. 프로이트 이론에서 살펴보았지만 사회의 요구에 성실하게 순응하는 사람일수록 더 많은 심리적 갈등을 겪고 있었다. 수필을 문학치료의 방법론으로 다루려면 수필 이론에 수정이 있어야 한다는 것이 나의 생각이다. 그렇다고 내면의 욕망을 그대로 표현한다는 것은 더더욱 말도 되지 않는 주장일 것이다. 그 방법론을 재고해 볼 필요가 있다고 생각한다.

성은 프로이트 이론에서 욕망의 뿌리이다. 심리적 갈등의 최대의 원인이다. 그런데도 내면의 고백이라는 정의를 달고 있는 수필에서는 성은 아예 다루려고 하지도 않는다. 약간의 음란함에 대해서는 서릿발 같은 질책을 가하는 것이 우리 수필이다. 수필이 자신의 인격이라는 것이 마음에 걸려서 일부러 그런 표현을 하는가 싶은 생각이 들 정도이다.

마광수는 우리 문학을 한 마디로 '경건주의, 엄숙주의'라고 평하였다. 주제들이 너무 무겁고, 내용들이 너무 철학적이라는 것이다. 마광수라면 성적인 표현을 부끄러워하여 가슴에 가두어 둘 일은 없을 것이다.

정상적인 성적 욕구가 충족되지 않을 때는 오히려 성도착증 같은 비정상적인 성행위가 나타난다고 한 말에 주목해보자. 도덕적 관념이 허용하는 범위 안에서 대안이 없을까? 나는 요즘 유행하고 있는 음담패설적인 언설에 주목한다. 야유회 등 은밀한 장소가 아닌 공공의 장소에서 야하기 짝이 없는 언설을 늘어놓고는 웃는다. 말하는 사람이나 듣는 사람이 사회적 금기라는 감시나, 자신의 내면에 있는 초자아의 감시의 눈을 교묘하게 피하면서 성적 쾌락을 맛보고 있기 때문이다.

우리는 글쓰기에서 성적 욕구를 분출할 수 있는 창구를 만들어야 한다. 정신건강에 유익하기 때문이다. 그림, 무용, 연극, 소설 등의 예술 분야에서는 성적 욕구를 방출하기 쉽다. 사회적으로도 어느 정도 수용하고 있다.

그러나 아직까지 수필에서는 성적인 것의 표현이 눈에 띄지 않는다. 수필을 쓰는 작가들은 비난이 두려워서 몸을 움츠리기만 하지 말고, 표현할 수 있는 방법을 찾아보아야 한다. 경건한 수필을 쓰는 사람을 대상으로 오늘의 킨제이 보고서를 발표한다면 어떤 발표가 될까? 수필에 대한 우리의 잣대도 조금 느슨하게 할 필요가 있다. 반면에 수필을 쓰는 사람도 사회적 감시망을 통과하면서도 우리 내면의 욕구를 방출할 수 있는 기법을 찾아나서야 할 것이다. 그래야만 이 수필이 정신치료에 도움을 주는 예술 장르로 거듭날 수 있을 것이다.

앞서 프로이트의 성이론을 검토해 보았다. 성은 우리에게 무한한 정신적 고통을 안겨주는 병리적 인자를 갖고 있다. 강박증에서 보았듯이 너무 강한 초자아를 가지고, 성의 금기를 충실히 따르는 것이 반드시 건강한 사람이 아님을 보았다. 성적 욕망을 마음속에 가두어 두는 것만이 능사가 아님도 알았다. 성적 욕망을 적당하게 방출하는 것이 오히려 정신건강에 도움이 된다는 것도 알았다. 사회적으로 허용하는 방식으로 욕망을 방출하는 기법을 찾아보아야 할 것이다. 수필에서 방법을 찾도록 노력해 보아야 할 것이다.

수필쓰기와 읽기 – 내 남자

내 남자

김옥자

　중국 연변에서 안마시술소를 찾아갔다. 홍등가처럼 입구에는 붉은 등이 양 옆으로 걸려 있고 음침한 불빛을 따라 들어가자 인민복 비슷한 차림의 여인들이 일행을 반갑게 맞아주었다. 우리는 남자 안마사를 원하며 한 명은 발마사지, 나머지 세 명은 전신 마사지를 받고 싶다는 말을 했으나 무슨 말인지 모르겠다는 표정이다. 중국어나 좀 배워 둘 걸 하는 빈말을 오늘도 습관처럼 중얼거리며 짧은 영어에 손짓 발짓까지 동원해서 어렵게 전달하였다. 네 개의 침대가 나란히 놓인 방을 배정받았다. 잘 정돈된 하얀색 이불과 깨끗한 시트가 중국에 대한 선입견을 없애 주었다. 업소에서 제공한 반바지와 반소매의 옷으로 갈아입고 일탈의 해방감에 희희락락하며 네 여자가 가지런히 누웠다. 시선이 머무는 벽면에는 풍경화 한 점이 낯설지 않게 걸려 있고 그 아래쪽으로 정수기와 티브이가 놓여 있다. 밖은 이미 어두워져 뜨거웠던 한낮의 흔적은 어디에도 없다.

　잠시 후, 발마사지만을 받겠다는 나한테는 물이 담긴 세숫대야를 든 젊은 남자가 들어오고, 전신 마사지를 원한 친구들에게는 오일류가 담긴 바구니를 들고 앳된 아가씨들이 주르르 나타났다. 두 나라 언어들이 뭐라뭐라 서로 언성을 높여보지만 소통이 잘 되지 않는다. 우리는 남자 안마사를 원했는데 왜 여자 안마사가 오느냐고 항의했고, 그들은 당신들이 원하는 남자 안마사들은 다른 방에서 일하고 있기 때문에 오래 기다려야 하며 여자 안마사도 잘 하는데 왜 별스럽게 그러느냐는 대충 짐작건대 이런 내용인 것 같았다. 답답한 마음에 손바닥을 펴서 사내 '男'자를 써 보이는 해프닝도 있었으나 결국 그들을 돌려보내지 못하고 친구들은 원하지 않은 여자 안마사에게 몸을 맡기게 되었다. 굳이 남자를 고집한 이유는 음양의 조화론도 한몫을 하지만 아무래도 여자보다는 남자가 힘이 더 세다는 판단에서였다. 안마도 마약처럼 일종의 중독성이 있어서 보다 더 자극적인 지압으로 강도를 높여야 시원함을 느끼게 된다.

　천장의 밝은 형광등을 소등하고 촉수 낮은 벽 등을 켰다. 커튼이 내려진 실내는 약간 야릇한 분위기가 연출되었다. 장난기가 발동하여 내 앞에 서 있는 남자를 '내 남자'라는 호칭으로 친구들에게 소개했더니 '남자복 많은 년은 엎어져도 가지밭이다.'라는 야한 농담이 돌아온다. 따라 웃지 않는 걸 보니 전혀 우리말을 못 알아 듣는 것 같았다. 언어 불통이 이럴 때는 다행이라는 생각도 든다. 침대 아래쪽으로 다리를 내리고 따뜻한 물에 발을 담근 채 눈을 감고 누웠다. 이 지구상에 존재하는 인구가 얼마인데 한국도 아닌 중국에서 일면식도 없는 아들 같은 이 남자에게 내 몸을 만지게 허락하는지. 내 전생에 무슨 선업이 있고 당신 전생에 무슨 죄업이 있어 이런 관계로 만나게 되었는지, 인연의 오묘함에 만감이 교차한다.

　세상의 모든 것은 변하고 닳아 간다. 반세기 넘게 부려먹었으니 몸인들 온전할 리 있으랴만 아픈 곳이 왜 그리들 많은지. 허리가 아프다, 뒷목이 뻐근하다, 어깨가 결리고 무릎이 쑤시고 손목이 시리기도 하단다. 다행히 나의 몸은 아직 큰 불평 없이 뇌의 지령에 잘 따르고 있기에 안마의 필요성을 느끼지 못한다. 이곳의 안마는 우리 돈으로 환산하면 사우나 입장료 수준이지만 돈을 떠나서 내 한 몸 편하자고 사람을 사는 일이 내게는 낯설고 서툴다. 한 남자의 아내로 한 가정의 며느리로 몇 아이의 엄마로 살아온 복잡다단했던 지난 세월, 이 정도의 호사쯤은 충분히 누릴 자격이 있다며 자신을 합리화 시켜 보지만 마음이 가볍지는 못하다. 어쨌거나 나의 육신에게 오늘은 노고에 대한 답례를 톡톡히 하게 되었다. 말이 발마사지이지, 전신마사지와 마찬가지로 안마사의 능숙하고 유연한 손길은 정수리에서에서부터 시작되어 온몸을 훑어 내려온다. 입에서 시원하다는 말이 저절로 흘러나오게 만든다.

　남자와 여자, 피부와 피부의 접촉, 어색하고 민망하다. 시선을 마주할 자신이 없어 나는 계속 눈을 감고 있다. 아무리 감정의 전원을 끈다 해도 나이를 무시하고 전류는 흐른다. 속칭 '내 남자'는 정부情夫가 색탐하듯 어깨와 팔을 거쳐 다리의 허벅지까지 거리낌 없이 열심히 문질러댄다. 그는 단지 업무에 충실할 뿐인데 나는 불량한 생각으로 얼굴을 붉힌다. 동상이몽이라던가. 그는 몸이 춤을 추고 나는 상상이 춤을 춘다. 남자의 손길을 자청해서 즐긴다는 사실을 어떻게 해석해야 할까. 치료 차원이라면 나는 환자요 그는 의사다. 그렇다면 나는 지금 어디를 치료 받고 있다는 말인가.

우리 사회가 곱지 않은 시선으로 바라보는 안마시술소, 그곳을 찾아가는 남성들의 심사를 조금은 이해하는 순간이다. 안마사들은 손님의 얼굴 표정을 살펴가며 힘의 강도를 조절한다고 한다. 웬만큼 아파도 나는 찡그리지 않았다. 대신 시원하다는 말을 많이 했다. 시원하다는 것은 바람이 불어 시원한 것이 아니라 좋다, 만족한다는 칭찬의 의미라는 걸 그도 이미 알고 있었다. 나의 추임새에 신이 난 그는 척추 전체를 위아래로 마사지할 때는 아예 엎드려 있는 내 허리께에 올라타고 편리상이지만 능숙한 솜씨로 브래지어 고리도 풀어 젖혔다. 이런 망측한 행동을 묵시적으로 허용하고 있는 여자, 그가 바로 도덕이라는 가면을 쓴 채 살아가는 나의 실상이 아닐까 싶다. 남자의 은밀한 눈빛이 여자의 신체 부위에 머물기만 해도 성희롱으로 간주되는 세상에 온몸을 만지고 주무르는데도 시비 걸지 않는다는 사실이 재미있다.

옆 침대에서 간헐적으로 뱉어내는 아픔의 괴성과 행복감에서 흘리는 야릇한 신음에 나는 더 이상 웃음을 참지 못하고 감고 있던 눈을 뜨고 말았다. 미안하다. 내려다보는 안마사의 얼굴에 땀이 범벅이다.

김옥자의「내 남자」는 제목부터 독자에게 연상의 길로 안내한다. '내 남자'라는 단어가 묘한 뉘앙스를 풍기기 때문이다 '내'라는 말은 소유자를 의미한다. '남자'도 사전적 의미를 넘어서서 다양한 의미를 만들어 낸다. 단순히 남, 여라는 성의 대비점에서 바라본 남자가 아니고, 내가 소유하고 있다는 강한 이미지 때문에 성적 대상으로서의 남자를 느끼게 해준다. 이로써 독자는 훨씬 더 넓어진 상상의 공간을 날아다닐 수 있다.

내 남자의 이미지로 하여 '언어유희'라는 개념으로 이 글을 읽어보

자. 언어유희라는 말은 즐거움을 주는 단순한 말장난 정도의 의미로부터 사회풍자적이고, 사회비평적인 것도 내포하는 다양한 분야를 아우를 수 있다. 유희가 뜻하는 그대로 놀이, 즉 즐거움에서 이 글을 읽도록 해보 야 할 것이다.

언어유희 개념으로 가장 흔히 거론되는 것이 농담이다. 또는 익살이다. 농담이 지향하는 기본점은 쾌락지향이다. 농담이 즐거움을 준다는 것에서는 언어유희의 일종이라고 보아도 무방하다. 농담에서 즐거움을 느낄 수 있는 이유라면 유희적 판단이라는 것은 말할 필요도 없다. 작가가 가정주부라는 사실과 내 남자라는 표현 사이에 유희적 판단을 내릴 수 있는 충분한 조건을 갖추고 있다. 농담이 즐거움을 주는 기법에는 유사하지 않은 것의 짝짓기라는 것이 있다. 한국 사회의 평범한 가정주부와 성적인 욕구의 표현 사이에는 낯선 것끼리의 짝짓기를 만들어 내기 때문이다.

농담에는 우선은 당혹감을 주지만 나중에는 깨달음을 준다고 하였다. 앞서 언급하였듯이 가정주부인 작가가 내 남자를 들먹일 때는 우선 당혹감을 준다. 그러나 글을 읽고 나서 그의 주장이나 표현에 '그래 맞다.'라는 독자의 동의를 이끌어 낸다면 농담의 기능을 아주 잘 살려낸 글이라고 할 수 있다. 당혹감이 깨달음으로 바뀌는가를 알기 위해서는 그의 글을 끝까지 읽어보아야 할 것이다.

농담을 구성하는 요소에는 무의미 속의 의미라는 것도 있고, 숨겨진 것들을 드러냄이라는 것도 있다

글이 무겁고 장중한 주제를 다룰 때는 이미 제목부터 의미가 너무 무거워지므로 독자에게 부담을 준다. 그러나 언어유희식이나, 농담의 방식으로 시작하는 글쓰기는 읽고 나서도 딱히 의미를 발견하지

못하는 일이 허다하다. 이런 글은 글의 목적이 단순히 웃으면서 즐기기 위한 것이라고 볼 수 있다.

그러나 진정한 농담 양식의 글은 무의미한 웃음 뒤에 의미를 담고 있는 글이다. 그래서 숨겨진 의미를 찾아 낼 때는 성공한 글이라고 평가할 수 있다. 내 남자도 글의 독해를 마치고 나서 과연 숨겨진 의미가 있을까를 평가해보기로 하자.

언어유희적 농담에서는 이중적 의미를 꼽기도 한다. 농담의 내용에 은유적 의미와 실제적 의미를 같이 담고 있을 때는 웃음 뒤에 깨달음을 주기도 한다.

앞에서도 기술하였듯이 내 남자라는 농담성 언어에서 성적인 것을 강하게 풍기고 있다. 성은 인간에게 가장 강한 쾌락을 주는 요소이다. 작가는 그 점을 최대한 이용하여 제목을 삼았다.

내용은 중국의 연변에 여자 친구들이 여행을 가서 안마소에 들렀던 일을 에피소드 식으로 이야기하고 있다. 다른 친구들은 전신 마사지를 받기로 하였으나 작가는 발마사지만 받기로 하였다. 모두 남자 안마사에게 마사지받기를 원하였다. 그러나 작가에게만 남자 안마사가 왔고, 친구들에게는 여자 안마사가 온 것이 이야기의 단초가 된다.

작가는 재능이 있음이 분명해 보인다. 제목에서 '내 남자'라는 말로써 독자들에게 성적인 상상을 유도하였다. 글의 도입부에 성적인 욕구를 부추기는 분위기를 묘사하므로 독자들에게 쾌감을 느끼도록 글을 이끌고 간다.

"우리는 남자 안마사를 불렀는데 왜 여자 안마사 왔느냐고 항의를 했고,

그들은 당신들이 원하는 남자 안마사들은 다른 방에서 일하고 있기 때문에 오래 기다려야 하며…. (중략) 답답한 마음에 손바닥을 펴서 사내 남(男)자를 써보이는 해프닝도 있었으나….”

그의 말대로 안마시술소에서 있었던 해프닝을 소개하는 글이다. 여자 네 명이 손바닥에 '男'자까지 써 보이면서 남자 안마사를 요구하는 모습을 그려보면 웃음이 나온다. 흔히 여행이나 축제에서는 약간의 일탈은 허용한다. 작가는 이야기의 배경을 여행이라는 시점에서 잡으므로 적절히 이용하고 있다.

작가도 이 내용을 독자들에게 아주 진지한 내용으로 소개하려는 의도는 아닌 것 같다. 그냥 가볍게 웃음이나 선사하자는 기분이었을 것이다. 그러나 나는 여기에서 오히려 더 깊은 의미를 발견하고자 한다. 프로이트가 말하는 성적 욕망을 방출하는 방법으로서 글쓰기가 유용하다는 생각이 떠올랐기 때문이다.

솔직히 말해서 작가는 제목에서부터 위의 인용문까지 성적인 욕망을 표현하고자 하는 의도가 눈에 보인다. 실제로 독자에게 성적 욕구를 충족시킬 수도 있는 상상의 세계로 이끌어 가고 있다. 그러나 더 근본적으로는 독자가 아닌 작가 자신의 욕망을 방출한 것이 아닐까? 만약에 자신의 욕구를 방출할 목적으로 글을 썼다면 정신치료의 아주 좋은 방법이다.

어느 사회이든지 성적인 것의 언급을 금기시하는 것이 일반적이다. 우리나라는 더 심하다. 여자의 경우는 더더욱 심하다. 프로이트는 강박신경증을 설명하면서, 사회문화적 금기가 심하고, 그 금기를 모범적으로 잘 지키는 사람일수록 강박증을 앓는 수가 많다고 한다.

외부의 생활 태도와는 다르게 심리적 갈등은 더 많이 겪는다는 뜻이다.

우리 사회는 여자들이 남자들보다 규제도 심하고, 또 남자들보다 금기를 더 잘 따르는 모범생이다. 그래선지 우리 사회에는 여자들이 남자보다 신경증을 앓는 일이 훨씬 더 많다. 심지어는 '화병'이라는 우리나라 고유의 정신질환이 세계정신의학회에서 공식 용어로 통용되고 있다. 성적인 언급은 서양사회보다 더 금기시하고 있다. 한국 사회는 남자들에게는 많이 관대하다. 여자들에게는 훨씬 더 엄격하다. 여자들이 정신적인 갈등에서 벗어나는 길은 훨씬 더 멀고 험난하다. 그래서 나는 수필쓰기에서 정신치료의 요법으로서 욕망을 방출하는 방법은 없을까를 두고 고심하였다. 그러나 수필쓰기에서는 자신을 드러내는 데 한계를 느끼고 있었다.

"천장의 밝은 형광등을 소등하고, 촉수 낮은 등을 켰다. 커튼이 내려진 실내는 약간 야릇한 분위기가 연출되었다. 장난기가 발동하여 내 앞에 서 있는 남자를 '내 남자'라는 호칭으로 친구들에게 소개했더니 '남자 복 많은 년은 엎어져도 가지밭이다.'라는 야한 농담이 돌아온다."

작가는 이 글에서 '내 남자'라는 말을 함으로써 언어유희를 뛰어넘어 성적유희까지 즐기고 있다. 농담이론에 의하면 농담이기 위해서는 쾌감을 느끼게 하는 기술이 필요하다고 하였다. 농담-기술이라는 용어까지 사용하였다. 성적인 농담에는 특히 초자아의 검열이 심하다. 기술은 바로 이 검열을 벗어나서 성적 충족감을 채워줄 수 있는 재능이라고 하였다. 이제 내 남자라는 농담적인 언어가 성적인 의미로 전환하면서 새로운 의미 내용으로 바뀌는 것을 볼 수 있다.

더 직접적으로 성에 대한 연상으로 유도해가는 것은 '가지'라는 말이다. 채소로서의 가지가 남근으로서의 가지로 전이한다. 남근은 다시 의미변환이 일어나서 성적으로 더 은밀한 곳으로 상상을 유도해 간다.

다시 프로이트 이론을 살펴보자. 성적인 것을 언급하는 것은 사회문화적인 금기이다. 사람들은 자기의 내면의 욕망이야 어떠하든 간에 흔히 혐오스럽다는 말로 반응한다. 그렇지만 성적 욕구를 억압해 둔 것일 뿐이므로 내면의 욕구를 방출해주지 않으면 더 큰 갈등을 일으킨다고 하였다. 그렇다면 어떤 방법으로든지 욕구를 방출해주는 것은 정신건강상 바람직한 일이다.

'내 남자'라는 말을 구사함으로써 언어유희적인 방법을 시도하여 성적욕구를 방출하고 있다. 가지밭이라는 단어에는 이중적 의미, 숨어 있는 의미라는 요건을 충족시켜 주므로 언어유희적 역할을 톡톡히 하고 있다. 작가는 농담의 기술을 이용하여 수필을 쓰므로 사회문화적인 금기의 벽을 넘어서고, 초자아라는 검열관의 감시도 벗어나는 글을 쓰고 있다.

"남자와 여자, 피부와 피부의 접촉, 어색하고 민망하다. 시선을 마주할 자신이 없어 나는 계속 눈을 감고 있다. 아무리 감정의 전원을 끈다 해도 나이를 무시하고 전류가 흐른다. 속칭 '내 남자'는 정부情夫가 색탐을 하듯 어깨와 팔을 거쳐 다리와 허벅지까지 거리낌 없이 열심히 문질러 댄다. 그는 단지 업무에 충실할 뿐인데 나는 불량한 생각으로 얼굴을 붉힌다."

이 글을 읽으면 작가의 말마따나 불량한 분위기가 느껴진다. 그런데도 웃으면서 읽을 수 있는 이유는 무엇일까? 이 글을 읽는 대부분의 독자들은 여행길에 들르는 안마시술소를 잘 알고 있기 때문이다. 홍등가도 아니고, 여행길에 피로를 풀어주는 휴식 장소 뿐이다. 말하자면 작가가 묘사하듯이 그렇게 야한 분위기를 연출하는 곳이 아니라는 사실을 잘 알고 있기 때문이 아닐까? 작가는 그 분위기를 역이용하여 실제보다 훨씬 더 강하게 성적 욕망을 이끌어 내고 있는 것이 아닐까? 과장은 농담이론에서 하나의 기술이다.

나는 작가가 안마시술소에서 보다 오히려 이 글을 쓸 때 더 깊은 성적 욕구와 충족을 느낀 것이 아닐까 생각해본다. 이 글을 쓸 때는 환상 속에서 잠겨 있었을 것이다. 환상은 실제보다 훨씬 더 쾌락충족적이라고 하기 때문이다. 그렇다면 안마시술소에서 보다 작가는 이글에서 욕구의 방출과 충족을 느꼈을 것이므로 정신치료의 효과를 얻을 수 있다고 생각된다.

이제 농담이라는 언어유희에서 무의미 속의 의미, 또는 숨겨진 의미라는 것을 찾아보기로 하자.

그는 이 글을 통하여 닫혀진 우리 사회에 대하여 항변하고 있다고 본다. 그는 '한 남자의 아내로, 한 가정의 며느리로, 몇 아이의 엄마로 살아온 복잡다단했던 지난 세월'이라는 표현에서 우리 사회의 닫혀있는 가치관과 그가 살아온 세월이 욕구의 억압으로 가슴에 감정을 담고 살아왔음을 알 수 있다. 그가 대부분의 한국의 보통 주부들이 살아온 방식을 충실히 따르면서 살아왔음을 알 수 있다.

그렇다면 이 글은 단순하게 자신이 겪었던 에피소드 하나를 소개하는 글일까? 나는 그렇지 않다고 본다. 이 짧은 글귀에서 우리는 그가 얼마나 한국의 가치관에 충실히 따르면서 억압된 욕구를 안고 살아왔는가를 읽을 수 있다. 그렇다면 여행길에 들른 안마 시술소에서 겪은 일을 과장하여 성적인 욕구를 표현한 이유는 무엇일까? 물론 단순히 웃음을 주려는, 독자에게 언어유희적인 놀이로서 쾌락을 주려는 것일 수도 있다. 자신이 평소의 삶에서 억압하였던 욕구를 이런 식으로 방출할 수도 있다.

한 걸음 더 나아가서 언어유희적인 놀이를 넘어선, 무의미 속의 의미를 찾아보기로 하자. 나는 마광수가 주장하였던 우리 수필의 엄숙주의, 경건주의에 대한 항변으로 읽고 싶다. 너무 경건한 주제만을 다루는 우리 수필에 대해서 야한 표현을 서슴지 않으므로 냉소적으로 비평한 것이라고 믿는다. 작가는 나에게 이런 말을 한 일이 있었다. 이런 유의 수필을 발표하고 싶지만 나를 바라보는 사람의 시선이 두려워서….라고 하였다. 그러나 이 수필이야말로 우리에게 우리 수필이 나아갈 수 있는 방향을 제시한 것이 아닐까 라고 생각한다.

나는 이 수필을 읽으면서 인간의 욕구를 방출할 수 있는 방법을 수필에서 찾을 수 있었다. 나로서는 크나큰 발견이었다. 수필은 내면의 고백이다. 그러나 성적인 표현은 어느 사회이든지 금기시하므로 수필로 표현하기에는 용기가 필요하다. 그러나 '내 남자'처럼 농담을 하듯이, 언어유희적 방법으로 욕망을 표현한다면 검열관의 눈을 얼마든지 피할 수 있지 않을까?

프로이트가 정신분석학 강의 20강에서 '인간의 성생활'을 주제로 발표하면서 마지막에 이 말로 끝을 맺었다.

"정신분석학을 제외한 다른 분야에서 성으로 불리는 것은 생식에 기여하거나, 정상적으로 간주되는 제한된 성뿐이다."

나는 이렇게 말하면서 끝을 맺겠다.

"수필에서 성의 표현은 억압된 욕망을 충족하는 방식으로서 농담－기술의 기법은 활용할 만한 가치가 있다. 그 사례가 '내 남자'이다."

수필과 가족소설

　수필에는 가족을 소재로 한 이야기가 아주 많다. 가족은 인간의 삶에서 가장 가까운 거리에서 수없이 많은 감정을 교류하는 사이이다. 그만큼 우리에게 가족과 관계있는 많은 기억들이 만들어져서 저장되어 있다. 기억을 불러내어 글을 쓰는 것이 수필이라고 할 때 소재로써 가족이 가장 많이 이용되는 것은 당연하다.
　가족관계가 기억으로 떠오른 시기는 거의가 유년 시절이라고 한다. 고향 이야기, 어머니 이야기는 모두가 어린 시절의 기억과 관련이 깊다. 수필을 쓸 때 아득히 먼 유년시절의 기억이 얼마만큼이나 사실이며, 진실인지는 과외의 문제이다.
　프로이트는 1898년에 '가족소설'이라는 논문을 썼다. 그는 유년시절에 겪었던 가족과의 관계를 이야기하는 것을 가족소설이라고 이름을 붙였다. '소설'이 내포하고 있는 의미는 '허황하게 꾸며낸 이야기' 즉 거짓이라는 뜻이다. 우리가 가족을 소재로 수필을 쓸 때 나의 기억이 얼마나 진실한지를 생각해 보았는가? 만약에 사실이 아니라면 나는 왜 그런 생각을 하게 되었는지를 찾아보아야 할 것이다.

프로이트는 1909년에 「가족 로맨스」라는 논문을 발표하면서 가족 간의 애증이 어떻게 우리의 무의식에 등록되는가를 살펴보았다. 어린아이에게 아버지와 어머니는 유일한 권위자이고, 믿음의 뿌리이다. 어린 시절의 소망은 어떻게 하면 동성의 부모만큼 자라나서(몸피가 커져서) 부모처럼 능력을 발휘할 수 있을까 하는 것이다.

그러나 아이들은 성장하면서 심리의 발달과정을 거치게 되므로 자기의 부모가 어느 정도 능력을 갖추고 있는지를 알게 된다. 다른 부모와 자기의 부모를 비교도 한다. 이것은 사람이 정상적으로 성장하는 과정에 나타나는 자연스런 현상이고, 부모에게서 독립해가는 발달과정에서 아주 정상적인 아픔인 것이다. 점차 부모의 권위를 의심하므로 부모에 대한 믿음도 거두어들인다. 더 나아가서는 생활에서 겪는 불만을 부모의 탓으로 돌리면서 오히려 부모를 비난하기도 한다. 부모가 자기를 무시한다는 생각도 하게 되고, 부모의 사랑을 더 많이 차지하기 위해서 형제자매와 경쟁도 한다. 나누어 가져야 한다는 사실에 서운해 하면서 부모를 원망하기도 한다. 부모가 자기를 구박한다는 생각도 하게 된다.

이제는 부모와 자신의 처지를 환상으로 이끌고 가서 불만의 자리에 소원성취의 쾌락을 맛보려 한다. 소위 환상에 의하여 가족 간의 관계도 허구로 맺어지면서 가족 소설이 나타나는 것이다.

대표적인 예로써 '고아 환상'이라는 것이 있다. 실제의 부모는 자기의 부모가 아니고, 진짜 부모는 따로 있다는 환상을 갖는 것을 말한다. 환상 속에 나타나는 아버지는 자기가 꿈꾸는 이상적인 아버지 상으로 나타난다.(상상의 아버지는 자기가 바라는 모든 능력을 갖추고 있다.) 아주 심한 경우에는 신경증적인 병의 증상으로 나타나므로 우리는 흔히 환자의 이야기이지 우리와는 관계가 없다고 믿는다. 그러나 이것은(공주병, 왕자병, 왕비병 따위) 정상인에게도 모두 나타나는 심리이다.

자신을 고아라는 환상에 빠진 것을 소재로 한 이야기에는 동화에 많다. 백설공주나 신데렐라 이야기가 이런 유에 속한다. 아이들이 이런 동화에 푹 빠져드는 것은 아이들이 가족소설을 상상으로 즐기고 있음을 말해준다. 아이들뿐 아니고 어른들도 이런 환상을 즐기고 있다.

가족소설 식의 환상은 현실에서 부족하거나 결핍된 것을 보상해주는 기능이 있기 때문에 정신치료에 활용할 가치가 있다. 수필에서 가족을 소재로 글을 쓸 때는 환상적인 요소가 많이 나타난다. 유년 시절의 아버지와 어머니를 그리워하는 글을 많이 쓴다. 환상은 현실의 부족을 보상해주는 치료 효과가 있다. 비록 환상이더라도 수필에서 옛날 어느 시기의 부모를 그리워하고 실제보다 더 훌륭하게 표현하는 것은 치료 효과가 있다.

수필에 나타나는 아버지 상은 그리움의 대상인 경우가 많다. 실제의 아버지가 수필에서 표현한 만큼 멋진 아버지였는지는 모른다. 아니었을 가능성도 많다. 아버지를 나쁘게 표현하는 일은 내면의 감시자인 초자아가 허용하지 않기 때문이다. 내면으로는 미워하면서도 겉으로는 존경한다는 글도 많다.

일반적으로 부모와 자식의 관계는 오이디푸스콤플렉스가 기본이므로 애증의 관계라고 말한다. 미움과 사랑이 얽혀서 끊임없이 서로 교차하는 관계이다. 환상은 나의 결핍을 메우고 소망을 성취하므로 쾌락을 맛보게 하는 장소이다. 미움의 대상으로 아버지는 환상에서 제외시키고 사랑의 대상인 아버지만 모셔 온다. 따라서 수필에서 아버지는 당연히 그리움의 대상으로 표현한다. 그 자체가 나의 결핍을 보상해주는 행위이므로 나의 치료에 도움이 된다.

  반대로 어린 시절의 환상에 자신을 형제와 비교하여 부모로부터 사랑을 받지 못하였다고 생각하면 '주워온 자식'이라는 고아 환상에 빠지기도 한다. 반대로 자신은 직계 자손인데 다른 형제는 바깥에서 입양한 자식이라는 식의 환상에 빠지기도 한다. 이러한 환상은 자신을 더 우월한 위치에 두므로 만족감을 맛보려는 의도이다.

  부모를 고귀한 인물로 둔갑시켜버리는 유아기의 환상으로는 '소공녀' '소공자' '거지 왕자' 따위가 있다. 이것은 지금보다 더 나은 아버지를 갖고 싶다는 욕망의 표현이다. 고상하고 힘센 사람이 나의 아버지이고, 예쁘고 아름다운 여인이 나의 어머니였다는 생각(유아기에는 일반적으로 그렇게 생각한다.)을 하였던 지난 시절을, 지금은 사라져버린 행복하였던 시절을 갈망하고 소원하는 심리적인 표현인 것이다. 이런 상상은 가버린 시절에 대한 아쉬움의 표현으로서 유년시절을 과장하여 이상시하는 환상으로 나타난 것일 뿐이다.

  융은 이것을 현재의(현실의) 괴로움에 대한 보상 심리로서 '현실도피'적 성격을 띤 것이라고 하였다.

  가족소설은 유년시절의 가족관계에서만 나타나는 것이 아니다. 행복하지 못한 결혼 생활을 한다고 믿는 부인은 그 탓을 남편에게 돌린다. 너무 무뚝뚝하여 애정의 표현을 하지 않으니까 부부관계가 냉랭하다. 아이들에게 냉담한 것은 나에 대한 사랑이 식어버렸기 때문이다. 가정에 너무 무관심해서 우리의 결혼 생활은 행복하지 않다. 오로지 남편의 탓이라고 생각한다. 그러나 엄밀히 관찰해보면 자신이 꿈꾸어 왔던 결혼 생활과 현실의 결혼 생활 사이가 너무 넓게 벌어져서 많은 차이가 난 것이 원인의 대부분을 차지한다.

사실은 따져보면 배우자의 선택도 자신의 환상이 선택한 것이다. 결혼 생활을 하면서 '환상이 깨어졌다.'라는 말을 자주 한다. 결혼 생활 자체가 불행하게 된 것이 아니고 '자신의 환상이 깨져서 불행해졌다.' 라는 표현이 더 맞다. 깨어진 환상을 자조하지 말고 깨어진 틈 사이로 현실을 정확하게 바라보고, 그것을 나 자신의 현실로 받아들여야 한다.

유년을 그리워하는 수필은 거의가 환상을 표현한 것이므로 독자에게 환상을 심어주는 것으로 끝을 맺는다. 환상의 틈 사이에는 무엇이 있을까? 융의 말대로 '현실 도피'의 장소가 유년시절이라면 글을 쓰고 있는 지금 이 순간의 현실도 분명히 있다. 그것은 환상(수필은 환상의 표현이므로)에 가리워져서 보이지 않는 수가 많지만 환상의 틈 사이로 읽어보면 도피가 아닌 나의 현실을 만날 수가 있다. 그 현실을 거부하여 환상 속에 숨어버리지 말고 나의 실제로 받아들인다면 수필의 치료효과를 가질 수 있다.

프로이트는 가족소설을 쓰는 데는 두 종류가 있다고 하였다. 하나는 성적인 목표를 가진 것이고, 다른 하나는 야심 즉 야망을 목적으로 한 것이다(결국에는 이 둘은 같은 것이라고 하였다). 야망은 타인에게 인정을 받고 싶어 하는 욕망을 말한다. 타인은 여러 가지 의미와 내용을 담을 수 있지만 궁극적으로는 아버지로부터의 인정이다. 자살, 즉 죽음까지도 타인에게 인정받고 싶어 하는 욕망이 깔려있다고 한다. 그렇다면 남에게 인정받고 싶다는 것이 얼마나 강력한 욕망인지 짐작이 될 것이다.

이러한 심리적 이유로 우리는 비극적 인물을 동일ㅎ시하는 경향을 보인다. 내가 그 비극의 주인공이라는 환상을 가지므로 그들을 존경의 인물로 삼는다. 최영 장군, 이순신 장군, 계백 장군, 안중근 의사 등이 그들이다. 비운에 죽어간 영웅을 나와 동일시하는 배경에는 자신의 여러 가지 욕망을 숨기고 있다고 한다. 복수심에 불타는 증오를 그들과 동일시하므로 정당화시키는 것이다. 이것은 내가 누군가를 상상 속에서 살인하고 싶다는 의미가 들어 있다. 복수라는 개념의 심리기전이다.

내가 쓴 수필 중에도 분석해보면 증오와 복수의 칼날이 번득이는 것을 만나고 섬뜩하게 느낄 때가 있다. 그러나 내가 그 수필을 쓸 당시에는 솔직히 환상의 살인을 하고 증오를 분출시키므로 정신적인 쾌락을 맛보았을 것이다. 이것도 수필의 치료효과로 치부할 수 있다.

환상은 욕망에서 생겨난다. 그 욕망은 영원히, 죽을 때까지 우리가 채울 수 없는 결핍이라고 하니까 마찬가지로 환상도 영원히, 죽을 때까지 우리와 같이 살아야 하는 동반자인 것이다. 욕망을 만드는 것은 공간적으로 나와 멀리 떨어져 있는 것을 꿈꾸므로 생겨난다. 공간적으로 같은 위치에 있는 것은 아무리 만족스러운 곳이라 하더라도 나에게는 현실인 것이다. 도피하고 싶은 장소이고, 결핍의 장소이다.

나는 유년을 시골에서 보냈다. 50년대의 농촌사회란 맑은 개울물이 산골짝에서 흘러내렸고, 개울 건너 저쪽 산자락까지 펼쳐진 들녘에는 보리나 벼의 푸른 색조가 가득 메우고 있었다. 그것이 전부였다. 고요하고, 정적이 감돌고, 삭막하기까지 하였다. 자연에서 뛰노는 것 이외에는 즐거움을 주는 것이라곤 없던 곳이었다. 그래서 탈출을 하고 싶어 하였던 곳이다. 방학 때의 저녁이면 너른 마당에 평상을 놓고 앉아서 라디오의 연속극에서 꾀꼬리같이 맑은 목소리로 도시의 사랑 이야기를 들려주던 고은정(당시에 인기 있던 여자 성우)으로 하여 즐거운 환상을 가질 수 있었다. 환상이란 도시에 대한 동경이었다.

해질 녘에 산마루에 앉아서 가없이 펼쳐진 들판을 바라보고 있으면 허이연 연기를 뿜어내는 기차가 기적을 남기고 산굽이를 돌아서 사라져가곤 하였다. 기차를 따라서 시선은 산너머로 달려가고, 고은정의 목소리가 들려주던 도시의 사랑 이야기가 겹쳐지면 내 환상은 구름처럼 피어올랐다. 그 환상의 장소는 지금 내가 살고 있는 바로 이 도시였다.

우리가 청소년기를 보낼 때는 '무작정 상경'이라는 말이 유행하였다. 오늘의 시각에서 보면 청소년들의 무단가출 행위였지만 그때의 농촌은 살기가 힘들어서 농촌 마을을 떠나는 일이 흔하였으므로 가출이라는 말은 거의 사용하지 않았다. 지금 도회지에 살고 있는 사람들 중에는 아주 많은 사람이 그런 과거를 경험한 사람들이다. 내가 대학을 다닐 때만 하여도 대구 인구가 70만 명쯤이었다. 지금은 250만이 넘는다. 주위 사람들이 이야기를 들어보면 대부분의 사람이 고향을 시골에 두고 있다. 그렇다면 시골을 떠나온 도회지의 사람들이 꿈꾸는 환상의 장소는 어디가 될까? 유년의 시간과 유년을 보낸 시골이 될 것이다.

이상향을 의미하는 유토피아란 존재하지 않는 땅이라는 말이다. 황금시절이라는 말도 현실에서는 존재하지 않았던 아득한 과거의 어느 시절을 말한다. 도시에서 살고 있는 현대인이 유년시절을 보냈던 그때와 그 땅이 바로 환상 속에서 유토피아가 된다. 가족소설이 꾸며지는 장소이고, 시절이 된다.

"그리움이 사무치면 발걸음이 떨어지지 않는 법, 다시 한 바퀴 돌아본다. 먼 데서 보면 녹슨 함석 지붕은 벌건 페인트로 칠한 것같이 보기에는 멀쩡한데 뚫어진 구멍 사이로 햇빛이 별이 되어 쏟아진다. 연극무대의 조명발 같은 그 빛 때문에 눈이 부시다. 그리운 사람이 그리운 만큼 눈이 부시다. 황토를 바른 흙벽은 속살이 떨어져 얼기설기 나무 꼬챙이들이 장기판 같고, 쇠사슬을 감아 큰 자물쇠를 채웠던 대문은 돌쩌귀가 빠져 더 이상 문이 아니다. 동네 개들도 오줌을 질금거리며 서서 들어간다.
이런 풍경은 추억을 건져 올리는 두레박이다. 아무리 퍼내도 마르지 않는 우물 속의 양철 두레박, 그래서 나는 이런 풍경을 사랑한다. 폐허의 성에는 성주가 없다. 성을 지키는 병사도 없다. 교대시간을 알리는 나팔소리도 없다. 나는 개의치 않는다. 낡은 정미소 앞에 서면 나도 모르는 새에 과거로 옛날에 달리는 고물 트럭을 타고 고향 마을에 빨리 내리고 싶어 안달하는 귀향객이 된다.
고향 사람들은 다리 옆 정미소를 서태근 방앗간이라고 불렀다. 그러나 어머니는 그 방앗간을 '현자네 집'이라고 불렀다.
―구활의 「정미소 풍경」에서

이 글은 무작정 상경에 대비되는 환상의 귀향이라고 할까? 시골을 떠나서 도회지에서 등을 비비며 꾸려온 삶도 이제 마침표를 찍고 시골의 고향 마을을 찾아가면서 이야기를 전개한다. 온통 회상과 회억 속에 나타난 고향은 결코 즐거웠던 곳만은 아니었음을 그의 글 곳곳에서 감지된다. 그러나 지금 폐허가 된 정미소 앞에서 나타난 회상의 내용물은 환상이다. 어느 날 유토피아를 찾아온 그의 앞에는 현실의 폐허가 된 정미소이지만 회상 속에 나타난 정미소는 환상의 유토피아인 것이다.

그리고 곧 어머니에서 시작되는 가족 소설이 이어지고 있다. 설사 그 시대에는 어려운 시절이었겠지만 그의 환상 속에 나타나는 가족 이야기는 그리움으로 점철된 가족 소설인 것이다. 그의 글에서 분명 당시가 즐거웠던 시절만은 아니었음을 느낄 수 있다. 그러나 그의 회상에서는 다시 가보고 싶어하는 소망이 담겨있다. 그는 수필을 쓰면서 그의 소망을 성취하고 있다. 수필은 바로 그의 환상의 표현이기 때문에 수필쓰기는 소망성취에 의한 쾌락을 맛보는 방법이 된다.

유년이 회상으로 나타날 때는 가족 소설을 쓰게 된다. 정신분석의 차원에서 틀림없이 애증이 교차하고 있는 어머니와 아버지이지만 미움은 깨끗하게 지워버리고 사랑만이 그의 환상 속에 남겨진다. 더 나아가서 부모는 존경의 대상이 되는 것이다.

정신건강에서 정상인은 자신의 현실을 긍정하고 살아가는 사람이다. 가족 소설에서 자신의 처지를 아버지의 탓으로 돌리는 것은 건강한 정신이 아니다. 아버지를 긍정하는 것이 바로 정상인인 것이다.

'아마데우스'라는 영화를 보면 궁정 악장이었던 살리에르가 천재 음악가인 모차르트를 질투하여 미쳐가는 것을 다루고 있다. 그는 정신병원에 수용되어서 자조하기를 '나는 보통 사람의 대명사이다.'라고 하였다. 모차르트의 재능을 아무리 발버둥쳐보아도 따라잡을 수 없음에 대한 자학이었을 것이다. 자신에 대한 증오의 표현이었을 것이다. 그러나 살리에르는 절대로 보통 사람이 아니다. 귀족 출신의 궁정악장이라면 비록 모차르트에게 음악적 재능은 모자랄지언정 보통 사람은 아닌 것이다. 자신을 비하한 말인 것이다.

그가 자학을 하면서 미쳐간 이유는 자신의 욕망을 억제할 수 없었기 때문이다. 천재로서 모차르트의 재능을 인정해주고, 자신은 자신의 위치에 만족하였다면 그는 미치지 않았을 것이다. 그는 모차르트보다 앞서야겠다는 욕망 때문에 모든 것이 모자람이었고, 결핍이었던 것이다. 사람을 두고 '욕망하는 인간' 또는 '환상을 쫓아가는 인간'이라고 말한다. 그는 욕망을 너무 집요하게 쫓아가다가 결국은 비정상인으로 떨어진 불행한 인간이 되었다.

우리는 삶이 권태롭다, 지루하다, 라는 말을 자주 듣는다. 권태도 욕망 때문에 온다고 한다. 플로베르가 쓴 소설에서 「마담 보봐리」는 읍내 의사의 부인이 된 시골처녀 엠마 루오였다. 환상으로 꿈꾸었던 읍내의 의사 부인이 된 보봐리 부인은 막상 성취하고 나니 다시 더 큰 도시로 나가고 싶은 욕망이 생겼다. 그때부터 시골 의사 부인의 생활이 현실이 되어서 시시하고 재미가 없어졌다. 권태로워진 것이다.

현실과 욕망 사이에 권태가 스며든다고 말한다. 우리는 환상과 현실이 다를 때 나타나는 심리적 현상을 '권태'라고 말한다. 권태가 찾아오면 또 다른 형태의 삶을 꿈꾸는 것은 당연하다. 새로운 욕망이 생겨나는 것이다. 우리 주변에서 삶이 권태롭다는 사람은 바로 마담 보봐리와 같은 심리 상태에 젖어있다는 말이 된다. 그리고는 권태를 탈출하기 위해서 무엇인가를 욕망하게 된다.

마담 보봐리는 욕망이라는 것은 영원한 결핍으로 절대로 채울 수 없다는 사실을 몰랐기 때문에 자신의 삶을 권태로워한 것이다. '마담 보봐리'의 말로를 잘 아는 독자들은 욕망하는 인간이 어떻게 타락하며 비참한 말로를 맞이하는가를 잘 안다. 따라서 우리는 자신의 삶을 긍정하는 태도를 가지는 것이 무엇보다도 중요하다. 우리가 수필을 쓰는 이유도 그 욕망을 수필이라는 환상으로 대체하므로 현실에서의 권태로움에서 벗어나자는 것이다.

긍정하는 삶을 수필의 가족 소설에서 찾아보기로 하자.

주말에 시골집에 온 아들의 수업료를 마련키 위해 읍내로 나갔던 어머니가 너무 늦게 와준 것이 원망스럽기만 하다. 10분만, 아니 5분만이라도 일찍 와주었어도…….

철길과 신작로를 나란히 끼고 있는 저만큼의 간이역 플랫폼이 아득히 멀어 보인다. 역 구내의 시그널은 이미 내려져 있었다.

덜커덩 덜커덩…….

기차가 가까이 다가오는 육중한 레일 소리가 헐떡거리는 숨소리만큼 크게 들린다. 어림없는 기차와의 경주다. 그러나 달려야 한다. 결코 기차를 놓쳐서는 안 되고, 내일 학교를 못 가게 되어서도 안 된다. 착실히 학교를 다니기 위해서, 열심히 공부하고자 어렵게 마련한 수업료를 저고리 안주머니에 넣고 뛰는 아들이다.

기차여, 제발 제발 조금만, 1분만 늦어줘 다오. 그러나 기차는 짧게 또 한 번 기적을 울리며 그 육중한 모습으로 부자의 뒷덜미를 덮칠 듯이 다가온다.

아버지와 아들은 철도 옆길을 마지막 안간힘으로 뛴다. 땀이 눈을 가리고 등짝은 척척하다. 아버지의 고무신 한 짝이 또 벗겨나간다. 아버지는 남은 한 짝마저 아예 벗어던지고 달린다.

세찬 바람과 함께 기차는 귀청을 찢는 소리를 내며 앞질러 간다. 이제 간이역으로 들어선 기차가 멎어주는 1분. 그 1분 동안에 객차에 다가가 아들은 타야 하고, 아버지는 쌀자루를 실어줘야 한다. 역 대합실을 거쳐 차표를 사고 개찰을 해야 하는 절차가 있을 수가 없다. 플랫폼에 올라서서 기차꼬리에라도 매달리면 다행이다.
 어느새 1분이라는 시간이 지나갔는지 승객 몇 사람을 내려놓은 차는 내 할 일을 다했다는 듯 짐승 같은 기적 소리를 길게 울리고는 화통에서 '치익 푸욱' 하얀 증기도 뿜어내며 다시 서서히 구르기 시작한다.
 타야만 한다. 놓쳐서는 안 된다. 그 일념뿐이었다.
 어떻게 맨 뒤칸 객차 승강구 손잡이를 붙들었는지 모른다. 아버지는 쌀자루를 먼저 던져 넣고 아들의 몸뚱이이도 또 쌀자루처럼 힘껏 안아 디밀어 올렸다.
 아들이 차에 실리는 것을 본 아버지는 몇 발을 더 그렇게 뜀박질로 따르더니 다리가 꺾인 듯 그 자리에 털썩 주저앉고 만다. 땀을 닦을 겨를도 없이 난간에 매달린 채 아들이 밖을 내다보았을 때, 아직 젊은 중년의 아버지는 그렇게 털썩 앉은 모습인 채 기차 꼬리를 멍—하니 바라보고 있었다. 고무신이 벗겨진 맨발 그대로.
 "그때 중년의 아버지는 어떤 심정으로 철길 위에 앉아 있었을까. 그렇게라도 아들을 차에 태워 보낸 안도였을까. 절망이었을까. 무능과 가난을 자책하는 비통이었을까? 그때도 그 후에도 그것을 물어보지 않은 아들이었다.
 30여 년 전 그 중년 아버지의 아들이었던 나는 도청 소재지의 중학엘 다니고 있었다. 그것은 우리 부모의 자랑이자 우리 고향 마을의 자랑이었다. 촌놈이, 그 가기 어렵다는 중학엘 시험쳐서 운이 좋게 붙었고, 중학생 모자를 쓰고 유학이라고 한 것은 내가 처음이었기 때문이다.
 가난했지만 그 가난을 자랑스러움에 비긴다면 아무것도 아니었다. 어떻게 해서든지 공부를 시켜야겠다는 양친의 일념, 그것은 바로 어떤 궂은일이든지 해낼 수 있는 힘이었다.
 학교 근처에 방을 얻어 자취를 하였는데 보름에 한 번씩 식량과 찬거리를 가지러 시골집엘 가곤 했다. 토요일 저녁, 집에 오는 아들을 보면 아버지와 어머니는 자랑스러웠으나 이내 무거운 근심의 그늘이 드리워졌다. 하룻밤을 재우면 다시 '들려서 보내야 할 것'이 걱정이었기 때문이다.
 중3의 2학기 때였다. 아직도 목덜미에 비추는 햇볕이 따갑게 느껴지던 시절의 마지막 주말, 다음 월요일은 시험이자 수업료 마감날이었던 것이다.

어머니는 아침 일찍부터 읍내에 나가 '꿈질'과 품삯 선수금으로 수업료를 맞춰 오느라 막차 시간이 빠듯이 임박해서 돌아왔다. 돈을 구겨 쥔 어머니는 문간에 들어서며 어서 떠나라는 손짓부터 했다. 목이 메어오는 바람에 어머니도 나도 인사말을 미처 나누지 못하고 기차역을 향해 달려야 했던 것이다.

그때만 해도 교통이 말할 수 없이 불편하던 6·25 직후 백여 리 남짓인 도청 소재지였지만 기차밖에는, 그것도 하루 세 차례밖에 왕래가 없었다.

나는 학교를 졸업하고 어른이 되어가면서 문득문득 철길에 털썩 주저앉아 있던 그날의 아버지의 모습이 떠오르곤 했다. 그리고 그 날의 땀과 눈물과 그 안간힘으로라면 이루지 못할 일이 없을 것 같기도 했다.

—김수봉의 「그날의 기적소리」에서

시골을 고향으로 두고 도회지에 나와서 중학교를 다녔던 작가가 어른이 된 후에 회상한 글이다. 다시 한 번 되풀이해서 말하자면 심리적 현실에서 존재하는 아버지는 오이디푸스콤플렉스라고 하는 가족 갈등의 삼각점에서 하나의 꼭짓점을 차지하고 있는 존재이다. 나에게는 분명히 억압하는 존재이고, 법을 집행하는 존재이며, 두려움의 대상이고, 증오의 대상이다. 그러면서 사랑도 서로 나누는 이중적 존재로서 대상이다. 어른이 되어서 쓴 이 수필은 그의 심리영역에서 아버지가 어떤 존재로 귀환하고 있는가를 보여준다. 사랑의 존재이고, 나의 보호자이고, 오늘의 나를 있게 해 준 원천의 존재로서 아버지이다.

이때의 아버지는 환상 속에 존재하는 이상적인 아버지이다. 작가의 가족 소설에서 아버지는 그의 삶에 긍정적인 존재로 되돌아 와 있다. 이것은 어른이 되어서 도회지에 살고 있는 현실에 대한 탈출의 욕망을 표현한 것일 수도 있지만 자신의 과거와 아버지를 긍정적으로 수용하는 것이다. 자신을 긍정하는 것은 정신건강에서 바람직한 일이다. 수필에서 가족 소설을 쓰는 일은 정신치료에 긍정적인 면도 분명히 있다.

 일반적으로 가족 소설은 무의식적인 일면을 드러내는 것이라고 한다. 그러나 사춘기 적에 가졌던 아버지에 대한 여러 가지 심리적인 기억들은 쉽게 잊혀져버리는 특성이 있다. 그러나 회상 가능성이 아주 높은 환상이라고 한다.

 우리는 가족 소설쓰기에서 아버지를 긍정하므로 타인의 인정을 바라는 나의 욕망을 충족시키고 건강한 모습으로 거듭 태어날 수 있다.

수필에서 부부 이야기

　부부 관계란 인간관계에서 가장 밀접하면서도 많은 문제점을 생산해내는 복잡한 관계이다. 심리적으로 아주 복잡하게 얽혀 있을 뿐 아니라 인간이 살아가면서 수많은 갈등을 야기하는 관계이다. 서로 의지하여 마음을 따뜻하게 치료해주기도 하지만 마음을 아프게 하여 고통을 주기도 한다. 틀림없이 수필에도 많은 소재를 제공해줄 것이지만 실제로는 부부를 깊이 다룬 수필을 만나기는 쉽지 않다. 부부 간의 심리기전을 다루어 봄으로써 자신의 부부 관계를 성찰하는 데 도움이 될 것이다. 융의 「유럽 여성」이라는 논문의 내용을 중심으로 우리의 현실을 비추어서 살펴보겠다.
　시간은 잠시도 멈추지 않고 흘러가는 것이다. 시간 속에서는 어느 것 하나 변하지 않는 것이 없다. 시간의 흐름에 따라 변화를 하면서 사건이 전개되어 가는 것을 역사라고 한다. 흐르는 물이 한 번씩 굽이치면서 요동을 치듯이 역사도 힘차게 흔들거리면서 요동칠 때가 있다. 우리는 역사의 전환기라고도 하고, 과도기라고도 한다. 역사만이 아니고 그 역사 속에 살고 있는 개개인들도 흔들리면서 변화를 한다. 서양이 현대화를 겪던 시기에 바로 여기에 해당한다. 중세부터 이어오던 기독교 전통은 별다른 변화 없이 흘러왔다. 서양 사회는 바람이 불지 않는 날의 호수처럼 잔잔하기만 하였다. 어느 날 갑자기 낯선 동양 문화가 쏟아져 들어오면서 잔잔하던 호면에 물너울을 만들면서 출렁거리게 하였다.

전통적인 사고방식에 순응하면서 살아오던 사람들이 동양에서 몰려오는 파도를 만나서 마음에도 갈등의 파도가 출렁거렸다. 같은 시간대에 있는 사람들이라도 살고 있는 지역에 따라서, 또는 문화적 환경에 따라서 살아가는 방법에 차이가 났다. 전통적인 유럽인으로 살아가는 사람들도 있었고, 변화를 받아들여 훨씬 더 진보적인 사고를 하면서 살아가는 사람도 있었다.

현대라는 것은 역사가 만들어 놓은 온갖 전통적인 속성들을 둘러싸고, 포장을 하는 껍질이라고 할 수 있다. 현대에 사는 사람은 과거인 포장의 안쪽에는 관심이 없다. 포장의 바깥쪽인 미래에 관심을 두고 있다.

일반적으로 도덕이라고 하는 것은 전통성이 아주 강하므로 변화가 아주 더디게 일어난다. 미래를 지향하여 변화를 추구하는 사람들은 기존 도덕에 비추어서 부도덕한 사람이라는 평가를 받기 쉽다. 전통적인 사고를 하게 되면 전통적인 가치관이 발목을 잡고 놓지를 않는다. 감정의 혼란에 휩싸여서 주춤거리는 일이 흔하다.

융(1875-1961)은 자기 시대를 살고 있는 유럽 여성을 바로 과도기를 살고 있는 사람들이라고 하였다. 역사의 전환기에 사는 만큼 의식세계도 급격한 변화를 일으키고, 심한 갈등을 겪고 있다고 하였다. 이 말은 오늘의 한국에 살고 있는 바로 우리를 두고 하는 말이다.

우리는 융이 살았던 시대의 유럽인들보다 더 빠르고, 격심한 변화의 와중에서 허우적거리며 살고 있다.

더욱이 부부간에 일어나는 변화들은 서로 충돌을 하면서 더 큰 굉음을 내고 있다.

남녀를 구분하는 데는 몇 가지 방법이 있다. 프로이트의 주장에 따르면 세 가지 방법으로 분류할 수 있다. 첫째는 해부학적인 성의 구분이다. 그야말로 눈에 보이는 그대로 남성과 여성의 구분이다. 해부학적인 성이고, 생리학적인 성이다. 두 번째는 남자로서의 사회적 역할과 여자로서 사회적 역할에 따라서 구분하는 성(gender=성역할)이다. 나머지는 심리적인 성이다. 해부학적으로는 남자인데 자기 자신을 여자로 생각하고, 여자처럼 행동을 할 때를 말한다. 대표적으로 동성애를 말한다. 지금까지는 동성애를 제3의 성이라고 부르면서 사회적으로 용납하지 않았다. 최근에는 사회적으로 수용하자는 주장이 설득력을 얻고 있다. 그만큼 사회 가치관의 변화가 일어나고 있음을 말해준다.

문제는 그런 동성애적 성 심리가 모든 정상인에게도 나타난다는 것이다.

다시 융 심리학으로 되돌아가 보자. 프로이트는 남자와 여자를 뚜렷하게 구분하는 경향이 있다. 더 깊이 따져보면 프로이트는 남성 본위로 성 심리학을 설명하므로 여성의 존재를 미약하게 표현하였다. 융은 이에 대한 반발로 남성과 여성의 해부학적 차이처럼 심리적으로도 남성성과 여성성이 존재한다고 하였다. 어느 쪽이 더 우월한 것이 아니고, 속성으로서 같은 가치를 나타낸다고 하였다. 남자답다' 여자답다라는 말은 그 사회가 전통적으로 요구해온 남성의 역할과 여성의 역할에 부합한다는 것으로 외부적인 성역할에 대한 평가이다. 그러나 심리 내면까지도 남성성과 여성성이 확연하게 구분되는 것은 아니라는 것이 융의 주장이다.

내면적인 심리에서 남성적인 속성을 지닌 기질을 아니마라고 하고, 여성적인 속성을 아니무스라고 하였다. 내면에 지니고 있는 성적 속성은 어느 사회 집단에서 요구하는 성이 아니고, 인간의 원초적인 시기부터 여자로, 또는 남자로 형성되어 있는 무의식적인 성을 말한다.

흔히 아니마는 마음과 같은 것으로서 감성, 감정, 예시적 능력 같은 속성을 지닌 것이고, 아니무스는 정신성으로서 지성과 같다고 하였다.

남성성, 여성성이라고 하여 남자가 갖는 성적 특질, 또는 여자가 갖는 성적 특질이라는 뜻이 아니고, 남자나 여자나 모두 이 두 특질을 가지고 있다. 이것이 내적 인격을 형성하고, 이 둘이 조화를 이루어 전체의 인격을 형성한다. 말하자면 남자이든 여자이든 개개인에게 남성적이다, 여성적이다라고 말하는 성격이라고 할까, 기질적 특성이라고 할까 하는 것을 말할 때는 바로 아니마와 아니무스가 복합하여 만들어 내는 그 사람의 특질이 되는 것이다.

이 둘이 조화를 이루어 인격적인 특성을 만들어 내지 못하면 아니마와 아니무스는 그 사람에게 성격 형성에 부정적 역할을 한다. 아니마는 짜증을 잘 내고, 변덕스러우며 냉혹한 인간이 되므로 부정적인 성격의 일면을 만든다. 아니무스는 따지는 버릇이든지, 독단, 비합리적인 판단을 고집스레 한다든지 등등의 부정적인 인격을 만드는 역할을 한다.

일반적으로 아니마와 아니무스는 내면에서 잘 조화를 이루어그 사람의 특징적 성격을 만들면서 전체의 인격체를 만들어낸다. 그렇지만 내면에서는 반대되는 성에 대해서는 공포와 불쾌감을 가지게 된다. 그러면서도 한편으로는 신비로운 매력을 느낀다고 하였다.
　우리는 배우자를 선택할 때도 이 신비스러운 매력이 중요한 역할을 한다. 상대의 성에 대해서 약간의 두려움과 매력을 느끼는 것이 인간의 속성이라고 이해할 수 있다.
　라캉 식으로 말하자면 우리가 배우자를 선택하는 것은 배우자의 실체와는 아무런 관련이 없다. 오로지 나의 환상이 선택한다고 하였다. 내게 없는 결핍이 환상을 만들어서 상대의 성에서 나의 결핍을 메워준다고 믿고 선택한다는 것이다. 그렇다면 나의 천사이기도 하고, 태양이기도 한 상대의 성을 선택하는 이유는 내게 나타난 허깨비 때문이다. 사랑이 허상이라면 우리의 사랑이 너무 비참해지므로 그냥 정신분석학적 이론이 그렇다고만 하자.
　어쨌거나 상대의 성이 공포, 불쾌감, 매력, 환상, 결핍 이런 용어들로 점철된 관계라면, 부부관계란 기본적으로 부딪혀서 쨍그랑거리는 소리를 내는 것이 바탕에 깔려있다고 하겠다. 부부관계를 건전하게 유지하기 위해서는 환상을 깨고 근본 바탕을 냉정하게 받아들이는 것이 필요하다. 그 방법을 모색해보아야 할 것이다.
　융은 이렇게 말하였다. "우리의 결혼은 겉보기만의 결혼이다."
　전통적인 사고방식에는 동양이든, 서양이든, 가정의 평화를 파괴하는 것은 남성이라고 말한다. 그러나 현재는 그렇지 않다. 돈 주앙 같은 자신만만한 한량은 극장 무대나 소설에서만 만날 수 있지 오늘의 현실에서는 구경할 수 없는 인간형이다.

현대 남성의 실상은 돈 주앙처럼 자신감이 넘쳐나고, 여성을 한없이 사랑하리만큼 감성이 풍부한 멋진 남성상이 아니다. 신경쇠약에 걸려있고, 성적불능에 빠져있고, 모험하기보다는 편안한 삶에 안주하기를 좋아하는 나약한 모습의 인간상을 보여준다.

오늘의 남자들은 결혼생활이 무너지는 것을 여자보다 더 두려워한다. 간통을 조선시대의 양반 남자들처럼 자랑스러워하는 것이 아니다. 주위의 눈치를 살피면서 가장 안전하고, 손쉬운 방법을 선택하여 일시적인 모험으로 끝내려 한다. 힘들게 꾸민 가정도 견고하지 못하다. 1960년대에 미국 가정의 이혼율이 25%에 이른다는 말을 듣고 경악한 일이 그저께 같은데 우리나라도 지금 그 숫자를 향하여 힘차게 전진하고 있지 않는가.

최근에는 결혼에 대한 회의가 남자들보다 여자들에게서 더 많이 나타난다. 미혼 여성이 엄청나게 많아지는 것이 오늘의 현실이다. 이들은 전 시대 여성들처럼 수녀가 되겠다는 생각은 터럭만치도 없다. 결혼을 포기한 것도 아니면서 그냥 미혼으로 살고 있다.

융의 설명에 의하면 사회적인 분위기가 습기처럼 이들의 의식으로 스며들어서 그들의 행동을 지배하고 있기 때문이다. 이미 결혼한 여성들은 결혼은 결코 달콤한 것이 아니라면서 회의를 느끼고 있다. 자유로운 삶이 저당잡히므로 자신을 구속하는 올가미라고 느낀다. 이런 회의가 사회 분위기를 만들고, 미혼 여성들에게 감염되어서 결혼에 미온적인 태도를 취한다.

여성과 남성의 차이점이라면 여성은 인간을 사랑하고, 남성은 사물을 더 사랑한다는 것이다. '여성은 감성적이고, 남성은 이성적이다'라는 말로 해석이 가능하다. 이런 이유로 여성이 결혼에서 문제 삼는 것은 애정이다. 남성들은 로고스적(이성적) 사고가 결혼에 영향을 준다면 여성들은 에로스적인 문제에 더 많이 신경을 쓴다. 우리는 자신의 심리로 타인의 심리를 가정하는 속성이 있으므로(여성이 훨씬 더 심하다.) 남성의 감정 투사가 자기에게 향한다고 믿는 것이 여성에게 더 흔하다(내가 어떤 남성을 좋아하면 그 남성이 자기를 좋아한다고 믿는 심리적 기전) 남성도 자신처럼 사랑을 중요시한다는 믿음을 가진다.

남성은 결혼을 하나의 제도로 생각한다. 제도의 바깥에는 간통도 있을 수 있고, 우정도 있다고 생각한다. 여성에게서 결혼은 제도가 아니다. 인간적이고 에로스적인 관계이다(융은 말하기를 여성은 적어도 그렇게 믿고 싶어한다고 하였다. 실제로 여성의 결혼에도 에로스적인 것만이 아니고, 신분상승이라든지 다른 요소들도 섞여들 수 있기 때문에 순수한 에로스적이라기에는 문제가 있지만 일반적으로 그렇게 믿고 있다)

여성은 결혼이란 서로가 독점적 관계를 맺는 것이라고 믿는다. 남자들은 에로스적인, 오직 '성적인' 것만 그렇다고 믿기 때문에 독점적 관계에 숨 막힐 듯이 답답해한다. 반면에 여성들은 성적인 것만이 아니고, 다른 모든 애정 관계를 에로스적이라고 생각한다. 예로써 친척과 맺는 인간적인 사랑의 관계와 자녀들과 갖는 애정 관계도 모두 포함하여 생각한다. 따라서 성적인 관계에만 목을 매지는 않으므로 여유로운 마음의 자세를 지탱한다.

이런 이유로 남편이 다른 사람과 관계를 맺으면 질투심에 불타서 어쩔 줄을 모른다. 남성은 에로스란 오직 성이라는 오판을 하므로 여성과 성관계를 맺으면 여성을 자기의 소유로 생각한다. 그러나 여성에게서 성이란 결혼에 부수로 따라오는 정도로만 여기므로 사랑을 더 중시하고, 사랑보다는 결혼을 더 중요시한다.

남성들은 정확하지 않은 감정이나 환상들이 아니라(이들은 여성적 요소들이다.) 객관성과 사실성을 원한다. 여성에게 중요한 것은 어떤 사실을 이성적으로 아는 것이 아니다. 그 사실에 대해서 어떻게 느끼는가를 따진다. 말하자면 남자들은 무시해버려도 좋을 사소한 일에 감정적인 요소가 개입하면 여성들은 오히려 중요성을 부여하기도 한다.

나도 이런 이유로 아내와 말다툼을 한 일이 있다. 아내는 바깥에서 대수롭지 않는 일로 마음이 상해서 집에 돌아왔다. 그리고는 그 사실을 불평하면서 이야기하였다. 나는 아내의 감정을 헤아리기 보다는 일어났던 사실이 하찮은 일이라면서 무슨 그런 작은 일을 마음에 담아두느냐고 힐책을 하였다. 아내는 몹시 화를 냈다. 그가 내게 하고자 한 말은 사실을 전하려는 것이 아니고 자신의 감정을 전하려 하였던 것이다. 서로가 골라서 선택한 사이인데도 내면의 심리는 엄청나게 다르게 작동하고 있는 것이다.

결혼은 남자와 여자가 완벽하게 결합하는 것이 목표이다. 결혼을 할 때는 그렇다고 믿는다. 실제로 결혼이란 전혀 그렇지 않다는 사실을 외면한 것이다. 여자들이 중요시 하고 있는 일이 남자에게는 중요하지 않고, 남자들이 표현하는 감정을 여성들은 좋아하지 않는다. 서로가 상대방에게 느끼는 것은 그 사람의 독단이며 그 사람의 열등한 부분이라고 믿는다. 흔히 여자들은 "내 남편은 모든 것이 다 좋은데 이러이러한 것만은 정말 싫어" 라고 말한다. 실제로는 자신이 싫다고 말한 남편의 특성은 남편에게는 아주 중요한 것일 수가 많다.

　여성에게 있는 남성성과 남성에게 있는 여성성은 인격의 열등한 부분이다. 강한 면모를 보이는 남자에게 약한 일면이 있다. 똑똑한 사람에게도 어리석은 구석이 있다. 여성들이 강한 자라고 하여 강한 면을 좋아하는 것이 아니다. 약한 면모를 더 사랑하기도 한다. 똑똑한 자의 어리석은 부분을 사랑한다는 것은 거의 진리이다. 그래서 추성훈(격투기 선수)이 흘리는 눈물에 여성들이 환호하였던 것이다.

　여자가 원하는 것은 단지 남자가 아니다. 전체적인 남자, 즉 그 남자와 그 남자의 열등한 부분까지 포함한 모두를 원한다. 그래서 여성의 사랑은 감상적인 것이 아니고 오히려 삶의 의지라고 한다. 자기희생도 감수하는 것이라고 한다.

　결혼제도에는 사회적이고, 도덕적인 가치가 담겨있다. 사람들이 결혼제도가 느슨해지는 것을 찬성하기보다 못마땅해 하는 것은 이해가 된다. 결혼은 우리의 이상을 표현한 것이지 우리의 현실은 그렇지 않다는 것이다. 결혼을 현실이라는 안경을 끼고 가까이서 바라보면 결혼 자체가 이미 해이해져 있는 것도 있고, 노이로제에 빠져 있는 것도 보이고, 심지어는 간통이라는 것도 보인다. 결혼이 현실이 아니고 이상이라고 하더라도 파혼하면 얻어지는 것이 별로 없으므로 결혼제도가 느슨해지는 것은 바람직하지 않다고 생각한다. 그러나 현실에서 기혼자이든, 미혼자이든 오늘의 결혼제도에 순응할 것인지, 뛰쳐나와야 할 것인지를 두고 망설이는 것이 사실이다.

　결혼의 법률적 제도에서 간통, 혼외정사, 배우자 기만 등의 말을 만들어 낸 것은 남성들의 이성적인 판단이다. 지고한 사랑이 존재한다고 믿는 사람도 법률을 넘어선 어느 곳에 사랑이 있다는 것을 핑계 삼아 결혼을 깨려 하지 않는다. 사회제도를 믿고 따라야 한다고 주장하는 사람도 방탕함과 유혹에 쉽게 빠져드는 과도기를 살고 있는 것이 오늘의 현실이다. 오늘의 여성들은 결혼의 가치관이 빠르게 변하고 있는 과도기를 살면서 회의하고 고민하고 있다. 결혼제도라는 가치관을 고수해야 하는가를 회의하고 있다. 남편의 주장과 감정이 나와는 다른데도 결혼이라는 제도에 얽매여서 나의 마음을 슬픔에 빠져서 메말라 가야하는가를 회의하고 있다.

인간적이라는 말은 자신의 감정에 충실하고, 자신의 내면의 욕구에 더 잘 따를 때를 흔히 말한다. 감정 억제를 잘 할 수 있는 점잔하고 고상한 사람에게는 잘 사용하지 않는 말이다. 사회 가치관을 충실히 따르면 존경스러움을 얻을지라도 인간적인 면은 멀어진다.

융이 예로 든 사례를 옮겨보면, '자신의 많은 재산을 가난한 사람에게 나누어 주면 높은 자비심과 도덕성 때문에 사람들로부터 존경을 받는다. 도움을 받은 사람과는 존경이 끼어들므로 인간적인 그의 면모는 감추어져야 한다.'라고 하였다. 존경을 받는 사회적 지위가 되면 훨씬 더 도덕적인 행동을 해야 하므로 자신의 욕구를 감추어야 한다는 뜻이다.

결혼제도를 충실히 따르면서 성실하게 살고 있다는 말을 들을수록 자신의 욕구를 더더욱 표현할 수 없다.

그러나 과도기인 오늘을 살고 있는 사람이라고 하여 결혼제도를 무시하고 쾌락의 탐닉에 빠져들려는 것은 아니다. 그 탐닉에 빠져드는 것을 오히려 두려워하면서 결혼이 주는 속박을 느슨하게 하고자 하는 것이 여성들의 무의식적인 성향이라고 하였다. 아직까지 그들은 결혼과 가정을 파괴하려는 생각은 추호도 하지 않고 있다.

지금 수필을 쓰고 싶어 하는 우리나라 중년 여인의 입장을 가장 솔직하게 표현한 것이 아닐까 싶다. 빠르게 변화를 하는 시간의 흐름 속에 살고 있는 오늘의 중년들은 전통적인 가치관과 진보적인 사고가 뒤엉켜서 몸부림치면서 갈등 속에 휩싸여 있다. 두 개의 가치관을 모두 성취하고 싶어 한다. 가정도 지키고 인간적인 욕구도 채워보고 싶어 한다.

그렇지만 이들이 쓴 수필에는 전통적인 가치관만 나타나 있을 뿐이다. 말하자면 인간적이지 못한 내용들로 가득 찬 글을 쓰고 있다. 아직은 도덕적이지 못하다는 비난을 감내할 마음의 준비가 되어 있지 않기 때문이다.

융은 카르포크라테스의 말을 인용하였다. "네가 짓지 않는 어떠한 죄도 사함을 받을 수 없느니라." 전통적인 사고에 사로잡혀 살고 있는 사람에게는 죄의 사함을 받을 일이 없다. 그러나 오늘을 살고 있는 여성은 가정의 파괴가 일어나지 않는 범위 안에서 사함을 받을 수 있는 죄를 짓고 싶어 한다.

융은 '과거가 없으면 현재가 없다.'고 하였다. 젊은이는 과거가 없이 현재만 있기 때문에 문화를 창조하지 못한다. 문화를 만드는 것은 인생의 중반기를 넘어선 성숙한 나이의 장점인 동시에 과제라고 하였다.

수필을 쓰는 중년의 세대들은 과거가 있다. 지금과 다른 가치관을 가지고 살았던 과거를 지닌 중년의 세대들은 분명히 문화를 창조할 수 있고, 또 그렇게 하여야 한다. 그들의 과거를 되짚어 보면서 몇 가지 가치관을 살펴보자.

첫째, 여성은 성과 사랑과 결혼이 통합될 때만이 가장 이상적이라본다. 너무 당연한 말이다. 문제는 현실에서 그런 이상이 존재하고 있을까? 오늘의 시선으로 바라보면 존재하지도 않는 이상으로 여성을 얽어매는 올가미 역할을 하지 않았을까? 그래서 갈등만 증폭하는 것이 아닐까?

둘째, 남성은 어떤 점에서든지 존경할 만한 부분이 있어야 한다. 힘도 세고, 나이도 많고, 경험도 나보다 많고, 능력도 나보다 우월해야 한다. 인격적인 면에서 나를 이끌어 갈 수 있어야 한다. 이런 통념 때문에 여자는 남자에게 종속되어서 무조건 복종하는 것이 미덕이 되어 있었다. 오늘은 남자가 더 우월한 능력의 소유자랄 수가 없다. 경제적인 능력도 여자가 더 우수한 경우가 허다하다. 이미 남자에게서 존경할 부분들은 상실되어 버렸더라도 남자에게 예속되어 복종해야 하는 가치관이 아직도 빛을 잃지 않고 있다면 갈등의 폭은 훨씬 더 넓어질 것이다.

셋째, 사랑하는 사람과 여자가 갖는 성관계는 친밀함과 결속이 더 중요하고, 쾌락은 부차적이다. 예전의 여자들은 자신의 성욕구가 없으면서도 남자가 요구하면 응해주어야 했다. 만족을 느끼는 남자를 통해서 대리로 만족을 느꼈다. 요즘은 부부 간에도 강간죄가 적용된다는 현실 앞에서 오늘의 여자들은 어떤 사고에 사로잡히게 될까? 이런 것들도 갈등 요인으로 자리잡아 있을 것이다. 다만 표현을 할 수 없을 뿐이므로 오히려 더 정신적인 고통을 겪고 있을지도 모른다.

넷째, 여자가 성적 호기심이나 관심을 가지는 것은 정숙하지 못한 행동으로서 부끄러운 일이다.

다섯째, 결혼한 여자는 남자가 성관계를 요구하면 응해주고 아이를 생산하는 것은 하나의 의무이다.

한 세대 전에는 공공연히 미덕으로 여기던 내용들이다. 지금 중년기에 접어든 세대들이 이런 가치관에 세뇌되어서 살았음은 부인할 수 없다. 이들은 70년대, 80년대의 변혁기를 거치면서 결혼관과 가정관에 대한 관점이 많이 변하였다. 그렇다고 하여 이들이 바뀐 가치관에 따라서 행동하는 것은 아니다. 옛 범주를 벗어나지 않으면서 죄사함을 받을 수 있는 죄만 짓고 싶어한다. 대부분의 중년들은 실제로는 죄사함을 받을 일이 없는 생활을 하고 있을 것이다.

수필은 중년기 여성들이 많이 쓰고 있다. 이들은 부부간의 이야기를 어떻게 쓰고 있을까? 내가 보기로는 거의 다루지 않고 있다. 그들이 한 세대 전의 가치관에 젖어서 바깥의 눈치를 보고 있는 한 내면의 솔직한 표현을 하지 않을 것이다. 솔직하게 표현하지 않을 바에야 아예 쓰지 않으려고 하였는지 모르겠다.

융의 논문에서 보았듯이 결혼의 이면에는 겉보기와 다르게 숱한 갈등을 간직하고 있다. 과도기를 살고 있는 오늘의 여인일수록 그 갈등은 훨씬 더 증폭되어 있을 것이다. 그런데도 부부 이야기를 솔직하게 표현한 글을 만나기가 무척 어렵다. '사함을 받을 수 있는 죄'를 짓지 않고 살아가는 것이 분명해 보인다. 사실 그럴까?

글쓰기를 활용한 정신치료의 방법은 자신의 욕구와 감정을 글쓰기에서 대면하는 것이 최우선의 순서이다. 왜냐면 죄짓기를 두려워하면 자신의 욕구를 대면할 수가 없다. 자신의 욕구를 억압하는데 익숙한 사람은 자신의 욕구와 감정을 낯설어 한다. 따라서 수필 작가는 자신의 욕구와 감정은 아예 무시해버린다. 자신의 감정은 그냥 한번 스치면 지나가는 바람처럼 하찮은 것이라고 여기는 것이 보통이다. 더 나아가서는 그런 감정을 느끼는 것조차 죄악이라고 생각하기도 한다. 그래서 수필에서는 아예 다루지 않는다. 오히려 멋진 남편 이야기만을 쓰고 있다. 그런 글쓰기는 거짓일 뿐 아니라 치료에도 아무런 도움이 안 된다.

  욕구와 욕망의 대면을 괴롭더라도 치르고 난 후에서야 나의 인격체로 긍정하는 방법을 강구할 수 있고, 받아들일 수 있다.

  하기야 아직은 우리 문화가 죄지은 자를 받아들이지 않기 때문일 것이다. 그렇지만 융은 중년을 문화를 만들어 낼 수 있는 연령기라고 하였다. 그뿐 아니고 오늘의 남자들은 예전보다는 많이 위축되어 있고, 가정의 파괴를 더 두려워하고 있다니까 서로가 설득이 가능한 새로운 문화도 가능할 것이다.

  멋진 문화를 담은 새로운 수필을 기대해 본다.

수필-마음을 찾아가는 긴 여행이다

　김국환이 부른 노래 가사에 "내가 나를 모르는데…"라는 구절이 나온다. 이 짧은 노랫말에서 두 사람의 '나'가 등장한다. '내가'와 '나를'이다. 여기서 '내가'와 '나를'은 알려는 주체로서 나와, 알려지는 대상으로서 나를 말하므로 분명히 다른 사람이다. 상식적으로 생각하면 '내가'는 페르소나(가면)로서의 '나'이고, '나를'은 가면이 인식하고자 하는 가면을 쓰지 않는 '나'라고 할 수 있다.
　어쨌거나 나를 찾는 일은 결코 쉽지 않다. 따라서 나를 찾기 위해서는 길고도 힘한 길을 여행해야 한다. 그러고도 딱히 찾아낸다는 보장도 없다. 안다는 것은 불교 용어로 식識이라고 하지만 식으로도 나를 정확하게 알 수가 있을까?
　가면을 쓰지 않는 우리의 내면은 양파처럼 여러 겹으로 싸여 있다고 하였다. 특히 히스테리 환자의 경우에는 증상이 핵심(核心-내면의 마음)을 겹겹이 둘러싸고 있으므로 병인을 찾아가는 일은 양파 껍질을 한겹, 한겹씩 벗겨내는 것과 같은 작업이다. 마찬가지로 우리의 마음도 껍질을 한겹씩 벗기면서 조심스레 찾아가야 한다.

일반적으로 핵심은 드러내기 부끄러운 것들로 구성되기 때문에 더더욱 깊이 숨어버린다. 자신을 둘러싸고 있는 껍질이 벗겨지는 것을 싫어하여 심한 저항을 한다. 이런 이유로 자기를 찾으려고 하여도 찾을 수 없는 일이 많다. 내가 나를 모른다는 것은 맞는 말이다.

 마음을 찾아가는 방법을 나타내는 불교 식 그림에 「십우도十牛圖」 또는 「심우도尋牛圖」라는 것이 있다. 소를 마음으로 상정하여 소를 찾아가는 방법을 그림으로 표현한 것이다. 「십우도」에 수필을 대비하면 어떤 여행길이 될까? 수필을 마음을 찾아가는 여행기로 쓴다면 어떤 글이 될까?
 수필을 통해서 마음을 찾아가는 여행을 나는 정신분석적인 방법을 전제하여 알아보고자 한다. 불교에서 말하는 식識은 사물과 자신을 하나로 연계하여 아는 것을 말하므로 정신분석과는 근본적으로 차이가 있지만, 「십우도」도 참고하려 한다. 오직 소를 찾아가는 것으로 상징하는 마음찾기를 수필에서 자기 성찰과 자아를 인식하는 방편으로 삼아보고자 한다.
 인간은 분명히 동물과는 다른 묘한 존재이다. '텔레비전'에 나오는 '동물의 왕국'이라는 프로그램에서 어린 원숭이가 부모를 따라 나무를 타다가 떨어져서 죽는 일이 더러 있었다. 땅에 떨어진 어린 원숭이를 엄마원숭이는 가슴에 안고 하염없이 들여다보고 있었다. 인간이 하는 행동과 하나도 다르지 않았다. 자식의 죽음에 대한 애도는 그것이 전부였다. 죽은 원숭이를 두고 그곳을 떠나고 나면 엄마원숭이에게 슬픔과 같은 애도는 일어나지 않는다고 하였다. 엄마원숭이의 마음에서 어린 원숭이는 아무런 흔적도 남기지 않고 영원히 떠나버린다.

  사람은 다르다. 자식을 땅에 묻는 것만이 아니고, '자식이 죽으면 가슴에 묻는다.'는 말이 있다. 인간은 슬픔을 왜 죽을 때까지 가슴에 끌어안고 다니느냐는 것이다. 인간은 자식의 죽음을 심리구조에 등록하여 오랜 시간을 '잉여 고통'으로 만들어서 갖고 다니며 애도한다. 잉여 고통은 우리의 마음을 아프게 하여 병들도록 하는 원인이 되는 수가 많다.

  우리가 마음을 찾아가고자 하는 것은 잉여 고통을 화두로 삼아서 '왜'를 풀어보고자 하는 것이다. 궁극적으로는 고통을 없애거나, 최소화하는 것이 목표이다.

  불교에서는 전통적으로 마음이 교리의 중요한 부분을 차지하고 있다. 마음을 어떻게 이해하느냐에서 정신분석과는 다른 점이 많지만 마음을 다룬다는 점에서는 상통하는 점도 있다. 수필쓰기를 마음을 찾아가는 여행이라고 할 때 이 둘은 모두 많은 도움이 된다. 선불교에서는 마음을 찾아가는 길을 「십우도」 또는 「심우도」라 하여 그림으로 그려서 나타내었다. 고대 인도인들은 소를 신성시하여 불교 교리에 소를 비유하여 자주 설명하고 있다.

  마음을 찾기 위해서 공부도 하고, 수행도 하여 용맹정진하므로 어느 순간에 깨달음을 얻는다고 하였다. 정신분석에서도 자기를 찾으려 성찰을 거듭하다보면 어느 순간에 자기의 본모습이 보인다고 하였다. 그 순간에는 자신도 모르게 '아하, 맞다.'라면서 무릎을 치므로 '아하 경험'이라고 한다. 아하 경험은 정신분석학에서 공인된 용어이다. 선불교에서 깨달음이라고 하는 것과 닮았다. 인간이 겪는 번뇌는 모두 마음에서 일어난다는 뜻의 일체유심조一切唯心造라고 하는 말도 '우리의 행동을 지배하는 것은 내면에서 웅크리고 있는 무의식이다.'라는 주장과 일맥상통한다.

「심우도」는 선불교에서 말하는 궁극적 이상을 그림으로 표현한 것이다. 인간이 주체로서 자아형성을 해나가는 과정을 단계별로 묘사하였다. 첫 번째 그림은 소를 찾아 나서는 그림이다. 소는 자신의 내면에 자리 잡은 마음, 즉 본성本性 또는 불성佛性이라고 하였다. 이동식 선생은 좀 더 구체적으로 감정이라고 하였다. 감정 중에서도 핵심 감정은 '적개심'과 '의존심'이라고 하였다. 이 감정은 서로 상반되는 감정이다. 상반되는 감정이 내면에 도사리고 있으면서 갈등도 일으키고 고통도 준다. 프로이트도 정신적으로 고통을 주는 감정은 어린 시절에 형성된 감정이 역동적으로 작용하면서 갈등을 일으키므로 나타나는 것이라고 하였다.

「심우도」에서는 잃어버린 소를 찾아나서는 것이 첫 번째 그림이다. 잃어버린 소는 바로 우리의 잃어버린 마음이다. 마음의 고통을 느끼게 해주는 원인이 되는 경험이기도 하다. 무의식적인 것이므로 의식으로는 알 수가 없다. 기억에서도 전혀 나타나지 않는다. 일반적으로 기억나지 않는 기억으로 존재하기 때문이다.

이동식 선생은 '고통'의 치료법으로 동양철학의 '도道' 개념을 도입하였다. 도道는 우리가 잘 알다시피 자연무위自然無爲 사상이다. 무위無爲는 '어떤 목적성을 가지고 일을 하지 않는다.' 라는 뜻이다. 도는 중국철학의 바탕을 이룰 만큼 기본적인 개념이므로 한 마디로 설명해 낼 수가 없다. 그러나 심리적 측면에서는 '집착執着하지 말자.'로

이해할 수 있다. '마음을 비운다' 라는 말로도 설명이 가능하지만 '아무 것도 하지 말고 삶을 포기한다.'는 뜻은 절대 아니다. 마음의 고통을 주는 어떤 것에 집착하지 말고, 즉 마음을 비우고 삶을 열심히 살아가자는 뜻이다.

도道 정신은 궁극적으로 이웃에 대한 관심이 있어야 함을 강조한다. 감정은 쥐 죽은 듯이 숨을 죽이고 가만히 있는 것이 아니다. 잠시도 쉬지 않고 역동적으로 움직인다. 더욱이 이웃과 서로 소통하고, 감정 교류가 있어야 정신적으로 건강하다. 이웃과 정서의 소통이 이루어지려면 마음에는 자비심이 있어야 한다.

핵심 감정은 눈에 잘 띄지 않는다. 잃어버린 소가 눈에 보이지 않으므로 찾아가기 위해서는 발자국을 찾아가야 한다. 수필쓰기는 바로 눈에 보이지 않는 '핵심 감정'을 찾기 위해서 발자국을 더듬어가는 것과 같다. 수필에 쓰여진 내용들이 '왜'라는 의문을 달게 되면 발자국이 된다.

내가 참여하고 있는 모임의 여 회원은 '사'자 직업을 가진 전문인이다. 큰아이가 초등하교 1학년인가 2학년인가이고, 유치원생과 서너 살쯤인 막내아들을 둔 엄마이다. 젊은 나이에 남편과 사별하고 세 아이나 데리고 혼자 살고 있는 모습이 무척 안쓰러웠다.

한번은 나에게 이런 이야기를 하였다. 서울의 본사에서 회의가 있어서 서울에 출장을 가면 서울시청 광장 바로 앞의 호텔에 숙소를 잡아준다고 하였다(이야기의 발단은 촛불집회가 화제가 되어서 이야기하던 중에 시청 광장 앞의 호텔이 대화에 등장하였다) 그러나 그는 그곳에서 잠을 자지 않고 밤늦게 대구에 내려와서 잠을 자고 꼭 두새벽에 다시 서울로 올라간다고 하였다. "얼마나 불편해요 호텔방

이면 꽤 편안할 텐데요." 하자, 그는 얘기하기가 좀 황당하다면서 말꼬리를 감추다가 결국은 그 호텔에서 잠을 자기가 무서워서 그런다고 하였다. 그 호텔에 잠을 자면 꿈에 꼭 귀신이 나온다고 하였다. 그래서 집으로 내려와서 아이들과 잠을 같이 잔다고 하였다. 덧붙여서 말하기를 "대구에 내려오는 것이 별로 힘들지 않아요. 요즘은 KTX가 있잖아요." 하였다.

그 젊은 엄마의 이야기를 듣고 있으면서 섬광처럼 머릿속을 스치는 것이 있었다. "어린 아이들과 떨어져서 자는 것이 불안해서 공연히 꿈 핑계를 대는 것이 아니에요?" "그 말도 맞아요. 그런데 한 번도 아니고 왜 몇 번이나 꿈에 귀신이 나와요?"

나도 설명할 수 없었다. 분명한 것은 엄마가 아이들과 같이 있고 싶었다는 말을 하였으므로 마음으로 그러고 싶은 것은 사실이다. 나는 그냥 웃으면서 "아이들과 같이 지내려면 귀신 꿈 핑계라도 대야 대구에 내려오기가 떳떳하잖아요."라 했다. 그 엄마도 그냥 웃었다.

엄마의 가슴 깊숙이 숨어 있는 핵심 감정은 아이와 같이 지내고 싶은 욕망이었을 것이다. 더 깊이 천착해 보면 아버지도 없는 어린아이를 혼자 있도록 내버려두는 것에 죄책감이 꿈틀거렸는지도 모른다.

그것이 엄마의 본심이었다면 의식 세계에서 그대로 표현하면 될 텐데 왜 귀신 꿈이라는 허황한 단계를 거치므로 설명하기 어렵도록 하였을까? 회사에 대한 의무라든지, 회사 동료들의 눈도 의식하여야 하고, 숙소까지 정해 주었는데도 대구까지 내려오는 비합리성을 의식적으로는 도저히 정당화할 방법이 없었을 것이다. 그것보다는 우선 의식세계에서는 자기 자신을 설득할 수가 없었을 것이다. 아이에게 내려가야 한다는 무의식적인 욕망이 해결책으로 귀신 꿈을 생산해내었을 것이다.

왜 귀신 꿈이었을까? 나로서는 알 길이 없다. 그러나 본인은 소를 찾듯 더듬어 보면 무슨 빌미가 잡힐지도 모른다. 아이들과 엄마 사이에 귀신을 매개로 하는 경험을 공유하고 있는지도 모른다. 아이들은 상상이 풍부하므로 귀신의 존재를 믿고 엄마 앞에서 두려워하였는지도 모른다.

이것을 「심우도」로 생각해보자. 내면의 마음은, 즉 엄마의 본심은 아이에 대한 죄책감일 것이다. 속죄의 방법을 강구하다가 엉뚱하게 귀신 꿈을 만들었을 것이다. 그는 귀신 꿈을 꾸고, 그것을 핑계로 아이들에게 내려오므로 무의식적인 욕망을 충족시켜 주었다.

그가 내게 처음으로 이야기하였을 때는 귀신 이야기만 하였지 아이들 이야기는 하지 않았다. 내가 아이에 대한 죄책감을 말하였지만 그는 전혀 의식하지 않고 있었다. 내가 아이와 같이 있고 싶은 욕망이 너무 강하였겠지 하면서 넌지시 떠보자, 그때서야 자기도 그런 것 같다고 하였다. 아이 핑계로 대구에 내려간다는 것은 자신도 숨기고 싶은 떳떳하지 못한 사실이었을 것이다. 그래서 귀신 꿈이라는 쇼를 하였을 것이다(물론 무의식적인 것이다).

그가 내게 한 이야기를 수필에다 그대로 묘사하였더라도, 수필의 내용에서 자기가 아이를 떼어놓고 잠을 자려니 죄책감 때문에 대구로 내려가야겠다는 쓰지 않았을 것이다. 무의식적인 감정은 자신도 모르기 때문이다.

정신분석적으로 말하자면 그가 내게 꿈 이야기를 하는 심리기전에는 자신에게 고통을 주는 마음속의 아픔에 도움을 달라는 신호인지 모른다. 수필로 이런 이야기를 담는다면 수필도 마찬가지로 도움을 요청하는 의미를 담는다. 독자가 읽고 무언가 도움을 줄 수 있다면 치료자로서 역할을 하게 된다.

수필을 읽는 독자도 작가의 아픈 마음을 공감하면서 파악해야 한다. 공감이라는 것은 독자가 작가의 내적인 감정에 자신의 감정과 주파수를 맞추는 것이다. 작가의 핵심 감정으로 들어가서 작가의 감정을 자신의 감정으로 공유하므로 작가를 이해하고 파악한다. 독자의 편에서는 작가의 마음을 공유하므로 자신의 마음을 찾아내기도 한다.

수필작가는 자신의 감정을 수필을 통하여 표현하고 나면 고통이 완화된다고 한다. 이것은 카타르시스 요법이다. 프로이트는 최면을 통해서 이 방법으로 치료해 보았다. 처음에는 증상이 호전되었다. 멀지 않아서 증상이 재발하였다. 프로이트는 새롭게 연구하여 '인간은 기억 때문에 고통스러워한다.'는 것을 알았다. 앞에서 말한 엄마도 엄마 없이 밤을 보낼 아이들의 기억 때문에 고통받았다. 사실을 그대로 기억하는 것이 아니고 '귀신 꿈'이라는 황당한 내용으로 변형되어서 나타났다. 이로써 프로이트는 아주 유명한 말을 남겼다. '증상은 기억의 상징이다.'

마음의 고통은 불면증으로, 우울증으로, 불안증으로, 여러 증상으로 나타난다. 이것은 고통을 주는 예전의 어떤 기억이 상징으로 나타난 것이다. 수필을 읽어보면 수필에서 표현하고 있는 작가의 고통스런 감정은 고통스러웠던 옛날의 어떤 기억이 상징화되어서 나타난 것이다. 상징을 통해서 핵심 감정을 찾아가는 긴 여행을 한다.

마음 치료는 카타르시스적인 일시적인 긴장 해소보다는 핵심 감정을 찾아가므로 근본적인 해결책을 찾아내어야 한다. 이것은 소크

라테스의 금언인 '네 자신을 알라.'를 실천하는 일이다.

누누이 말하지만 우리가 생각하고 있는 것, 믿고 있는 것, 옳다고 또는 사실이라고 믿고 있는 것들이 어떤 기억의 상징인 동시에 환상임을 깨닫는 것이 중요하다. 우리가 환상을 갖는 것은 '자기'라는 관념으로 만들어진 '자아'에 집착하기 때문이다. 선천적으로 가지고 태어나는 '자기보존 본능'은 자기를 보호하고, 지키려는 것으로써 자기에게 집착하는 것이 좋은 보기이다.

점수가 동점인 야구시합에서 9회 말 만루 상태에서 타자에게 날아온 공을 반사적으로 피하였다. 감독은 그 선수를 호되게 나무랐다. 공을 피하지 않고 맞았더라면 시합은 끝나기 때문이다. 이길 수 있는 상황에서 몸을 피한다는 것은 이해할 수가 없었다. 그러나 선수는 그런 것을 의식적으로 계산해보기 전에 무의식적으로, 즉 반사적으로 몸을 피하였던 것이다. 자기보존 본능의 발동인 것이다.

자기 자신을 좋아하는 감정의 발로를 자기애(나르시시즘)라고 한다. 심리적으로는 성욕이 자기에게 향한 것이라고 하지만, 어쨌거나 사람은 누구나 자기를 사랑하고 좋아한다. 자기보존 본능과 자기애는 모두 자기를 향한 애정이므로 '아집'의 근원이다.

「심우도」에서 소를 찾아서 집으로 데리고 온 후에 다시 소를 잃어버린다. 그리고는 세상에 보시를 하여 자비를 베풂으로써 통합된 인격체로 완성이 된다. 보시와 같은 자비심도 자기애의 발현이라고 설명한다. 남에게 베풂으로써 자기 자신의 마음에 기쁨을 주는 것이므로, 남에게 선행이라기보다는 자기의 기쁨을 위하여 하는 행위로 설명한다. 자기애의 또 다른 방식의 표현인 것이다.

자원봉사처럼 사회적으로 바람직한 일로 평가받아서 수용하는 행위를 하므로 자기 기쁨을 얻는 행위는 자기애의 '승화(마음을 다스리는 방법을 사회적으로 수용하는 방법을 택할 때는 승화라고 한다.)'라고 한다. 이것은 자신의 마음을 찾아서 궁극적으로 정신치료를 얻을 수 있는 긍정적인 방법이다. 보시를 하거나, 자원봉사를 하는 사람이 자기 기쁨을 느끼지 못하면 절대로 그 일을 지속하지 못한다. 예술도 같은 뜻으로 설명한다. 가난한 예술가가 예술작업을 계속하는 것은 자기 기쁨을 느끼기 때문이다. 우리를 둘러싸고 있는 사회의 가치관이 그만큼 개인에게 영향력이 크다.

우리는 어떤 사물을 판단하고 나의 가치관으로 받아들이는 과정에서 앎識이 작용한다. 앎은 알게 모르게 우리가 살아오면서 사회로부터 받아들인 가치관이 작용한다. 이것은 습기가 우리 몸에 배어 들어와서 쌓여있는 것과 같다. 불교에서는 훈습이라고 한다. 이것을 더 직접적으로 설명하자면 나도 모르게 습관으로 우리 몸에 스며들어서 우리의 행동을 지배하듯이 우리가 판단을 결정하는 요소도 우리의 삶으로부터 우리에게 스며들어 있다. 나의 판단도 훈습되어서 내리는 하나의 환상인 것이다. 내가 옳다고 주장하는 일이 모두 훈습된 '환幻'임을 알고 나면 다른 사람의 주장도 받아들이는 아량이 생긴다.

우리의 마음을 둘러싸여 있는 껍질은 몇 겹이 되는지도 모른다. 양파 껍질보다 더 많이 둘러싸고 있다. 그래서 세상은 진실 그대로 바라보지 못하고 양파껍질을 통하여 하나의 환幻으로 바라보게 된다.

환상이라고 하여 무조건 잘못된 것은 아니다. 인간은 근본적으로 환상에서 벗어날 수 없다. 환상은 우리의 결핍을 메워주는 긍정적인 역할도 한다. 프로이트는 우리 인간이 근본적으로 환상에서 벗어날 수 없다. 다만 잘못된 환상과 마음치료에 긍정적인 환상으로 나눌 수 있을 뿐이다. 라고 하였다.

좀 더 구체적으로 말하자면 프로이트는 정신분석 이론에 '거세'이론을 도입하였다. 우리는 세상을 건강한 정상인으로 살아가기 위해서 세상에서 요구하는 법을 지켜야 한다. 법을 지킨다는 것은 나의 욕망을 억제하여야 한다는 뜻이다. 억제하지 않으면 처벌을 받기 때문에 욕망을 억압하여야 한다. 이렇게 억압하는 것을 거세라고 말하였다. 법이라는 말 대신에 아버지라는 말도 같은 뜻으로 사용한다.

법은 우리에게 두려운 존재이다. 그러나 욕망을 거세하고 법을 잘 지키기만 하면 법(아버지)을 두려워할 이유가 없다. 두려움의 아버지는 두렵지 않는 긍정적인 아버지로 바뀐다. 대신에 마음 속에는 채워지지 않는 욕망이 억압되어서 빈자리를 만들고 있다. 이 자리를 환상으로 메워주고 있다. 메워주지 않으면 욕망이 꿈틀거려서 법을 위협하기 때문이다.

욕망을 추구하는 환상을 나쁜 환상이라고 한다면 법을 잘 따르고 아버지를 무서워하지 않는 환상은 치료효과가 있는 환상이다. 부정적인 환상을 긍정적인 환상으로 바꾸는 것이 정신치료이다.

이동식 선생은 부정적인 핵심 감정을 긍정적인 핵심 감정으로 바꾸어서 마침내는 타인에게 자비심까지 베푸는 단계에 이르도록 하는 것이 정신치료라고 하였다. 욕망적 환상에 투여되었던 정신에너지가 사회에서 수용하는 에너지로(예술이나, 자원봉사 따위의)방향을 돌리게 되면 '승화'라고 말한다. 이것이 치료의 목표이다.

마지막으로 서산대사가 불교 경전을 해석하는 말을 소개하면서 마음을 찾아가는 여행을 마무리하겠다.

> 마음은 요술쟁이이다. 몸은 환상의 성이요, 세계는 환상의 옷이며 이름과 형상은 환상의 밥이다. 그뿐 아니라, 마음을 내고 생각을 일으키는 것, 거짓이라, 참이라 하는 어느 것 하나 환상이 아닌 것이 없다. 시작도 없는 환상, 즉 무명이 다 본마음에서 나온 것이다. 환상과 실체가 없는 것은 허구와 같으므로 환상이 없어지면 그 자리가 곧 부동지이다. 꿈에 병이 나서 의사를 찾던 사람이 잠을 깨고 나면 근심걱정도 모두 사라진다. 모든 것이 환상임을 아는 사람은 바로 이런 사람이다.

수필을 쓰면서 마음을 찾는 여행을 할 때 자신에게 고통을 주는 모든 것이 환상임을 깨닫는 것이 곧 마음을 치료하는 것이다.

수필 쓰는 것도 「심우도」를 그리는 과정으로 생각하면 치료효과를 얻을 수 있다.

수필은 사실을 쓰는 것일까?

　수필은 작가의 회상이 토대가 된다. 수필의 특징 중에 하나는 대부분이 과거형으로 쓴다는 것이다. 경험－기억－회상의 단계를 거쳐서 문자로 기록된 것은 모두가 과거의 경험이기 때문이다. 과거형의 동사를 사용하는 글은 회상하는 현재와 사이에 시간이 가로놓여 있다. 회상은 시간의 강을 건너야 하므로 사실이라고 단정하기에는 무리가 있음을 최근에야 알았다.
　나의 첫 수필집을 『떠내려 간 고향』이라고 이름 붙였다. 고향을 떠난 지 20여 년 만에 찾아가서 만난 모습은 기억 속에 남아있는 고향과 달라져 있었다. 내가 다녔던 시골의 초등학교를 찾아 갔을 때 내가 기억하고 있는 운동장과는 너무 달랐다.
　나는 학교에서 멀리 떨어진 마을에 살았다. 초등학교에 입학하던 날, 어머니의 손을 잡고 학교를 찾아갔을 내가 제일 놀란 것은 바다보다도 더 넓어보이던 운동장이었다. 그 기억은 고향을 떠나서 도회지에 살고 있을 몇십 년 동안 아주 선명하게 각인되어 있었다. 삶이 고달플 때마다 떠오르던 모습이었다. 운동장의 이쪽 끝에서 저쪽 끝까지는 가물가물하게 보일 만큼 멀었다. 달음질하여 달려가면 숨이 헉헉 막힐 지경이었다. 운동회날이면 우리 고을 사람들이 모두 모였는데도 여유가 있는 터였다.

그 운동장이 손바닥만큼이나 좁아져 있었다. '이게 운동장 맞아?'라면서 몇 번이나 반신반의하였다. 도랑물이 흐르는 학교의 동쪽은 측백나무가 여전히 예전처럼 줄지어 서있었다. 운동장의 구석자리에는 잎이 큰 플라타너스 나무도 그대로 서 있었다. 그런데도 왜 이리 낯설기만 할까?

내가 기억하고 있었던 것이 사실이 아니었다. 좁아진 운동장을 바라보았을 때 내 기억 속에 담겨 있던 것들은 모두가 허상처럼 느껴졌다. 우리의 기억에는 환상이 사실과 뒤섞여서 담겨진다는 것을 몰랐다. 지금의 느낌을 내 수필에 담으면서 수필집을 『떠내려 간 고향』이라고 이름 지었던 것이다. 내가 기억하고 있던 고향이 떠내려가 버리고 없더라는 뜻이지만, 고향은 그곳에 변함없이 그대로 있었지만 환상의 영향으로 내 기억이 변조하고 왜곡하여 담고 있었던 것이다. 실제의 고향은 내 유년에 많은 아픔을 주었는데도 나는 그냥 아름답게 바꾸어서 기억하였다. 고향을 떠난 내 생활이 고달프고 힘들면 나는 고향의 기억에 살도 붙이고, 장식도 하여서 진실과는 자꾸 멀어져 갔다. 그래야만 고향은 유토피아가 되어서 내가 위로를 받을 수가 있었다.

1899년에 프로이트는 폴리스에게 편지를 보내면서 처음으로 '덮개-기억'이라는 개념을 동원하였다. 내용은 1897년에 대학교육까지 받은 38세의 남자로서 심리학에 관심이 많던 사람을 정신분석하여 논문을 발표하였다. 분석 대상자인 38세의 남자는 프로이트 자신이었고, 분석하여 논문을 발표한 사람도 프로이트였다. 말하자면 자가분석을 하였던 것이다.

이 논문은 수필을 쓰는 사람에게 상당히 의미가 있다는 생각이 들어서 소개하려고 한다. 분석하는 사람과 분석당하는 사람이 동일인일 때는 자가분석이다. 프로이트는 스스로 분석하여서 유년의 기억은 사실을 기억하는 것이 아니라는 것을 알았다. 그의 분석은 여기에서 시작한다.

유년시절의 기억이 아주 선명한데도 내용은 보잘것없고, 사소한 것들이 대부분이었다. 숨길 것도, 부끄러워할 것도 없는 기억이기 때문에 당당히 이야기할 수가 있었다. 우리 수필도 고향 이야기를 아주 당당하게 쓴다.

아주 어린 나이에 뒷산에 올라가서 진달래를 꺾었던 일을 바로 어제의 일처럼 생생하게 기억하는 사람이 있었다. 가족의 말로는 바로 그때 손자를 끔찍이 귀애하던 할머니가 죽었다고 하였다. 이 사람은 할머니의 죽음에 대해서 전혀 기억하지 못하였다.

여기에 두 가지의 특징이 있다. 사소한 일은 너무 선명하게 기억하고 있는 것과 정작 자신에게 심리적으로 영향을 주었을 법한 할머니의 죽음은 망각의 늪 속으로 빠뜨려버렸다는 사실이다. 기억과 망각 사이에 서로 연결고리가 있는 것도 아니다. '덮개-기억'이라는 개념으로 보면 선명한 기억은 무언가를 숨기기 위해서 의도적으로 뚜렷하게 기억되는 것 같다. 선명한 기억은 다른 기억을 숨기고 있으므로 '은폐-기억'이라는 말도 쓴다. 만약에 마음에 고통을 주는 기억을 감추어버리기 위한 심리기전으로 선명한 기억이 나타나는 것이라면 덮개-기억은 은폐된 기억을 찾아 갈 수 있는 단서가 될 수 있다. 「십우도」에서 잃어버린 소를 찾아 나서면서 발자국을 찾아가는 것과 같을 수 있다.

수필쓰기에서 거리낌없이 표현된 것은 숨겨진 기억이 아니다. 어쩌면 덮개-기억일지도 모른다. 선명한 기억을 발자국으로 하듯이 수필의 표현을 발자국으로 하여 자가분석을 해보아야 한다. 선명한 기억 뒤에 숨어 있는 기억을 찾아가야 한다. 수필에 표현된 내용이 고통을 감추기 위한 덮개-기억이라면 이것을 바탕으로 자유연상의 방법을 이용해 볼 수도 있다.

나는 왜 운동장의 시원한 플라타너스 나무만 기억하고 있을까? 바다보다 더 넓게 느꼈던 운동장에서는 어떤 경험을 하였을까? 우선은 체육시간이 떠올랐다. 그때나 지금이나 운동신경이 둔한 탓에 체육시간을 정말 싫어하였다. 6·25 와중에 학교를 다녔으므로 형뻘이 되는 학생이 동급생이었다. 철봉에 매달려서 거꾸로 오르기를 할 때였다. 데롱데롱 매달려 있으니까 선생님이 "이 녀석은 궁둥이가 왜 이리 무거워"하고 발로 툭 차던 순간에 반 아이들이 배를 쥐고 까르르 웃었다. 그때의 창피스런 마음은 오래도록 나를 부끄럽게 하였다. 그래서 내 기억에서 운동장의 철봉은 사라져버리고, 그늘에서 친구들과 재잘거리며 놀았던 플라타나스 나무만 담겨 있는지 모른다.

한번은 형뻘 되는 동급생들이 여학생도 있는 앞에서 성과 관계되는 말로 모욕을 준 일이 있었다. 그때 나는 홍당무가 되어서 어쩔 줄을 몰라 하였던 부끄러운 기억도 떠오른다.

왜 그렇게 부끄러웠는지는 기억나지 않는다. 내 마음을 더 깊이 찾아들어가 보면 아마 내가 좋아하던 여학생이 그곳에 있었는지도 모른다.

그렇다면 고향의 학교 운동장은 나에게 어떤 의미를 전해주는 것일까? 아직은 초등학교 운동장이 내 기억에 선명하게 남아 있는 이유를 찾아내지 못하고 있다.

문학은 작가의 의식을 표현한 것이다. 수필을 쓰는 과정을 되짚어 보면 문장 표현의 하나 하나에도 작가의 의식이 투여된다. 그러나 작가의 무의식도 수필 속을 칼날처럼 날카롭게 관통하고 있다고 하였다. 작가가 수필에 표현하는 내용들은 드러내기 부끄러운 것들은 보이지 않는다. 조금이라도 나에게 손상을 줄 만한 것들이면 걸러버리므로 표현된 것들은 흔한빠진 내용이어서 작가의 개성이 보이지 않는다. 이 작가의 글이 아니더라도 흔히 만날 수 있는 평범한 것들로 채워져 있다.

일반적으로 문학 작품에는 표면적인 줄거리의 뒤쪽으로 다른 이야기가 또 하나의 흐름을 형성한다고 한다.

수필작가에게 당신이 쓴 글이 사실에 입각한 것이 맞습니까?라는 질문을 하면 화를 낼 것이다. 수필에서는 허구가 허용되지 않기 때문이다. 작가 자신이 자기의 기억을 사실이라고 믿고 있으면 아무도 시비를 걸 수가 없다. 그것은 사실이 된다.

그런데 여기에 시비를 걸고 나온 사람이 프로이트이다. 그는 인간의 기억에는 환상이 스며들어 있다는 사실을 알고 엄청난 충격을 받았다고 고백하였다. 그는 우리의 기억은 사실이거나 진실이기보다는 환상과 욕망으로 생겨난 것이라고 하였다.

마음이 아파서 고통받는 사람은 자신의 기억이 사실이라고 확신함에서 온다고 하였다. 그래서 곧 기억이 곧 증상이라고 하였다. 기억이 환상이라는 거짓으로 채워져 있다는 사실을 깨닫는 것이 치료이다.

14세 때 겪었던 일을 30년이 지난 후에 쓴 글을 읽어보기로 하자.

    오래전 어느 여름의 일을 기억한다. 내가 열네 살 때였다. 여름휴가를 맞아 어머니, 펄 이모와 함께 펜실바니아에 사는 조 외삼촌 댁에 갔다. 어느 햇빛 찬란한 아침, 잠에서 깨어보니 어머니가 수영장 물에 빠져 돌아가셨다.
    이것은 실제로 일어난 진실이다. 그러나 이야기적 진실은 전혀 다르다. 마음속으로는 여러 번 그때의 장면으로 돌아가곤 했는데, 돌아갈 때마다 그 기억에는 살이 붙었다. S는 시원하게 늘어진 늘어선 소나무들을 보고 신선한 나무 타르 냄새를 맡고, 녹조류 빛깔의 호수 물을 살갗에 느끼고, 조 외삼촌이 만든 갓 짠 레몬즙을 넣은 아이스티 맛도 느낀다. 그러나 어머니의 죽음에 대한 기억은 언제나 흐릿하고 막연하였다.
    나는 어머니의 시신을 본 적이 없었기 때문에 어머니의 죽음을 머릿속에 그려볼 수가 없었다. 어머니에 대한 내 마지막 기억은 돌아가시기 전날 저녁, 살금살금 다가와 나를 확 껴안고 '사랑한다.'고 속삭이던 모습이다.
    그로부터 30년이 지나 조 외삼촌의 아흔 살 생일파티에서 친척 한 명이 내게 말해 주었다. 내가 수영장에서 어머니의 시신을 처음 발견한 사람 중의 하나였다고 말이다. 최초의 충격. 아냐, 발견한 건 펄 이모이고, 나는 자고 있었어. 난 아무 기억도 없단 말이야. 친척이 가신 뒤 나는 기억을 거슬러 올라가기 시작하였다. 타들어 가는 캠프파이어 연기처럼 서서히 예측 불가능하게 번져가는 기억 속에서 나는 볼 수 있었다. 검은 머리의 야윈 소녀인 내가 깜박이는 경찰차 불빛이 비치는 수영장을 들여다보고 있는 모습을, 나이트 가운을 걸친 어머니가 얼굴을 아래로 하고 물 위에 떠 있었다. '엄마?' '엄마?' 몇 번이고 엄마를 부르는 내 목소리가 공포로 점차 커지더니 비명소리로 변한다. 경찰차의 번쩍이는 불빛과 깨끗하고 흰 담요를 말끔히 둘러싸인 시신이 놓인 들것도 떠오른다.

이치에 어긋나는 것은 하나도 없었다. 내가 늘 어머니 죽음을 둘러싼 주변 상황에만 사로잡혀 있었던 것도 당연했다. 기억은 늘 그 자리에 있었지만 내가 거기까지 미치지 못하였던 것이다. 이제 새로운 정보로 인해 모든 조각이 끼워 맞춰졌다. 어쩌면 잃었다 되찾은 이 기억이 기억 왜곡에 집착, 강박적인 일중독, 안전과 무조건적 사랑에 대한 채워지지 않는 내 갈망을 설명해줄지도 몰랐다.

나의 이런 기억은 사흘 동안 몸집을 불렸다. 그러던 어느 이른 아침에 남동생이 전화를 걸어왔다. 외삼촌이 사실을 확인해 보았더니 자기가 실수했음을 깨달았다는 말을 전했다. 외삼촌이 잠시 착각을 일으켜서 기억을 잘못한 것이라고 하였다. 다시 생각해보니(다른 친척도 그렇다고 확인해주었다) 펄 이모가 수영장에서 어머니의 시신을 발견하였다는 것이다.

전화를 끊은 뒤에 나는 바람 빠진 풍선처럼 쪼그라든 기억을 끌어안고 나처럼 의심 많은 사람초자 어쩔 수 없이 마음의 본연이 쉽게 속는다는 사실에 놀랐다. 그저 하나의 암시가 무심코 주어졌을 뿐인데, 나는 그 정보를 뒷받침할 무언가를 찾아 절실히 내면을 헤집고 다녔다. 그 기억이 거짓으로 드러났을 때 나는 내가 꾸며낸 이야기적 진실이 생생한 색채와 화술에 묘한 동경을 느꼈다.

우리의 기억에는 실제의 진실도 있고, 이야기 속의 진실도 있다. 실제로 일어났던 일을 가감 없이 그대로 기억하는 것이 실제의 진실이다. 이야기적 진실은 사실 여부와 관계없이 기억에 온갖 살을 붙이고, 장식을 하여서는 사실이라고 믿을 때의 진실이다.

우리가 수필을 쓸 때도 기억에 많은 살을 붙이고, 장식을 하고, 감정을 쏟아 붓는다. 이럴 때는 이야기적 진실이 되어 버린다.

작가는 자신이 쓴 글을 다시 한 번 꼼꼼하게 따져보면 무의식적인 욕망이 포함되어 있는 것을 알 수 있다. 환상이란 현실과는 대립되는 상상으로 나타나는 것이다. 히스테리 환자나 편집성향의 사람에게 잘 나타난다. 편집성향의 사람이 기억하고 있는 내용을 프로이트의 논문을 통해서 알아보기로 하자.

한 젊은 여인이 경찰서에 남자를 고발하였다. 조사를 하던 형사는 뭔가 석연찮은 점이 있어서 프로이트에게 정신감정을 의뢰하였다.

그 여자는 남자 애인을 두 번 만났다. 두 번째 만났을 때 그 여자에게 환상이 나타났다. 남자 애인과 정사를 즐기고 있는데 커튼 뒤에서 찰칵하는 소리가 들렸다. 실제로 소리가 났는지 그 여자의 환청이었는지는 모르지만 그 여자는 분명히 소리를 들었다고 하였다. 그 여자는 그 소리에 신경이 곤두서서 애무를 중단하였다. 남자는 시계 소리라면서 대수롭지 않다는 투로 말하였다. 하여간에 기분이 상한 여자는 남자와 헤어져서 계단을 내려왔다. 그때 두 남자가 보자기에 무엇을 싼 것을 들고 계단을 올라갔다. 그 순간 여자는 보자기에 싼 것은 사진기라고 생각하였다. 커튼 뒤에서 찰칵 하고 난 소리는 자기들의 정사 장면을 촬영한 소리라고 생각하였다. 이것은 남자 애인이 그 남자들과 공모해서 자신을 협박하기 위한 음모라고 믿었다. 이것이 고발한 이유였다. 남자 애인은 사실이 아니라면서 펄쩍 뛰었다.

이 이야기에서 앞의 어머니의 죽음을 기억하는 여자와 유사점이 있다. 모두 사실이 아닌 것을 어떤 계기로 상상을 통하여 사실로 인식한다는 것이다. 앞의 계기가 상당히 구체적인 사실에 입각한 것이라면, 이 여자는 순전히 상상에 의한 것이라는 차이점이 있지만 기억이 왜곡되는 기전은 아주 닮았다.

상담을 거부하는 여자를 억지로 구슬려서 한 번 더 이야기를 나누었다. 그 남자를 어떻게 만났느냐고 질문하였다.

그 남자는 여자의 직장 동료이었다. 그 남자와 첫 정사를 즐기던 날에 남자 애인이 자신의 직장 여 상사와 다정하게 이야기를 나누는 것을 보았다. 그 순간 여자는 갑자기 자기의 애인과 상사와 오래전부터 서로 잘 알고 지내는 사이라는 생각이 들었다. 그는 애인이 자기를 사랑해서가 아니고 단지 즐기기 위해서 농락한 것이라고 믿었다. 이런 것은 우리가 '질투 망상'이라고 한다. 망상이라는 말이 뜻하듯이 바로 환상인 것이다. 망상이라는 말에는 '병적이다'라는 뜻이 들어 있지만, 질투심은 어느 누구나 모두 갖고 있는 정상적인 심리기전인 것이다.

오래전에 나와는 아무런 관련이 없는 사람이 자꾸 눈에 거슬렸다. 그의 행동 하나 하나가 모두 나를 기분 나쁘게 하였다. 공연히 그 사람은 나쁜 사람이다 라는 식으로 생각하였다. 나와는 아무런 관련이 없는 사람인데도 왜 그런 생각이 들었는지 모른다. 솔직히 말해서 내가 예쁘고 괜찮다고 생각했던 여자가 그 남자와 무척 친하게 지낸다는 사실이 그런 생각을 하도록 한 것 같다. 그 여자는 모임의 같은 회원이긴 하여도 물론 나와는 아무런 관계가 없는 사람이었다. 질투심이 멀쩡한 사람을 엉뚱하게도 나쁜 사람으로 만들었던 것이다. 그렇다고 하여 내가 나쁜 사람이라고도 생각하지 않는다. 이것은 정상적인 심리기전이기 때문이다. 그래서 우리는 정상인과 비정상인을 명확하게 구분할 수 있는 선을 그을 수가 없다고 하지 않는가.

수필을 읽다보면 좋은 사람과 나쁜 사람을 분명하게 구분하여 서술한 글을 자주 본다. 이런 경우도 작가는 스스로 그 이유를 따져볼 필요가 있다. 질투심 같은 구체적인 원인이 보이지 않더라도 무의식적인 적개심이 나타난 것인지도 모른다. 그렇다면 적개심을 일으킨 심리적인 이유가 있을 것이다.

프로이트를 찾아오기 전까지는 환자가 아니었다. 자신은 마음의 병을 앓는다는 사실을 전혀 모르고 있었고, 주변 사람도 그렇게 생각하고 있지 않았기 때문이다. 이런 질투심은 정상인도 모두 가지고 있다. 나의 애인이 다른 여자와 다정하게 이야기하고 있는 것을 보고 질투심을 느끼지 않는다면 그것이 오히려 병적인 것이 아닐까?

프로이트는 상담을 계속하면서 직장의 상사는 여자의 늙은 어머니를 닮았다는 사실을 알았다. 직장 상사는 홀어머니처럼 혼자 살고 있었고, 머리도 하얗게 세어 있었다. 여자의 상사는 바로 어머니의 상징이었다.

프로이트는 이 여자가 정신병적인 망상을 하게 되는 기전을 아주 길게 설명하고 있지만 전문적인 내용이라서 여기서는 더 이상 설명하지 않겠다. 어쨌든 그 여자는 질투심이 병적으로 강화되어 있었던 것이 원인이었다.

이 사례에서 환상이 나타난 것은 질투심에서 비롯되었다는 것과, 우리도 언제든지 병적인 환상에 빠져들 수 있다는 사실을 말하고 있다. 실제로는 본인도, 주변 사람도 정상으로 생각하고 있지만 이런 종류의 환상 때문에 고통받고 있는 사람들이 많다고 한다. 흔히들 나는 상대방을 끔찍하게 사랑하고 있기 때문이라고 핑계를 대지만 사실은 자기 합리화하는 변명일 뿐이라고 말한다. 그런 심리 상태는 상대를 구속하여 괴롭게 하지만 정말 고통을 받는 사람은 사랑을 핑계 대는 사람이 더 심한 아픔을 겪는 사람이다.

마음이 아프면 우리의 몸에도 여기저기에서 고장이 났다고 신호를 보내온다. 실제로 몸에 고장이 난 것이 아니면서도 고장이 난 것처럼 흉내를 낸다. 그래서 질병이라고 하지 않고 증상이라고 한다. 소화도 안 되고, 걸핏하면 체했다고 한다. 늘상 머리도 아프고, 팔다리가 힘이 없다면서 나른해 한다. 얼굴 표정은 어둡고 생기가 없다.

이런 경우를 심인성心因性이라고 한다. 일반 사람들은 병원에 가니까 신경성이라고 하더라 한다. 내과를 찾는 환자의 60~70%가 심인성이라는 보고도 있을 정도이니까 우리를 괴롭히는 마음의 병이 생각보다는 아주 많다. 우리 자신은 자기도 모르게 심인성 질환을 앓고 있는 환자인지도 모른다. 가장 흔한 질병으로는 히스테리를 꼽는다. 강박증도 거의 대부분의 사람이 조금씩은 갖고 있다(흔히 모든 여자는 히스테리 환자이고, 모든 남자는 강박증 환자라는 말도 한다). 이런 경우는 약물로 치료되는 것이 아니다. 근본 치료는 자기 성찰을 통해서 자기를 아는 일이다. 자기를 둘러싸고 있는 현실을 긍정하고, 자기를 아프게 하는 현실적인 병인을 자기의 인격으로 통합하여 받아들이는 것이다. 나는 치료법에 가장 적합한 것이 수필쓰기라고 믿는다.

심인성이라고 하는 것은 실제로는 마음이 아픈 것인데 몸이 대신 아파준다고 생각하면 된다. 약으로 몸을 다스리는 것은 아무런 의미가 없다. 일시적으로 육체적인 고통을 경감할 수는 있지만 근본 치료는 할 수 없다. 몸이 대신 아파 줄 동안에 마음은 몸의 고통 뒤에 숨어서 그 증상을 즐기고 있다. 왜냐면 육신의 고통으로 마음이 자기의 아픔을 잊으려 한다니까 아무리 몸에 대한 약물을 투여해도 치료가 될 리가 없다. 그래서 마음의 병을 앓는 사람을 '증상을 즐긴다.' 라는 말을 한다. 몸이 아파주지 않으면 마음이 그 아픔을 바로 떠안아야 하기 때문이다. 약물로는 근본치료가 안 되는 이유이다. 증상을 즐기고 있는데 치료가 쉬울 리가 없다.

환상은 우리의 욕망과 관계가 깊다. 무의식 속으로 억압시켜버린 것이 의식 세계로 되돌아오면서 나타나는 현상이기도 하다. 의식세계로 귀환할 때는 수용이 가능한 것인지를 검열한다. 검열받아야 할 욕망이 의식세계에서 받아들이기가 힘든 것일수록 더 심한 변화와 왜곡이 나타난다. 검열의 강도가 강할수록(더 양심적인 사람일수록) 환상에서 더 심한 왜곡이 되어서 나타난다. 엄한 가정에서 자란 사람이거나 너무 엄한 종교에 매여 있는 사람일수록 환상은 더 많이 비틀어져서 나타난다.

환상에는 틀림없이 어떤 의미가 있다. 환상의 표현이라는 수필에도 반드시 의미가 들어 있다. 스스로 자신을 다스리고 마음을 다스리는 것이(자가분석) 마음의 고통을 다스리는 방법이라면, 수필은 아주 좋은 방법이 된다. 수필에 쓰여 있는 덮개-기억을 단초로 하여 은폐된 기억을 찾아가는 것은 「심우도」에서 발자국을 따라 소를 찾아가는 방법과 같다.

우리의 기억은 얼마나 사실일까?

　수필은 기억을 바탕으로 쓰는 글이다. 어느 누가 자신의 기억을 거짓이라고 생각하겠는가? 자신의 기억은 진실이고, 사실이라고 믿는다. 왜냐하면 기억의 의미는 경험한 것을 의식 속에 보관하거나 다시 생각해내는 것을 말하기 때문이다. 의식 속에 지니고 있다는 것은 마치 사진을 찍어서 필름에 보관하는 것과 같은 의미이다. 거짓이니 허구니 하는 말이 끼어들 틈이 없다.
　프로이트는 히스테리를 연구하면서 환자들의 기억 속에 어린 시절에 가까운 사람에게 성 유혹이나, 성추행을 당한 장면들이 끼어 있다는 사실을 알았다. 히스테리 환자의 증상은 억압해두었던 성추행의 기억이 무의식적으로 작용하여 일으키는 것으로 생각하였다. 그러나 나중에 억지로 끄집어 낸 기억이 과연 진실한가에 회의가 생겼다. 환자들은 환상과 실제의 기억을 잘 구별하지 못한다는 것을 알았다.
　기억에 환상이 끼어든다면 과연 기억을 진실하다고 할 수 있을까 하는 의문을 제기하였다.

기억에 관한 또 하나의 이론이라면 '억압된 기억'이라는 것이다. 의식적으로 받아들이기가 너무 고통스러운 기억은 의식에 아무런 흔적도 남기지 않고 무의식으로 밀어넣어 버린다는 것이다. 어느 순간에는 그 기억이 의식 속으로 떠오를 수 있다는 주장이다. 이 이론에 의하면 기억은 망각과 기억이라는 사실에만 의존하고 있을 뿐이지 진실이냐 허구냐 하는 문제와는 관계가 없어 보인다. 기억되는 것은 사진 필름에 담아두었던 영상을 현상하여 드러내는 것과 같으므로 진실이라고 주장한다. 기억이란 목판에 새겨 둔 글자처럼 영구불변이라는 생각을 하였다. 모든 기억은 뇌에 저장해두었다가 그대로 출력할 수 있다고 믿었다.

1990년의 미국에서 상실된 기억을 불러내는 심리치료가 유행하였다. 억압으로 망각된 기억을 심리치료로 되살릴 수 있다는 것이다. 이 치료 방법이 사회적 파장을 일으킨 까닭은 되살려 낸 기억이 어릴 때 성폭행이나 성추행을 당한 내용이었기 때문이었다. 이것은 프로이트가 히스테리의 원인으로 '성욕동' 이론을 주장하므로 빌미를 제공하였다. 일반적으로 유년기의 성추행이나 성폭행은 가해자가 근친인 수가 많다는 '근친상간 이론'으로 가까운 가족들이 가해자가 되었다. 수십 년 간 묻어두었던 기억을 되살려 낸 결과가 조용하던 가정을 풍비박산으로 만들어 버렸다.

유년기의 상실된 기억을 복원하는 것은 물론 정신분석 치료의 목표 중의 하나이다. 잊혀진 기억은 회상과 내용이 일치하였다. 잊혀진 기억을 회상할 때 회상되는 심리기전을 이해하면 불러온 기억이 사실과 일치하지 않는다는 것을 쉽게 알 수 있다. 이미 프로이트가 회상 기억은 사실 그대로가 아니라는 주장을 하고 있었다.

기억을 억압하여 버릴 때는 기억이 의식에 남아 있어서는 안 되는 이유가 있다. 그러나 강제로 눌러 둔 기억은 위로 떠오르려는 힘이 당연히 남아 있다. 그러나 누르는 힘이 더 강하면 망각의 늪에서 빠져나오지 못하고 망각된 상태로 지속된다.

세월이 지나서 어느 순간이 되면 누르는 힘이 약해져서 가라앉아 있던 기억이 본래의 모습으로 불쑥 솟아오르는 것은 아니다. 여전히 누르고 있는 힘의 눈치를 봐야 한다. 즉 검열을 받는다는 뜻이다. 검열을 통과하기 위해서 검열이 요구하는 조건과 타협을 한다. 이로써 기억은 이전의 이미지나 생각 위에 새로운 내용이 추가되어서 그 내용이 달라진다. 즉 기억의 본질이 얼마든지 바뀔 수 있다. 욕망이나 검열의 요구를 수용하여 기억의 내용을 새롭게 재구성한다. 재구성이란 각본을 쓰는 것과 같다. 상상적 각본을 만드는 것을 말한다. 이로써 기억은 변형되고, 왜곡되어서 의식에 나타난다. 이것이 환상이다. 변형되어서 나타난 기억이(주로 성추행이나 성유혹으로 나타나므로) 사실이냐, 아니냐의 문제가 대두하였다.

환상을 한마디로 요약하면 '주체가 등장하는 상상의 각본이다.'고 할 수 있다. 여기서 주체란 환상을 가지는 사람을 말한다.

각본은 영화의 시나리오로서 이야기 형식으로 되어 있다. 환상은 상상적 이야기이므로(서사 형식) 문장이 모여서 만든다. 이야기의 주인공은 물론 주체이다(상상하고, 기억하는 사람). 환상이 어떤 대상을 향하여 있는 것이 아니고, 주체가 환상 속에 주인으로 나타난다는 말이다.

하여간 환상이란 주체가 연출하는 연극무대이다. 연극의 내용은 사실이 아니고 상상으로 되어 있다. 현실을 반영한 것이 아니고 현실을 변형한 것이 환상이다.

  현실의 변형을 일으키는 요소는 욕망이다. 환상에는 각본, 주체, 상상적 드라마, 욕망이 관여하여 만든다. 제일 중요한 것은 아무래도 욕망이다. 욕망은 환상을 통해서 자신을 드러낸다.

  나는 어릴 적에 아주 내성적이고, 소심하며, 용기도 모자라는 아이이였다. 시골에서 초등학교를 다닐 적에는 나이가 서너 살이나 많은 형뻘 되는 아이들과 한 학년이었다. 힘센 아이에게 억울한 일이라도 당하면 대들기보다는 슬슬 피하기만 하면서 그들의 눈치를 살폈다. 싸움이라고는 생각도 못한 순하디 순한 아이였다. 그러나 가슴속에는 더 많은 분노가 부글부글 끓고 있었다. 나를 괴롭히는 아이를 마구 두들겨 패주고 싶은 욕망이 가득하였다. 그때부터 공상을 한다. 태권도가 우리에게 대단히 인기가 높았으므로 나는 당연히 태권도 유단자가 되어서 밉살스런 녀석을 늘씬하게 패준다, 만화책에 나오는 가장 멋진 폼을 하고는 몸을 날려서 발길질을 한다. 상상만 해도 얼마나 즐거웠는지 모른다. 그것이 바로 나의 환상이었다.

  환상으로 이끌고 가는 심리적 에너지는 힘센 아이에게 복수를 하고픈 나의 욕망이다. 프로이트도 이 사실을 알고 환상-욕망이라는 합성어를 만들었다. 환상과 욕망은 한 단어나 다름없었다.

  되살리는 기억에 환상이 스며들면 기억은 다시 욕망이 표현되는 장소가 된다. 기억이 의식 세계에 나타난다고 하여 언어로 표현이 될까? 사회적으로 수용할 수 없는 것을 표현할 때는 다시 제한을 받는다.

  라캉 식으로 말하자면 욕망은 내가 영원히 잃어버리고 없는 것을 그리워하는 심리작용이다. 환상은 단순히 그리워하는 것이 아니고 주체의 욕망이 등장하여 연극처럼 공연을 하는 무대이자 장소이다. 환상은 공연장에서 만들어진 각본에 따라 욕망이 한바탕 한풀이를 하는 것이다.

 각본을 소설이라고 생각하면 소설의 내용을 전달하는 이야기 꾼, 즉 화자話者와 그 이야기를 바라보고 있는 관찰자가 있다. 이들은 겉으로는 모습을 드러내지 않고 있다. 이야기 속에 숨어서 소설이라는 하나의 세계에 참여하고 있다. 수필도 마찬가지이다. 만약에 수필을 읽을 때 겉으로 드러난 내용만을 읽고, 숨어 있는 작가의 속마음을 간과해버린다면 수필의 참뜻을 이해하지 못한다. 작가의 의도를 놓쳐버린다.

 욕망이 환상을 만들어낸다는 것은 욕망이 환상의 원인이라는 말이다. 그러나 욕망에 의해서 만들어진 환상이 다시 욕망을 불러낸다. 이렇다면 달걀이 먼저냐, 닭이 먼저냐는 뫼비우스 띠 식의 해답이 없는 문제가 되어버린다. 욕망은 내가 의식하고 있는 것이 아니므로 무의식에 등록되어 있다. 무의식의 욕망이 작동하여 환상을 만들면, 환상은 다시 무의식에 있는 욕망을 의식으로 불러낸다. 즉 현실적인 욕망을 만들어 낸다.

 실제로 우리는 무의식적 환상에 조종당하고 있다 해도 과언이 아니다. 환상은 현실적인 욕망을 만들어 내고, 일상생활에 사사건건 간섭하여 지각과 기억을 변형시킨다. 우리말에 눈에 콩깍지가 씌었다는 말이 있다. 현실적인 판단으로는 도저히 이해가 안 되는 선택을 할 때 하는 말이다. 이때의 콩깍지는 바로 그 사람의 환상이 아닐까? 사람들은 모두 자신의 무의식에 등록되어 있는 욕망이라는 색안경을 쓰고 세상을 본다. 색안경의 색깔에 따라서 세상은 각양각색의 색채를 나타낸다. 이 각양각색의 색채가 바로 개개인의 수필이 된다. 백일몽이라고 하는 것은 환상이다. 흔히 '낮꿈'이라고 일컫는 백일몽은 환상보다 의식이 더 많이 투영되어 있으므로 수필은 백일몽에 가깝다.

푸른 색안경을 쓴 사람과 노란 색안경을 쓴 사람이 동일한 대상을 바라보고 무슨 색이냐를 두고 다툰다고 하자. 누가 진실이고, 누가 거짓이라고 판정을 내릴 수 있을까? 수필은 작가의 안경 색깔이라고 할 수 있다.

안경의 색깔, 즉 환상은 우리의 직업이나 인간관계, 표현할 감정의 선택에도 관여하여 조정한다. 우리의 삶 전체를 지배하고 있다고 할 수 있다. 그래서 불교에서는 우리가 사는 세상을 '환幻의 세계'라고 한다. 우리는 나의 의지에 의하여 행동하고 말한다고 하지만 사실은 나의 무의식이 이미 틀을 짜놓은 각본에 의한 환상이 시키는 대로 꼭두각시처럼 행동한다. 그렇다면 우리가 기억해서 진술하는 것이 얼마나 진실하며, 또 얼마나 거짓일까 하는 의문이 생긴다. 다시 말하자면 무엇이 진실일까 하는 문제와 만나게 된다.

수필 전문지에서 등단하는 작가의 추천작품을 읽어보자. 시어머니를 예찬하는 것이 주제인 수필이다. 처음부터 끝까지 같은 내용을 같은 흐름으로 이어진 글이 꽤 길어서 군데군데에 발췌하여 소개하겠다.

> 올해 시어머님은 연세가 86세이신데 지난해 함께 해외여행을 했을 때도 여자는 죽을 때까지는 여성스러워야 한다면서 여전히 고우신 모습을 위해 잠자리에 들기 전에 헤어롤 말아 달라고 하셨다. 다음날 입을 옷도 코디해 둔 다음 자리에 드셨다. 여자는 집에서는 도우미 같은 차림새로 집안 살림

을 하더라도 외출시에는 품격 있는 옷매무새를 지녀야 한다고 항상 말씀을 하시는 분이다."

　　－중략－

　　"첫아이를 낳고 산후조리를 시어머님께서 해주셨는데, 식사 중간 중간에는 간식을 주셨다. 하루에 우유 1컵, 오렌지주스 한 잔, 과일 등 칼슘과 비타민, 칼로리까지 계산해서 산후조리를 해주셨다.

　　－중략－

　　"감자 크로켓이나 편식을 하지 않도록 여러가지 야채를 넣어 아이 이유식을 만드는 방법이라든지, 요리를 다양하게 만들 줄 알게 가르쳐 주기를 즐겨 하셨다.

　　－중략－

　　이웃이든 가족이든 식사 대접에 소홀함이 없기는 지금까지 여전하시다. 전이나 튀김 등은 바로 먹어야 제 맛을 잃지 않는다면서 식사 직전에 만드신다. 대접을 제대로 할 줄 아는 시어머님 곁에서 나는 얼마나 닮았는지 가늠을 해본다.

　　－중략－

　　"당신께서는 이런 음식을 만드실 줄 모르신다며 친정 엄마의 또 다른 음식 솜씨를 감사한 마음으로 나누어 가지셨다."

　이 수필에는 과거에 있었던 행위로부터 현재의 어떤 사건까지 모두를 망라하고 있다. 그러나 경험하였던 일은 기억에 의해서만 떠올릴 수 있다. 그러므로 수필이 담고 있는 내용들은 모두 기억의 소산이다. 이 글에서 우리는 당신의 기억은 전부가 사실입니까? 라는 질문을 해볼 수 있다. 이런 질문 자체가 작가의 기분을 상하게 할 것이다. 내 짐작으로 기분이 상하는 것은 거의 틀림 없을 것 같다. 그러나 앞에서 설명한 것에 의한다면 작가는 '환상'이라는 자기 색깔의 안경을 쓰고 시어머니라는 대상을 바라보고 기록한 것이라고 할 수 있다.

수필의 내용대로라면 시어머니는 식사에서 칼로리를 따질 만큼 매사에 엄격하고, 규칙적인 생활을 하시는 분이다. 남을 많이 도와주고, 부지런한 분이다. 말하자면 사회가 요구하는 가치관에 지나치리만큼 충실한 분이다. 작가의 기억을 거쳐서 회상으로 되돌아오신 모습이 그렇다.

수필은 작가의 환상의 표현이라고 한다면 시어머니는 작가의 환상 속에서 살고 계시는 분이다. 환상은 욕망의 다른 이름이고, 욕망은 나의 결핍이다. 이런 논리로 유추해본다면 시어머니는 작가에게 결핍되어 있는 것을 메워주면서 사시는 분이다. 나는 맞다고 생각한다.

그러나 사람이 사는 일에는 감정이 끊임없이 역동적으로 교류한다. 시어머니와 며느리도 한 집에 살면서 끊임없이 감정을 교류하면서 생을 꾸려나가는 존재이다. 감정은 크게 아홉 가지로 나눈다. 행복, 두려움, 혼란스러움, 슬픔, 기쁨, 우울, 분노, 사랑, 평화 등이라고 한다. 사람은 감정의 범주라고 일컫는 이 아홉 가지를 벗어날 수가 없다고 한다. 이 수필에서는 행복, 기쁨, 사랑, 평화만이 가득할 뿐 다른 감정은 보이지 않는다.

작가 소개란을 보니 기독교에 깊이 몰두하는 분으로 소개되어 있었다. 나는 이 수필을 읽으면서 알게 모르게 기독교의 가치관이 물씬 배어 있음이 느껴졌다. 기독교의 가치관에 어긋나는 행동이나 사고는 감히 얼굴을 내밀 엄두도 못 내었을 것이다. 그뿐만이 아니고 고상하고, 우아하고, 현대적이랄 수 있는 삶과, 지적인 모습만이 넘쳐난다. 지상에서 살고 있는 사람이 아니고 마치 천상에서 살고 있는 사람 같다.

이 수필을 기독교적 가치관에 젖어 있지 않는 사람이라면 어떻게 읽을까? 자유분방하게 살고 있는 사람이라면 우선 숨이 막힌다는 표현을 할 것 같다. 왜냐하면 규칙에 너무 엄격한 사람은 자연스런 감정의 표현을 억압하는 경향이 있기 때문이다.
 다음에는 작가가 기술한 내용이, 즉 작가가 기억하고 있는 내용이 과연 사실이며 또 진실일까? 하는 의문이 생길 수도 있다. 사실과 진실을 거론하게 되면 자연히 거짓이라는 것도 거론해야 된다.
 진실은 언어 차원에서 나타나는 것이라고 한다. 언어라고 하면 반드시 말하는 사람이 있고, 말하는 사람의 진실을 말한다. 이 수필에서는 수필이라는 언설을 토해 낸 작가의 진실을 따진다는 것이다. 다음에는 이 수필의 내용이 사실인가를 질문하면 진실과는 다른 대답이 나온다. 사실은 말하는 사람을 따지는 것이 아니고, 말하는 사람이 말한 사건이(여기서는 수필의 내용) 실제로 일어났느냐를 따진다. 사건은 말하는 사람과는 아무 관계도 없이 일어난다. 예전에 산후 조리를 할 때 시어머니가 우유를 하루에 여섯 번이나 챙겨 준 일이 실제로 일어났더라도 수필을 쓰는 작가와는 직접적인 관련이 없다. 작가는 그 사건을 기억하였다가 회상하였을 뿐이다.
 그래서 진실은 작가의 내면에 있는 것이고, 사실은 작가의 바깥에 있는 것이다라고 할 수 있다.
 사실은 작가의 바깥에서 일어난 사건이므로 작가와 직접적인 관계가 없지만 작가의 언술(여기서는 수필)에 의해서만 드러난다. 사실이 진실 문제로 바뀌는 순간이다. 이런 이유로 우리는 진실과 사실을 동의어처럼 생각하게 된다.
 30여 년 전에 산후조리를 하면서 시어머니가 우유를 챙겨준 일이 있었다. 작가는 이 사실을 눈으로 보았고, 손으로 만졌고, 입으로 마시면서 맛을 느꼈다. 즉 감각에 의지하여 받아들이는 과정을 거치고, 이 사실이 지각 과정을 지나서 뇌세포에 각인된다. 그리고 30여 년의 세월이 지나간다. 지금 순간에는 글을 쓰기 위해서 회상이라는 형식으로 기억을 불러내는 과정을 겪는다. 어떤 사건을 회상으로 불러내어 글로 기록하는 과정을 모두 마무리할 때까지 여러 단계의 과정을 거친다. 한 단계 한 단계 지나갈 때마다 사실은 굴절되고 변형되고 왜곡된다고 한다. 물컵에 담겨있는 물체가 빛이 물에서 공기 속으로 나올 때 굴절을 하면서 물건의 형태를 변형하고 왜곡시키는 것과 같다고 한다.

경험 – 지각 – 기억 – 회상 – 기록(표현)의 과정에서 환상이 개입하여(즉 안경의 색깔의 역할) 변화를 일으킨다. 곰브리치는 『예술과 환영』에서 똑같은 풍경을 여러 화가에게 그려라고 하였더니 완성된 그림은 모두가 달랐다. 사물을 바라볼 때 이미 대상을 인식하기에 차이가 나더라고 하였다. 실제의 사실을 모두 지각하는 것이 아니고 선택하여 지각하더라고 하였다. 기억 과정도 회상 과정도 또 언술하는 과정도 있는 그대로 하는 것이 아니고 주체(말하는 사람, 여기서는 수필을 쓰는 작가)가 자기에게 유리하도록 취사선택하기 때문이다.

시어머니와 며느리가 감정의 덩어리라고 하는 사람인 이상 갈등은 있을 수밖에 없다. 미움도 있을 수 있다. 그러나 이 수필에서는 어디에도 언술로 표현되어 있지 않으므로 작가에게는 부정적인 감정은 아예 존재하고 있지 않다. 정말 존재하지 않았을까를 따진다면 우리는 다시 '우리의 기억은 진짜일까?'를 물어보게 된다.

진실은 사실과 다르게 작가의 내면에 있는 것으로 언어로써 표현된다고 하였다. 말하는 사람의 욕망이 언어로 표현되는 한에서는 작가의 진실에는 작가의 욕망이 담길 수밖에 없다. 수필에서 길게 시어머니를 자랑하는 것은 작가의 욕망의 표시인 동시에 진실이라고 할 수 있다. 진실은 욕망에 의해서 변형되고, 왜곡되어 나타난다.

시어머니의 행위나 사고가 그대로 수필에 나타난 것이 아니고 언술에 실려서 작가의 욕망(아마도 시어머니와 사이좋게 지내는 것이 작가의 욕망일 것이다.)이 수필에 변형 왜곡되어서 표현되어 있을 것이다. 왜곡과 변형이 일어난 것은 이미 사실과는 다른 것이므로 작가의 진실은 이미 허구화되어 있다. 사실의 시선으로 보면 허구이지만 작가의 내면에 있는 욕망의 차원에서 보면 진실이다. 진실은 허구를 담고 있다 하지 않는가.

내가 공부하고 있는 프로이트-라캉 교실의 교수님 따님의 사례를 들어보자.

그는 영어 선생님의 지시로 교무실에 가서 시험지를 갖고 왔다. 시험지는 접혀 있었다. 그러나 접혀진 사이로 우연히 1번과 2번 문제를 보았다. 그는 의도적인 것이 아니고 정말 우연히 보았다고 몇 번이나(정확히 4회) 강조하더라고 하였다. 곧바로 시험을 치렀으면 괜찮았을 텐데 시험을 치르기까지 얼마동안 시간 여유가 있었다. 우리도 경험하였지만 그 시간이 정말 열심히 공부하는 시간이 아니던가. 노트를 벼락같이 훑어보고…, 따님은 아마 그 시간에 1번과 2번의 답을 확인하였나 보다.

교수님의 따님은 머뭇거리다가 결국 두 문제의 답은 비워둔 채 시험지를 제출하였다고 하였다. 문제를 보았다는 가책 때문에 답을 쓰지 않았던 것이다. "그런데 왜 그래. 양심적으로 시험을 치루었는데. 뭐가 어째서 그래."하니까 또 머뭇거리면서 입을 뗄 듯 말 듯하였다. "그 문제의 답은 알 것 같아서." "응, 알 것도 같고, 모를 것도 같았어. 답이 삼삼했어." "그럼 답을 안 쓰고 낸 것이 후회가 되어서 그래?"라며 다시 물어 보았다. 그 딸은 눈물까지 찔끔거렸다. "그래 그 문제에 답을 쓰고 싶었구나."하고 다시 물어 보았다. 딸은 또 머뭇거리더니 "아빠, 실은 그 문제를 우연히 본 것이 아니고 보고 싶었어."라고 하였다.

교수님의 딸은 자기가 불순한 의도를 가지고 있었음에 심한 죄책감을 느끼고 있었다. "그래 됐어. 너의 불순한 의도에 대한 죗값을 답을 쓰지 않으므로 스스로 뉘우치고, 아빠에게 이야기도 하였으니까 너는 용서도 받은 거야. 이제는 너 스스로를 용서 하여라.'라고 하였다. 그 이튿날 딸은 아주 밝은 표정으로 친구들과 재재거리면서 수영장으로 가더라고 하였다.

이 딸애의 행위를 다시 한 번 반추해보면 진실과 사실, 말과 행동, 욕망, 자기 징벌이라는 심리적인 요소들이 서로 관계를 맺으면서 잘 나타나 있다. 행동의 차원에서 보면 커닝은 부정행위이다. 이것은 실제로 일어났던 사실이다. 커닝은 자신의 욕망이 표현된 것이다. 답을 쓰지 않고 빈칸으로 남겨 둔 것은 자기징벌에 해당한다. 그렇다면 죗값을 받은 셈이다. 그런데도 마음이 개운하지 않았던 것이다. 무엇이 가슴에 앙금으로 남아서 자신을 괴롭히고 있었을까. 무거운 마음을 이기기 힘들어서 아버지에게 고백하게 한 심리적 에너지는 무엇일까?

우리는 여기서 고백이라는 단어를 만나게 된다. 수필을 규정하는 용어에 고백이 자주 나오므로 눈여겨볼 필요가 있다.

가슴에 남아 있는 앙금은 기억이 되어서 수시로 딸애의 의식 세계에 출몰하여 마음을 아프게 괴롭혔을 것이다. 마음의 고통이 참기 어려울 만큼 심해지자 딸애는 아버지를 찾아가서 고백하였던 것이다. 고백과 아버지의 조언으로 마음의 짐을 털고 다시 원기를 되찾아 정상으로 되돌아올 수 있었다. 딸아이가 아버지를 찾아가서 '그런데, 그런데'라는 말을 세 번, 네 번 하면서 머뭇거리는 것은 고백이 결코 쉽지 않다는 것을 단적으로 보여준 것이다. 처음에는 우연이라고 하였다가 나중에 가서야 의도적으로 보았다고 고백하였다.

수필은 고백이라고 한다. 그러나 자신의 부끄러운 점, 약점을 드러내는 것은 자신이 옷을 벗고 알몸이 되는 것만큼이나 부끄럽다. 그래서 거짓말을 하는 것이다. 그러나 정신적으로 고통을 털어내고 회복을 하려면 아프더라고 고백을 하여야 한다. 수필에서도 핵심을 고백하여야 한다. 대부분의 사람들은 자신에게 고통을 주는 핵심을 마주하는 것을 회피한다. 모처럼 마주치면 발작을 일으키는 일도 있다.

인턴 때 정신과 병동에서 근무하면서 교수님으로부터 과제를 받았다. 환자는 고등학생인 여학생이었는데 대담을 하라고 하였다. 환자를 어떻게 다루어야 하는지의 기초 지식도 없이 대담실에서 마주앉았다. 미리 병력지를 훑어보았으므로 이 환자가 무엇 때문에 고통을 당하는지는 조금 알고 있었다. 그는 어머니와 갈등이 병인이었다.

처음에는 내 질문에 순순히 대답을 하였다. 어머니에 관하여 이야기를 나누던 중에 갑자기 이 여학생은 고함을 지르면서 하늘에서 말소리가 들린다고 울부짖었다. 나는 당황하고 겁이 나서 어쩔 줄을 몰라 하였던 기억이 난다. 아마 무심코 내가 던진 말에는 그 환자가 대면하기 싫었던 어떤 핵심이 들어 있었는지 모른다. 그의 기억 속에 지난날 언젠가 경험하였던 아픔이 내 말에서 폭발하였는지 모른다.

그렇다. 우리는 일반적으로 자신의 부끄러운 점을 대면하기 싫어하고 회피한다. 이렇게 하여서는 핵심으로 들어갈 수 없고, 마음의 고통도 완화되지 않는다. 다시 한 번 수필에서 고백이라고 하는 의미를 되새겨 볼 필요가 있다.

교수님의 딸애도 '시험지를 우연히 보았다.' 말로 자신의 핵심을 대면하는 것을 회피하려 하였다. 그러나 거짓말로는 마음의 고통을 걸러 낼 수가 없다. 마침내는 솔직하게 털어놓았던 것이다.

딸애에게 거짓말을 하게 한 것은 '시험지를 보고 싶었다.'는 그의 욕망이었다. 그는 그 말을 맨 마지막에 하였다.

다시 한 번 이번 사례를 검토해보자.

그 딸애는 시험지를 공란으로 비워두므로 자신에게 징벌을 가하였는데도 고통이 해소되지 않았다. 용서하지 않는 것은 그의 욕망이다. 욕망이 꿈틀거리고 있는 한에서는 용서가 되지 않는다. 아버지에게 자신의 욕망을 고백함으로써 그는 욕망을 포기하였던 것이다. 그것으로 인하여 죄책감에서도 벗어 날 수 있었다.

진실은 말에 실려 있으므로 "다른 사람에게 말해야 한다." 이것은 고백의 의미이기도 하다. 그래야만 고통에서 벗어날 수 있었다. 욕망은 스스로 용서한다고 되는 것이 아니다. 자신의 욕망을 인정하고 남에게 말해질 때만이 고통에서 '해방'이 된다. 성경에 '진실이 너희를 자유롭게 하리라.'는 말이 있다. 이것을 '진실이 말해질 때까지 그것은 너희를 고통스럽게 하리라.'라고 바꾸어 말할 수 있다.

이제 다시 진실이 무엇인가 하는 문제를 생각해보자. '말하는 사람이 진실이라고 믿을 때이다.' 그럴 때는 죄책감이 생길 리가 없다. 도스토옙스키의 『죄와 벌』에서 주인공이 노파를 살해하고 젊은 천재를 위하여 늙은 노인이 희생되는 것이 사회를 위해서 정당하다고 믿는 동안은 그에게는 이것이 진실이다. 죄책감을 느낄 일도 없다. 그러나 자기의 생각이 잘못이고, 거짓이라고 생각할 때는 죄책감이 생긴다. 노파를 살해하고 자기가 옳다고 생각할 때는 '영웅주의'라는 환상에 사로잡혀 있을 때이다. 이것은 그가 쓰고 있는 그의 색안경이기 때문이다. 그러나 색안경이 바뀌어서 모든 생명은 동등한 가치를 지니고 있다는 인도주의에 사로잡히면 그는 죄책감에 사로잡히게 된다.

우리가 사실 여부에 대해서는 현장 검증을 하고, 객관적으로 조사를 함으로써 사실 여부를 가려낼 수 있다. 그러나 진실에 대해서는 객관적으로 증명하는 방법이 없다. 진실에 반하는 거짓말도 말하는 사람의 내면에서 생각하고 있는 것이 언어 차원으로 표현되는 것이므로 진실과 거짓말은 말하는 사람의 차원에서 이루어진다. 마찬가지로 말하는 사람은 진실을 말하지만 듣는 사람 혹은 관찰하는 사람은 거짓이라고 판단할 수 있다. 아니 그런 일이 부지기수로 많이 일어나고 있다.

다시 한 번 시어머니와 며느리인 자신과의 관계를 기술한(언어로 표현한) 사실이냐, 아니냐를 검사가 범죄인 조사하듯이 하면 가려낼 수 있다. 현장 검증도 하고, 주변 사람의 증언도 들으면 어느 정도 사실 여부쯤은 가려 낼 수가 있다. 진실이냐, 거짓이냐의 문제는 오로지 작가만이 알 수 있다. 그러나 작가가 기억하고 있는 모든 것이 진짜 기억이냐 하는 것은 또 다르다.
  치료문학으로써 수필을 쓴다면 교수님의 딸애의 사례에서 보듯이 진실은 말해져야 한다는 사실을 잊으면 안 된다. 말에는 사회적인 구조의 조직망이 얽혀 있으므로 진실이 그렇게 모호해지는 것만은 아니다. 교수님의 딸애가 아무리 우연이었다면서 진실로 우기려 하여도 '커닝은 나쁜 짓이다.' 라는 사회구조적인 규범을 벗어나기가 쉽지 않기 때문이다.

수필읽기 4 – 「잃어버린 동화」(박문하)

잃어버린 동화童話

박문하(朴文夏)

　가을비가 스산히 내리는 어느 날 밤이었다.
　이미 밤도 깊었는데 나는 빗속에서 우산을 받쳐 들고 어느 골목길 한 모퉁이 조그마한 빈집 터 앞에 화석처럼 혼자 서 있었다.
　며칠 전까지만 해도 이곳에는 오막살이 초가 한 채가 서 있었던 곳이다. 와보지 못한 그 새 초가는 헐리어 없어지고, 그 빈집 터 위에는 이제 새로 집을 세우려고 콘크리트의 기초 공사가 되어 있었다.
　사랑했던 사람의 무덤 앞에 묵연히 선 듯, 내 마음과 발걸음은 차마 이 빈집 터 앞에서 떨어지지가 않았다.
　웅장미를 자랑하는 로마 시대의 고적도 아니요, 겨레의 피가 통하는 백제, 고구려나 서라벌의 유적도 아닌 보잘것없는 한 칸 초옥이 헐린 빈 터전이 이렇게도 내 마음을 아프게 울려 주는 것은 비단 비 내리는 가을밤의 감상 때문만은 아닌 것이다.

지난 몇 해 동안 나는 몹시 마음이 외로울 때나 술을 마신 밤이면 혼자서 곧잘 이곳을 찾아 왔었던 것이다. 밖에서 밤늦게까지 술을 마시는 통금 시간이 임박해서도 이 초가 앞을 한번 스쳐가지 않으면 잠이 잘 오지 않는 때가 많았다.

그러면서도 나는 아직 이 초가집 주인이 무엇을 하는 사람인지, 그 가족들이 어떤 사람들인지 잘 모르고 있다.

내가 이 초가집을 처음으로 알게 된 것은 지금으로부터 약 45년 전의 일로서 그 때 나는 국민학교 1학년생이었다고 생각된다. 내 형제들은 3남 2녀가 되지만 모두가 그 때 중국 땅에 망명을 가서 생사를 모르던 때이다.

홀어머니는 막내아들인 나 혼자만을 데리고 남의 집 삯바느질로 겨우 연명해 가고 있었다.

어느 날 어머니가 갑자기 병이 들어서 두 달 동안을 병석에 앓아 눕게 되었다. 추운 겨울철이었기 때문에 우리 모자는 그야말로 기한에 주리고 떨게 되었다.

이웃 사람들이 이 딱한 꼴을 보다 못해서 나를 호떡 파는 곳에다가 취직을 시켜 주었다. 낮에는 주린 배를 움켜잡고서 그래도 학교엘 나가고, 밤에는 호떡 상자를 메고 다니면서 밤늦게까지 호떡을 팔면 겨우 그 날의 밥벌이는 되었던 것이다.

어느 날 밤 나는 호떡 상자를 어깨 위에 메고 "김이 무럭무럭 나는 맛 좋은 호떡 사이소, 호떡." 하고 외치면서 골목길을 지나가고 있었다. 마침 길가에 있던 조그마한 초가집 들창문이 덜커덩 열리더니 거무스레한 중년 남자의 얼굴이 불쑥 나타났다.

"호떡 5전어치만 주가."

중년 남자는 돈을 쥔 손을 쑥 내밀었다.

어스름 램프불이 졸고 있는 좁은 방 안에는 나보다 나이 어린 두 오누이가 있었고, 그 옆에는 어머니인 듯한 중년 부인이 바느질을 하고 있었다. 호떡 한 개 값은 1전이고, 5전 어치를 한꺼번에 사면 덤으로 한 개씩 더 끼워서 주던 때였다.

중년 남자는 호떡 여섯 개를 받아서 오누이에게 각각 두 개씩을 나누어 주고는 나머지 두 개 중에서 한 개를 중년 부인에게 주었다. 그리고는 덜커덩 창문이 닫히고 말았다.

창문의 닫힌 방 안에서는 도란도란 정겨운 이야기 소리와 함께 네 식구들이 호떡 먹는 소리가 잔잔하게 들려왔다.

나는 어릴 때 한번도 이러한 가족적 분위기를 맛본 일이 없었다. 일찍이 유복자로 이 세상에 태어나서 아버지의 사랑이 어떤 것인지, 또 두 형제간의 정이 어떤 것인지도 모르는 애정실조증에 걸리어 홀어머니 밑에서 살인적인 가난과 갖은 고생을 겪으면서 자란 나에게 이 날 밤 초가집의 흐뭇한 가족적 분위기는 나에게 뼈에 사무치도록 부럽고도 그리운 광경이었다.

이 때부터 나의 머릿속에는 이 초가집 풍경이 행복하고 화목한 가정의 상징으로 판에 박혔고, 내 몸과 마음이 외로울 때 가만히 눈을 감으면 호박꽃 같은 램프불이 피어 있는 그 창문이 머릿속에 떠오르고, 그 속에서 도란도란 정겨운 이야기 소리와 함께 호떡 씹는 소리가 잔잔히 들려오는 것이었다.

이것이 원이 되고 한이 되어, 내 형제들은 왜놈들 치하에서 모두가 가정을 버리고 놈들의 철창 속에서, 또는 이역 땅 망명의 길에서 숨져갔지만, 나 혼자만이 비겁하게도 어떻게 하여서라도 집을 지키면서 어머니를 모셔 알뜰한 가정을 한번 가져보고 죽겠다고 오늘날까지 몸부림을 쳐왔던 것이다.

그 때로부터 40여 년의 세월이 탁류로 흘러가버린 지금, 나는 초가집보다는 몇 배나 더 큰 '콘크리트' 집을 가지게 되었고 많은 가족들을 거느리게 되었지만, 어쩐지 아직까지도 그날 밤의 그 초가집 창가의 광경이 자꾸만 그리워지는 것은 무엇 때문일까? 근년에 사랑하는 큰자식놈을 불의의 사고로 잃어버리고, 이따금씩 아내마저 그 거리가 무척 멀어져 가는 밤이면 나는 혼자서 술을 마시고 곧잘 이 초가집 창가를 찾아왔던 것이다. 그러면 호박꽃 같은 램프의 불이 피어 있는 초가집 창가에서는 40여 년이 지난 지금에도 언제나 도란도란 이야기 소리와 함께 호떡을 씹는 소리가 그 방에서 잔잔히 들려오는 것이었다.

그러나 이제는 그리운 내 동화 속의 초가집도 헐려져 간데 온데 없어졌고 스산한 가을비가 내리는 이 외로운 밤에 나는 혼자서 진정코 어디로 가야만 한단 말인가?

박문하는 의사 수필가이다. 흔히 의사라고 하면 일반인들은 '행복한 삶'의 대명사로 치부해버린다. 부산에서 개원하여 경제적으로 여유로운 생활을 하고 있는 듯하다. 그의 글에 "나는 초가집보다 몇 배나 더 큰 콘크리트 집을 가지게 되었고, 많은 가족을 거느리게 되었지만…."이라는 표현에서 그 자신도 경제적으로 여유로웠음을 증언하고 있다.

독자는 이 글을 읽으면서 수필이 풍기는 정조를 어떻게 느꼈을까? 그는 수필의 첫 서두를 "가을비가 스산히 내리는 어느 날 밤이었다."라는 문장으로 시작하고 있다. 이 문장은 수필 전체의 분위기를 암시적으로 나타낸다. 뿐만 아니라 작가 박문하의 정서 상태를 나타내고 있다. 작가는 현재 슬픔의 상태에 있다는 것을 말하고 있다.

슬픔을 일으키는 원인은 '사랑하는 사람의 상실'을 꼽는다. 물론 '사랑하는' 이라는 수식어 뒤에 오는 본 말에는 사람 대신에 온갖 명사들로 대치할 수 있다. 사랑하는 형제의 상실, 사랑하는 조국의 상실, 사랑하는 내 꿈의 상실 등등 무한한 원인이 존재할 수 있다. 최종의 요소는 역시 상실이다. 박문하에게 슬픔을 가져다 준 원인은 박문하에게 상실을 안겨준 그 어떤 것에서 원인을 찾아야 할 것이다.

슬픔이 지나치면 어떤 사람들에게는 우울증(멜랑콜리)을 일으키기도 한다. 슬픔과 우울증의 심리기전은 같다고 한다. 그러나 똑 같은 강도의 심리적 충격이 가해지더라도 사람에 따라서 우울증에 더 잘 빠져드는 사람도 있다. 우울증은 사람의 기질적인 특질이 관여한다는 주장도 한다. 우울증은 정상적인 심리 반응이 아니고 병적 반응이다. 우리는 슬픔을 체험할 때 우울증으로 빠져들지 말고 애도(슬픔)의 과정을 겪고는 탈출할 수 있어야 한다. 수필쓰기가 한 방편이 될 수 있지 않을까 하는 생각해 본다.

슬픔은 절대로 병적인 것이 아니다. 모든 정상인이 경험하는 것이므로 특별히 치료를 받아야 하는 것도 아니다. 어느 정도 시간이 지나면 슬픔은 저절로 해소되므로 애도의 감정에서 벗어날 수 있다. 정신적으로 건강한 사람이면 극복 가능한 심리 상황이다. 슬픔의 감정에 우리가 끼어들 필요는 없다. 본인이 스스로 애도의 감정에서 벗어나는 노력이 필요하다.

그러나 슬픔과 우울증은 심리기전상 한 뿌리이므로 과도의 슬픔이 표현될 때는 우울증으로 빠져들지 않게 관심을 기울여야 할 필요는 있다. 박문하의 수필을 읽으면서 글의 전편에 흐르고 있는 정조가 슬픔만으로 끝날 것인지 우울증의 기미가 감지되는지를 검토해 볼 필요는 있다.

아버지가 죽으면 우리는 영정을 모시고 상례를 치른다. 아침마다 얼굴을 대하던 아버지를 현실에서 더 이상 만나지 못하면 우리는 아버지와 관련이 있는 과거의 일들을 떠올린다. 회상하면서 과도의 감정을 쏟아 붓는다. 슬픔을 느낀다. 바로 애도하는 것이다. 그러나 상례를 치르면서 영정을 모시고, 영정은 다시 위패로 바뀌어 가는 동안 우리가 쏟아 붓는 심리적 에너지, 즉 감정은 점차 약화된다. 그 대상도 아버지로부터 아버지를 상징하는 위패라든지 사진 등의 대상물로 옮겨 간다. 그리고 아버지는 기억 속으로 스며들어가고 회상을 통해서만 슬픔을 안고 되돌아 온다. 이것이 정상적인 인간의 심리 과정이다. 즉 애도의 과정이다.

슬픔도 우리에게 심한 고통을 준다는 것은 사실이다. 그러나 슬픔의 고통을 즐기기라도 하듯이 과도의 슬픔에 오랫동안 매달려 있는 것은 바람직하지 않다.

"지난 몇 해 동안에 나는 몹시 마음이 외로울 때나 술을 마신 밤이면 혼자서 곧잘 이곳을 찾아 왔었던 것이다. 밖에서 밤늦게까지 술을 마시고는 통금시간이 임박해서도 이 초가 앞을 한번 스쳐가지 않으면 잠이 잘 오지 않을 때가 많았다."

박문하의 심리 상태를 말해주고 있다. '마음이 외롭다.' '혼자서 술을 마시다.' '불면증이 있다(잠이 잘 오지 않을 때).' '혼자서 이 집을 찾는다.'라고 요약할 수 있다. 이것은 박문하가 겪고 있는 마음의 아픔이 꽤 심하다는 것을 말해준다. '혼자서'와 '불면증'에 시달릴 정도는 가벼운 증상은 아니다. 애도의 정도로 보아야 할 지, 멜랑콜리(우울증)로 보아야 할지는 그의 글을 좀 더 읽어보아야 할 것 같다.

슬픔의 가장 큰 원인은 사랑하는 사람의 상실이라고 하였다. "근년에 사랑하는 큰자식을 불의에 잃어버리고"라는 그의 글에서 그가 슬픔에 빠져든 시기와 아들의 죽음이 시기적으로 일치하는 것을 알 수 있다. "이따금씩 아내마저 그 거리가 무척 멀어져 가는 밤이면 나는 혼자서 술을 마시고…."에서 멜랑콜리(우울증)의 증상도 감지된다. 그러나 우울증은 원인 제공자인 아들에게 과도로 정신 에너지를 투여하여 집착하고 있는 것으로는 느껴지지 않는다.

우울증의 증상으로는 심각할 정도로 고통스러운 낙심, 외부 세계에 대한 관심의 중단. 사랑할 수 있는 능력의 상실, 모든 행동의 억제, 그리고 자신을 비난하고, 자신에게 욕설을 퍼부을 정도로 자기비하를 한다. 더 심하면 자신을 처벌받기를 원하게 되고, 자살까지 이르는 수가 있다. 박문하의 수필에서 과도의 슬픔에 빠져있기는 하나 우울증의 특징적인 증상까지는 이르지 않고 있다.

슬픈 감정의 강도에는 차이가 있으나 근본적으로 별 다른 점이 없다. 우울증이 슬픔과 가장 큰 차이는 '자기애'를 포기하는 것이다. 그래서 자신에 대한 무관심과 주변에 대한 무관심을 보이고, 심지어는 자기 비하에서 자살까지 이른다. 자살은 자기혐오 내지 처벌의 표현이다.

박문하는 가장 가까운 가족인 아내가 멀어 보인다는 것은 사랑의 능력이 약화되었다고 할 수 있다. 혼자서 술을 마신다는 것도 주위에 사랑을 거두어들인다고 할 수 있다. 그러나 그의 수필을 읽고 나면 멜랑콜리로 빠져들었다기보다는 아직까지 슬픔을 벗어나지 못한 애도의 과정이라고 할 수 있다. 그는 과거의 행복해보였던 순간을 회상하므로 행복을 복원해보려는 의도가 보이기 때문이다.

  이 수필에서 현재 작가가 애도의 과정을 겪고 있음을 유추하게 해주는 언급은 거의 마지막에 가서 나온다. 서두에는 '사라진 초가집' 한 채의 이야기가 나온다. 지금은 콘크리트로 지은 집에 살고 있으면서도 사라진 초가집을 잊지 못해 하는 것은 그의 심상에 등록되어 있는 초가집의 이미지 때문이다. 초가집은 가족애의 상징적인 표상이므로 심리적으로 그에게 향락을 주는 역할을 한다. 사라진 초가집-불의의 사고로 죽은 아들은 서로를 상징하는 연계성을 보이고 있다. 아들도 그에게는 쾌락을 주는 존재였음은 말할 것도 없다.

  초가집은 박문하의 가족사와 개인사를 상징하는 아주 중요한 위치에 있다. 그러나 불행과 슬픔을 표상하는 것이 아니고 사랑과 행복을 상징한다. 지금 박문하가 잃어버렸다고 생각하고 있는 것의 자리를 초가집이 보상해주고 있다. 슬픔의 대상을 초가집으로 대체하여 쾌락을 찾아서 위로를 받으려 하고 있는 한에서는 박문하가 정상적인 애도의 과정을 거치고 있다. 멜랑콜리는 아니다. 행복의 상징이었던 초가집이 대체된 대상인 이상 박문하는 자기애를 포기하고 있지 않다.

  욕망은 결핍에서 태어난다. 초가집은 외적인 규모나 형태로 결핍을 메워주는 것이 아니고 표상하고 있는 이미지로 박문하의 아픔을 보상해준다. 내적이고 심리적으로 슬픔의 자리를 채워주고 있다.

  박문하의 가족사를 소개하는 글을 언젠가 읽은 적이 있다. 아버지는 부산에서 지식인이었고, 경제적으로 부유하였다. 나라를 일본에 빼앗긴 탓에 혼자 만주로 가서 독립운동에 헌신하였다. 장성한 형과 누나도 차례로 만주로 떠나가서 독립운동에 참여하였다가 아버지와 함께 감옥에서 생을 마감하였다. 막내인 박문하는 유복자로서 삯바느질로 연명하는 홀어머니와 가난하고 힘든 유년을 보냈다. 박문하는 경제적인 고난과 가족의 상실이라는 어려움에 시달린 경험이 그의 유년의 기억을 채우고 있었다. 박문하에게 결핍은 가족이었고, 소망하는 것은 가족애이었다.

그는 유년시절에 이 초가집에서 평생 동안 기억의 장소에 각인되어 있는 가족애를 경험하게 된다. 그 경험은 그의 강한 소망성취를 상징하는 이미지로 그의 가슴에 깊이 각인된다. 소망성취는 쾌락의 경험이다. 그가 외로울 때는 이때의 기억을 불러내어 환상에 잠기므로 쾌락을 맛보았을 것이다.

어머니와 단둘이 살고 있었던 초등학교 1학년 때 어머니가 심하게 앓게 되었다. 딱하게 여긴 이웃 사람이 호떡 공장에 일자리를 마련해주어서 박문하는 저녁에 골목을 누비면서 호떡을 팔게 된다. 박문하는 이 초가집에서 45년 동안을, 아니 평생 동안 기억에 저장할 경험을 하게 된다.

"중년 남자는 호떡 여섯 개를 받아서 오누이에게 각각 두 개씩을 나누어 주고는 나머지 두 개 중에서 한 개는 중년 부인에게 주었다. 그리고는 덜커덩 창문이 닫히고 말았다. 창문의 닫힌 방 안에서는 도란도란 정겨운 이야기 소리와 함께 호떡 먹는 소리가 잔잔하게 들려왔다. 나는 어릴 때 한번도 이러한 가족적 분위기를 맛본 일이 없었다."

이 기억을 45년 동안이나 저장하면서 외롭거나 가족의 사랑이 그리울 때마다 이 기억을 불러내어서 외로움의 아픔을 달랬을 것이다. 틀림없이 더 아름답게 더 감미롭게 각색을 하였으리라. 유년의 기억은 환상이 스며든다고 하지 않는가. 그래서 마음의 고통을 치료하였을 것이다.

긴 세월 동안을 기억의 창고에 쌓아두었을 때는 그만큼 심리적인 에너지가 강하였다는 뜻이다. 그러나 기억은 회상으로 불러 낼 때만이 의미가 있다. 의식 세계로 불러내지 않는 단순한 기억으로는 의미가 약화된다. 기억이 회상으로 호출당할 때는 두 개의 경험이 작용하여 상응해야 한다.

기억의 창고로 저장할 때의 최초의 경험과, 오랜 시간이 지난 후에 회상으로 불러내면서 옛날의 경험을 환기시키는 이차적 경험이 필요하다. 과거 속에 묻혀있는 경험을 사후 작용에 의하여 현재로 돌아오므로 그때의 감정을 지금 되살려내는 것이다. 과거의 심리적 경험이 오늘의 심리적 경험으로 되살아 나는 것이다. 가족애가 넘치던 예전의 경험을 오늘 되살려 낸다는 것이다. 이때의 심리적 경험은 과거의 경험이 아니고 시간을 초월하는 무시간적 경험이 된다.

슬픔 즉 애도의 심리와, 우울증 즉 멜랑콜리의 심리는 같은 뿌리를 하고 있지만 나타나는 증상에는 엄청난 차이가 있다. 애도는 정상적인 심리이고 멜랑콜리는 병적 심리의 발현이다. 애도는 사랑하는 사람의 상실에서 오는 슬픔의 대상을 상징적인 대상으로 바꾸어서 심리 에너지를 쏟아 넣는다. 시간이 흘러가면 슬픔의 마음이 서서히 누그러져서 기억 속으로 사라져 버린다(다른 상징물에 에너지를 쏟으므로 본래의 슬픔을 주었던 대상은 점점 잊혀진다). 다만 회상을 통해서만 되돌아온다.

정상적으로 일어나는 애도의 과정을 프로이트는 3단계로 나누어서 설명하였다. 사랑하는 대상이 살아있을 때는 그 대상에게 사랑의 감정이 투여된다. 박문하의 경우에는 아들이 살아 있을 때는 아들에게 아버지의 사랑을 흠뻑 쏟아 부었을 것이다. 가족 간에 사랑이 형성된다는 것이다. 사랑하는 사람이 상실될 때(죽었을 때)는 그 사람에 대한 기억에다 심리적 에너지를 쏟아 붓는다. 아들이 죽었을 때는 얼마간 기억 속에서 아들을 떠올리면서 과도의 슬픔을 나타낸다는 뜻이다. 떠나간 사람의 기억이 (반드시 죽음만이 아니고 사랑하는 애인이 떠나가 버리는 것도) 홍수처럼 밀려오면서 심한 슬픔에 빠진다. 이때는 슬퍼서 울며 마음을 달래는 과정이다. 마음을 달랜다는 것은 상실된 사람과 자기 사이에 서서히 분리가 시작된다는 것이다. '산 사람은 살아야지.' 라는 말은 우리가 아주 흔히 듣는 말이다. 이것은 단순히 위로의 말이 아니고 슬픔의 당사자도 이런 감정을 가지게 되면서 상실된 사람과 인연을 끊어 나간다. 상실된 자에게 과도하게 쏟아 붓던 심리적 에너지를 자기에게 돌리면서 '자기애'가 나타난다. 즉 자기애란 '자기의 삶으로 되돌아온다'는 뜻이다. 산 사람이 살려고 하는 과정이다.

애도란 생물학적인 실제의 죽음에 이어서 아직 죽지 않고 마음 속에 남아 있는 대상을 마음에서 몰아내는 것이다. 심리적인 죽음을 주는 것으로 두 번째 죽음이다. 심리적인 죽음이란 잊는다는 뜻이다. 만약에 심리적인 죽음이 일어나지 않으면 멜랑콜리에 빠진다. 심리적으로 죽은 사람은 기억 속으로 사라져서 그곳에 등록되었다가 회상을 통해서만 되돌아온다. 회상으로 되돌아올 때는 강도가 많이 약해진 슬픔을 데리고 나타난다. 이것은 바람직한 심리기전으로 건전한 상태이다.

지난번 대구 지하철 참사가 일어나고 일 년이 지난 뒤에 방송국에서 특집으로 보도한 일이 있다. 대학교의 졸업을 앞두고 숨진 딸의 아버지는 딸이 거처하던 방을 살아 있을 때처럼 그대로 꾸며두었다. 일 년 내내 그 방을 드나들면서 딸이 살아있는 것처럼 생각하였다고 하였다. 이것은 애도가 아니다. 멜랑콜리이다. 가슴속에 남아 있는 딸을 몰아내므로 심리적인 죽음을 또 한 번 하여야 한다. 그리고 잊어야 한다. 회상으로만 불러내서 슬픔을 나누어야 한다. 그것이 정상이다. 박문하는 유년기에 겪었던 가족애의 환상에 심리적 에너지를 보내므로 아들을 잊어 갔던 것이다.

이제 박문하의 수필을 이 관점에서 다시 한 번 살펴보기로 하자.
몇 년 전에 아들을 잃고 심한 슬픔에 빠져 있었을 것이다. 그는 애도의 과정을 겪으면서 심한 아픔을 겪었을 것이다. 그런 와중에 아들은 점차 회상으로 나타나지만 슬픔의 강도가 약해져서 나타났다. 애도를 겪는 중에 어린 시절에 겪었던 행복의 경험을 환상으로 떠올리면서 가족애에 대한 보상을 하였을 것이다. 그러나 가족애를 염원하는 그의 소망은 욕망으로 그에게 출몰하고 있었을 것이다.

현재의 경험은 과거의 경험을 기억으로 불러낸다. 초가집 앞에서 과거의 경험이 현재의 기억으로 되살아 난 것은 가족 간의 사랑을 소망하는 그의 욕망의 표현이다. 이것은 박문하가 잃어버린 가족 간의 사랑을 회복하려는 그의 원망이 환상으로 나타난 현상이다. 이것은 정상적인 심리기전이므로 나쁜 것은 아니다. 여기서 멜랑콜리로 발전하면 병이 되므로 어떤 수단을 사용하든지 애도의 과정을 겪는 것이 건강한 자세이다. 초가집을 기억에서 불러내서 가족애의 환상을 경험하므로 쾌락을 즐기려는 것은 좋은 방법이다.

애도와 멜랑콜리의 구별은 자기애가 있느냐, 없느냐로 따진다. 박문하는 아들의 기억은 짧은 한 줄로 표현하였다. 초가집 앞에서 가족과 사랑을 나누던 유년시절의 환상에 빠져 있는 박문하는 정상적인 '자기애'의 발로인 것이다. 그는 애도를 하고 있는 것이다.

박문하의 수필에서 그는 슬픔의 감정을 수필쓰기를 통해서 방출하고 있다. 일반적으로 애도하는 슬픔을 표현하려고 한다. 가슴에 가두어 두어서는 안 된다. 그래야만이 심리적 에너지를 대상이 아닌 상징물에다 투여하게 된다.

수필에서도 읽어 보았듯이 그는 '자기애'의 끈을 놓지 않고 있다. 슬픔을 나타내고 있지만 가족과 사랑을 나누던 소망이 스며들어 있으므로 '자기애'의 끈을 힘껏 붙들고 있다. 옛날에 그가 이루어지기를 소망했던 가족 간의 사랑을 아들을 잃고 나서 회상으로 불러내므로 그는 다시 자신의 삶으로 되돌아갈 수가 있었다.

애도의 방법으로 수필쓰기를 하는 것은 좋은 글쓰기로 본다.

박문하는 1970년대에 간암으로 일찍 죽었다. 불행한 유년을 보내고, 사랑하는 아들까지 잃은 슬픔을 맛보며 살았던 그의 죽음에 나는 애도를 표한다.

수필은 욕망을 담고 있다

 '글은 곧 사람이다.'라는 말은 하나의 금언이다. 수필이론서마다 주장하는 말이 '글은 곧 그 사람의 인격'이라고 한다. 인격이라고 하면 한 사람을 총체적으로 나타내는 뜻이지만 일반적으로는 한 사람의 긍정적인 측면만을 뜻한다. 그래선지 수필에는 인간의 긍정적인 측면을 표현한 내용이 유난히 많다. 굳이 이유를 따진다면 수필론에서 주장하는 '인격'에서 찾아야 할 것 같다.
 나도 그 말에는 전적으로 동조한다. 그러나 표현을 달리하여 '수필은 그 사람의 욕망을 표현한다.'라고 말하겠다.
 욕망이란 무엇이며, 그 욕망이 수필에 어떻게 담겨지는가를 알아보겠다. 그리고는 수필의 치료적 효과도 검토해 보겠다.
 인간이 태어날 때의 마음은 마치 티 한 점 없는 흰 종이 같다는 가정을 한다. 사람에 따라서 성악설로 보는 사람도 있고, 성선설로 보는 사람도 있지만, 욕망이론에는 아무런 것도 등록되어 있지 않은 공백의 심리상태에서 출발한다. 출생 후에 겪는 여러 경험과 반응이 심리에 등록되면서 그 사람의 특징적인 인격체를 형성해 나간다.

태어나서 첫 경험으로 배고픔을 겪으면 배를 채우고 싶은 욕구가 생긴다. 욕구란 육체적 차원에서 원하는 것을 말한다. 아이는 자신의 욕구를 알리기 위해서 '으앙' 하고 울음으로 신호를 보낸다. 이것은 어머니에게 젖을 달라는 요구의 표현인 것이다. 울음은 어머니에게 자신의 의사를 전달하는 '언어적 의미'이다. 요구는 자신의 욕구를 언어적으로 표현할 때를 말한다. 욕구가 요구로 바뀌어야 상대방에게 의사가 전달되므로 욕망이론(라캉의)에서 언어적 표현을 아주 중요하게 생각한다.(라캉은 인간의 심리구조는 언어와 다름 아니다, 라고 하였다.) 어머니는 아이의 요구를 인지하고 아이에게 젖을 물려주었다. 아이는 젖을 빨므로 배고픔이 해소되었다.

이 과정을 다시 한 번 살펴보겠다. 배고프다는 것은 긴장이 오면서 불쾌감이 나타났음을 말한다. 젖을 먹고 배가 불러오면 긴장감이 해소되는 동시에 만족감을 느낀다. 쾌락을 맛보게 된다. 우리도 배가 고플 때 밥을 먹으면 얼마나 기분이 좋아지는가. 이것을 충족체험이라고 한다.

이것으로 모든 것이 해결되면서 한 단락의 사건이 마무리되는 것은 아니다. 더구나 이 세상에 태어나서 최초로 맛보는 충족 체험은 그의 심리에 어떻게 반영이 될까? 육체적인 포만감과는 다르게 그의 심리에 쾌락의 기억으로 등재된다. 기억이라기보다는 심리적 차원에서 저장이 된다. 이 과정을 다시 한 번 반추해보면 배고픔 – 울음 – 어머니 젖가슴-입으로 빨기 – 포만감(충족) – 쾌감이라는 과정을 생각할 수 있다. 이뿐만이 아니다. 어머니의 젖가슴에 대한 느낌의 기억, 젖꼭지를 빨 때의 입과 입술에서 느꼈던 보드라운 감촉, 어머니의 젖가슴과 뺨이 닿았을 때의 따뜻하던 느낌 등 수많은 충족감의 자료가 쾌락의 기억 속에 포함되어서 같이 저장된다.

시간이 지나서 다시 배고픔이 찾아왔다. 이때 배고픔으로 오는 불쾌감은 첫 경험 때와는 다르다. 육체적인 욕구가 일어나는 동시에 심리에 등록된 기억들이 동시에 작동을 한다. 젖을 빨므로 육체적 욕구가 해소되는 동시에 심리에 기록되어 있는 즐겁고 기뻐하였던 경험이 같이 이루어지리라는 기대도 하게 된다. 프로이트는 이러한 심리적 충동을 소원이라고 부르고, 소원이 이루어져서 최초에 느꼈던 지각을 맛보면 소원성취라고 하였다.

기대는 기억을 회상하는 형식으로 나타난다. 기억에서 회상으로 불러올 때는 환상이 끼어든다고 하였다. 환상이 끼어들면 본래의 기억이 다른 모습으로 바뀌게 된다. 심리적인 기대감에는 최초에 경험하였던 충족 체험에서 맛본 쾌락과는 이미 많이 변한 모습으로 나타난다. 배가 고파서 젖을 빠니까 육체적인 욕구는 해결이 되었지만 예전에 맛보았던 심리적인 즐거움은 그대로 느껴지지 않는다.

심리적인 기대는, 심리에 등록해두었던 기억을 되살려 낼 때 처음 느꼈던 사실 그대로가 아니고 환각이기 때문이다. 어쨌거나 심리에 등록된 쾌락을 맛보려는 심리적인 소망을 욕망이라고 한다.

요약하면 욕구는 육체적인 것이고, 요구는 언어적인 것이며, 욕망은 심리적인 것이다.

심리에는 어떻게 등록될까? 배고픔과 젖빨기에 오는 충족감이 더해지고 입술에서 느꼈던 달콤한 느낌과, 어머니의 젖가슴에서 느꼈던 따뜻함도 같이 등록되므로 욕망은 훨씬 더 확장되고 광범위해진다. 환상이 끼어든 기억은 사실이 아니므로 실현 불가능한 상태이다. 확장된 욕망이란 아예 채워질 수 없음이 전재된다. 욕망이란 결코 충족할 수 없는 것을 요구하는 허상으로 남을 수밖에 없다.

라캉 식으로 좀 더 설명을 하자면 그 대상이 환상 속의 쾌락을 따라서 어머니의 젖가슴, 피부감촉, 입술의 감촉 등으로 끊임없이 장소를 바꾸면서 채워지지 않는 결핍만을 맛본다는 것이다. 그래서 욕망이란 영원한 결핍이라고 하였다.

충족을 주는 대상이 환상에 의하여 피부로, 입술로, 빨기로 이동하거나, 어느 한 부분에 고정되기도 한다. 입에 고정되면 구강 성욕자가 된다는 뜻이다. 배고픔의 충족체험이 본래의 장소에서 전혀 다른 곳으로 이동하여 간다. 그러면서 충족감은 영원히 맛볼 수가 없으므로 욕망은 결핍으로 대체된다.

지금까지 배고픔을 예로 들어서 설명을 하였지만 모든 욕망은 그런 방식으로 형성된다. 배고픔-젖빨기라는 공식의 자리에 우리의 모든 욕망을 넣어서 생각하면 똑같은 방정식이 성립된다. 남녀 간에 이루어지는 사랑의 방정식도 상대성을 갈망하기-상대성과 접촉하기란 공식으로 말할 수 있다. 이 방정식은 배고픔의 경우와 마찬가지 기전으로 심리에 등록되어 욕망이 만들어진다. 그 욕망도 결국은 결코 채워질 수 없는 결핍으로 대체한다. 어느 시인은 '사랑하는 여자가 내 곁에 앉아 있는데 결코 그리움은 없어지지 않는다.'면서 절규하는 것도 이런 이유 때문이다.

배고픔이 올 때 밥을 요구하는 행동을 하도록 하는 힘은 무엇일까? 행동을 하기 위해서는 심리적으로 어떤 변화가 온다. 욕망일까. 욕망은 심리적인 현상일 뿐이지 행동하는 것은 육체적 차원에서 일어난다. 충족 체험, 즉 만족감은 육체적 자극을 통하여 이루어지므로 이 둘을 분리하여서 생각할 수는 없다. 이 둘을 연결시켜주는 힘을 프로이트는 욕동이라고 하였다. 심리적인 요인이 나타나면 육체가 그 요인에 따라서 행동하도록 하는 힘을 말한다.

심리적이 욕망이 충족되기 위해서는 반드시 육체적인 행동과 육체적인 지각이 필요하다. 그 사이에 다리로 연결해주는 것을 욕동이라고 하였다. 긴장이 올 때 그 긴장(불쾌)을 없애는 일은 주로 육체적 차원에서 방법을 구한다. 이때는 정신과 육체라는 이원론적인 관념이 나타난다. 정신과 육체가 대립적인 양상을 띠는 것은 동서양을 막론하고 문화일반 양상이다. 그렇다면 욕망의 소원성취를 이루기 위해서 내면의 욕망을 육체가 고분고분 따르지 않으리라는 것을 짐작할 수 있다. 실제로 내면의 요구를 육체가 거부할 수밖에 없는 제약이나 조건은 아주 많다.

수필 쓰는 일은 최종적으로 펜을 잡고, 글을 쓴다는 행동으로 나타난다. 지금까지 살펴본 바로는 그냥 펜을 잡고 글을 쓰는 단순한 과정이 아니고 경험-기억-회상이라는 아주 복잡한 과정을 거치고 난 후에 나타난다. 이 과정을 통과하는 동안에 별의별 심리적인 요소들이 참여하여 간섭한다. '수필은 그 사람이다.'라고 간략하게 말해버리기에는 내키지 않는 구석들이 너무 많다.

글을 쓰게 하는 심리적 에너지인 욕동이 일어나면, 욕동을 언어로 표현하여 미지의 독자에게 전달하므로 작가는 충족 체험을 경험한다.

프로이트는 심리적 에너지의 근원으로 배고픔과 사랑 두 가지로 집약하였다. 배고픔은 자신이 생명을 유지해야겠다는 개체보존 본능을 말하고, 사랑은 종족을 보존해야겠다는 의미에서 성욕동을 의미한다. 인간에게 행동을 유발시키는 것이 쾌락을 향한 욕동이라면 성적 쾌락 이외에는 설명할 길이 없다는 것이 프로이트의 주장이다.

배고픔을 해결하는 젖빨기도 입, 젖가슴, 피부접촉 등 모든 것이 성적쾌락과 연계되어 있다는 주장을 폈다.(성욕동 이론은 프로이트의 가설이다.)

욕동은 본능과 다르다고 주장하였다. 본능은 반사적인 반응으로 행동한다. 욕동에 의한 반응은 단순히 반사적이지 않고 흥분, 즉 쾌락이 나타나는 장소가 개체마다 다르게 나타나므로 일률적인 반응을 보이는 본능과 달리 차이가 나타난다. 개체의 경험이 신경조직에 각인될 때는 개체의 역사, 문화, 사회적 배경이 관여하기 때문이다.

노골적으로 말하자면 성감대가 사람마다 다르다. 성욕구는 배가 고플 때 포만감으로 느끼는 충족 체험과는 분명히 다른 쾌감을 가져다준다. 쾌감을 나눈다면 생리적(육체적)으로 충족시켜서 주는 쾌감과 성쾌감 두 종류뿐이라고 하였다. 즉 성욕은 생리적 욕구로 환원할 수 없는 쾌감을 가져다주는 모든 범주의 흥분과 그에 따른 심리 활동을 말한다. 성욕구는 배고픔처럼 육체적인 욕구를 충족시키므로 얻는 것이 아니다. 예를 들어서 시험에 합격하였다는 말을 듣고 쾌감을 느꼈다면 이것은 생리적인 충족으로 환원되는 쾌감이 아니므로 성욕동으로 분류한다. 성행위로 오는 육체적 쾌감을 말하는 것이 아니다.

육체적인 결핍을 욕구라고 한다면 육체적 결핍이 충족될 때 지각되는 만족감에 덧붙어서 따라오는 심리적 즐거움은 욕동과 관계있다. 이것은 말로 표현할 수 없는(육체적인 것이 아니고, 정신적이고, 심리적인 것이므로 표현할 적당한 언어가 없다.) 감미로움이다. 달착지근한 사랑의 맛이라고 할까? 하여간에 그렇게 느끼는 쾌감이다.

욕구는 현실적으로 충족이 가능하다. 배고픔에는 음식물만 공급하면 포만감을 느낀다. 그러나 욕동에서 오는 소원은 현실적으로 충족이 안 된다. 다만 환각적인 충족만 가능하다. 더 엄격히 말하면 욕구는 충족가능하고, 욕동에 의한 것은 충족불가능하다. 성 쾌감은 영원히 채워질 수 없다는 뜻이다.

생리적 욕구와 성 욕구는 우리의 심리를 구성하는 두 축이다. 이제는 성욕구가 성적 쾌감을 말하는 것이 아님을 알았을 것이다. 심리적 욕망은 육체를 통해서 표현하는 길 이외에는 표현하는 방법이 없듯이 성욕구를 성적 쾌락을 통해서만이 설명이 가능하기 때문이다.

동물과 인간이 다른 점은 동물은 내면에서 일어나는 욕동을 본능에 의하여 행동한다. 인간은 역사와 문화 배경이 작용하므로 본능적으로 반응하지 않는다. 본능은 어떤 목적을 위해서 행동한다. 생식본능, 식욕 등이 해당한다. 그러나 욕동은 쾌락을 목표로 하지만 목표에 도달한 적이 한 번도 없다. 욕동은 실패를 전재한다. 성본능이라고 하면 후손을 생산하는 것이 목적이고, 쾌락은 부수적인 것이다. 성욕동은 쾌락 자체가 목적이고 종족보존은 아무런 관련이 없다. 성도착 환자(구강성욕자)는 성교에는 전혀 관심이 없이 그냥 빠는 것에만 집착한다. 욕동은 실패를 특징으로 하므로 빨아도, 빨아도 만족하지 못하므로 반복하여 빨고 싶어 한다.

말하자면 심리적으로 추구하는 쾌락은 영원히 채워지지 않는다. 심리적인 쾌락은 육체적인 쾌락처럼 어떤 실체가 없이 환상으로만 존재하기 때문이다. 환상과 현실은 대립적인 것이므로 현실에서는 만족으로 해결할 방법이 없다.

욕동의 또 하나의 특징이라면 대상이 수없이 나뉘어져 있다는 것이다. 성도착증에서 구강성욕자의 예를 이야기하였지만, 성욕동은 수없이 많은 성감대의 장소에 따라서 부분화되어 있다. 사람에 따라서 더 좋아하는 욕동의 장소가 있다고 설명하면 될까? 사람에 따라서 성감대가 다르다고 할까? 아니면 사람에 따라서 나는 무엇이 더 좋더라 하는 것을 예로 들까? 식당에 가면 '먹는다'는 욕동은 충족시키려는 것이 목표이지만 나는 무슨 음식을 먹겠다는 것은 사람마다 다르다. 이것은 쾌락의 장소가 부분화되고, 파편화되었다고 말할 수 있다.

여러 번 말하였지만 기억-회상의 기전을 다시 한 번 살펴보자. 경험이란 우리의 지각을 통하여 받아들여서 인지하는 것을 말한다. 지각한 내용이 경험이 된다. 눈으로는 차가 충돌하는 장면을 보았고, 귀로는 금속성이 파열하는 소리를 들었다. 이내 피를 흘리는 사람을 보고 소스라치게 놀랐다고 하자. 이것이 뇌신경에 저장되면 경험이 기억되는 것이다. 지각기관(눈, 귀 등등)에는 아무런 흔적도 남기지 않는다. 기억은 신경조직이 담당한다. 우리는 지각하는 그 순간만 인지할 뿐이고, 기억은 어떤 과정으로 일어났는지 모른다. 무의식이 기억에 관여하여 기억을 조율한다고 한다. 그러나 어떻게 조율하는지는 역시 모른다. 최초에 충족을 주었던 체험의 기억 이미지에 심리적인 힘을 투여하여 재배열한다. 재배열된 이미지는 최초에 충족을 맛보았던 이미지와는 다르지만 유사성과 인접성(은유와 환유)에 의하여 재배열된다. 이것은 최초의 지각 경험을 그대로 실현하려는 마음의 힘이 작용하기 때문이다.

욕망이란 바로 최초에 충족을 주었던 경험 이미지(지각 이미지)를 되찾으려는 충동이다.

귀가 째지는 듯한 금속성 소리에 마음의 에너지를 작동하여 기억하였다면, 어느 순간에 자동차 사고와 관계없이 쇳조각이 부딪치는 소리만 들어도 자동차가 충돌하는 것을 기억해내고 소스라치게 놀란다. '자라보고 놀란 가슴 솥뚜껑 보고 놀란다.'라는 속담이 이러한 심리기전을 가장 잘 말해준다.

배가 고플 때 엄마의 젖을 빨므로 충족 경험을 하였다면 어떤 이유로 입의 촉감이 충족 경험의 기억으로 등록되면 구강 성욕자가 될 수 있다. '어떤 이유'라고 말한 것은 오로지 그 사람에게만 해당되는 이유를 말한다.

수필을 어떻게 쓸까?

최초의 지각에서 기억이라는 과정을 거치고 난 뒤에 회상으로 재현한다. 우리는 욕망이란 영원히 충족되지 않는다는 것도 잘 안다. 이때는 앞에서 살펴 본 여러 조건들이 가공하고, 변형하여 그 사람의 욕망을 성취시켜 주는 방법으로 나타난다. 수필에 표현된 것은 바로 가공하고 변형시킨 내용들로 구성된다.

내 친구는 이런 이야기를 들려주었다.

> 서울 가는 기차를 타고 수원쯤 지나가고 있을 때는 해가 뉘엿뉘엿 넘어가면서 산 그림자가 키를 더해 가고 있었다. 굴뚝에서 연기들이 꾸역꾸역 쏟아지면서 산자락에 안개처럼 퍼져나가고 있었다. 차창을 통해서 그 장면을 아무 생각 없이 바라보고 있었다. 그 순간 자기도 모르게 눈에서 눈물이 주르륵 흐르더라고 하였다. 정말 자기도 왜 그런지를 모르는 순간이었다고 하였다.
>
> 생각해보니까 고등학교를 다닐 때 그는 도회지에 나가서 공부하였다. 토요일 저녁이면 기차를 타고 시골의 집으로 찾아가곤 하였다.

저 멀리쯤서 고향 마을이 보이면 어머니는 어김없이 마을 입구에서 기다리고 있었다. 그때는 해거름녘이어서 시골 마을은 저녁밥 짓는 연기가 자욱히 산마루에서 퍼져나가고 있었다.

다시 친구의 이야기를 통해서 지금까지 알아보았던 마음의 움직임을 살펴보자. 최초의 경험은 저녁밥 짓는 연기가 올라오고 있는 배경으로 어머니가 서 있는 정경이었다. 시각적 지각을 통해서 얻은 경험은 그의 신경조직에 기억으로 저장되었을 것이다. 단순히 사진을 찍듯이 그 정경만을 기억하였을까? 어머니의 여러 이미지들, 사랑스런 모습, 자애로운 모습 등등 가슴을 벅차게 하는 쾌락도 바로 이웃하여 신경조직에 같이 저장되었을 것이다. 연기가 솟아오르는 시골 마을의 저녁 풍경도 어머니와 밀착하여 저장이 되었을 것이다.

두 번째로 어머니와 연계된 기억은 무엇이었을까? 어머니의 부재와 애도의 감정이 아니었을까. 어머니가 돌아가시고 애도의 감정들은 기억으로만 저장되어진 것이 아닐까. 그리고는 무의식과 다른 여러 기재들이 조합하고, 분리하는 여러 작용을 하여 어머니의 이미지를 새롭게 만들어서 저장하였을 것이다. 우리의 기억은 최초의 기억에서 이후의 여러 경험이나, 상상이나, 문화적 배경 등등이 관여하여 저장된 기억은 변형되고 왜곡되어서 새로운 이미지로 저장된다.

마을 입구에 서있던 어머니는 애정이 넘치는 심리적 기억으로 저장되었을 것이다. 어머니에 대한 2차 기억, 3차 기억이 어머니의 부재(죽음)이었는지 모른다. 최초의 애정의 상징인 기억이 애도의 기억으로 변형시켰는지 모른다. 어머니만 생각하면 눈물이 난다는 사람이 많지 않은가. 이제 어머니의 기억은 애도 등의 이미지로 나타나는지 모른다. 그래서 어머니의 기억이었지만 따뜻한 느낌이 아니고 눈물이 났는지 모른다.

눈물이라고 하여 슬픔만을 표현한 것일까?

내 친구의 반응은 어머니에 대한 복합적인 이미지의 반응인지도 모른다. 그의 욕망을 가로지르고 있는 내면의 이미지는 무엇이었을까? 단순히 그리움일까? 단순히 슬픔일까? 아니면 평소에 잘해드리지 못한 죄책감은 없을까? 그렇다면 눈물에는 어머니에게 잘 해드리고 싶다는 욕망이 숨어있을 수도 있다. 죄책감이었다면 친구인 나에게 언어로 표현하므로 긴장의 해소를 맛보았을 것이다. 이것만으로도 치료의 효과가 있었다고 할 수 있다.

미술치료를 참고하면 수필쓰기에도 욕망을 해소하고 긴장을 이완하는 방법으로 활용할 수 있을 것이다. 성욕동을 해소하는 방법으로 찰흙을 가지고 성기와 관련 있는 여러 가지를 만들게 하여 욕동의 감정을 작품으로 노출시키게 한다. 왜냐면 성욕자는 사회문화적인 이유로 표현할 수 없기 때문에 불안으로 존재하는 수가 많다. 그러나 과거에 성학대나 성폭력의 경험이 있는 사람은 오히려 감정을 고조시키는 수도 있으므로 피하는 것이 좋다고 하였다.

미술치료에서 인용한 내용이다. 진흙 만들기를 통하여 자신의 욕동을 방출시킨다. 이런 방법은 일상생활에서는 허용되지 않지만 예술이라는 이름으로는 가능하기 때문이다.

수필도 이런 방법을 적용할 수 있다고 본다. 글쓰기에서 직접적인 표현이 어려우므로 농담의 기법을 이용하거나 적절한 방법을 모색해 볼 만하다고 생각한다.

또 하나의 수필을 읽어보면서 작가는 이 글을 읽으므로 무엇을 얻을 수 있는지 살펴보자.

"그 읍내의 추어탕 집에서 점심을 마치고 막 일어나던 ㅂ씨는 어! 하며 엉덩이에 손이 갔고, 다시 어! 어? 하며 벌레 씹은 얼굴이 됐다.
　의자에 붙었을 껌이 엉덩이에 뭉개져서 붙들고 놓아주질 않았다. 더운 날씨 탓에 껌은 차지게도 퍼져서 접착력을 한껏 발휘했다.
　ㅂ씨는 주인 아주머니를 불러 항의조로 사실을 알렸다. 주인은 '미안타. 죄송하다.'며 휴지를 떼어오고 물수건도 가져와서 진심으로 미안함을 표시하였다."

"주인녀는 '어떤 나쁜 사람이…'를 연방 구시렁거리며 외간남자의 엉덩이를 문지르고 닦고 뜯어냈다. 그러나 껌은 쉽게 지워지지 않았다. 오히려 하얗게 더 퍼져나갈 뿐.
　ㅂ씨는 그러는 것에 더 화가 난 듯, "관둬요. 세탁소에 가면 되겠죠."하더니 식사값을 탁자에 놓고 나가버렸다."

"나는 차로 가서 시동을 걸었다. 그리고는 무심코 조수석 시트를 보니 햇볕에 녹아내린 껌이 실처럼 여러 가닥 늘어져 있지 않은가. 나는 말문이 막혔다."

"범인은 당신이야. 신문지 깔고 앉아서 타기나 해요."
　손가락으로 껌을 가리키며 힐난 투로 말을 던지니 ㅂ씨가 독사에 물린 상을 지었다. '왜 그게 여기 있었지? 하며 숨죽인 소리를 했다. 우리는 도망치듯 식당 마당을 벗어났다."

우선은 주인아주머니에 대한 미안함이다. 심리적으로 죄책감이라고 할 수 있다. 이 글을 쓴 사람은 당사자가 아니고 관찰자이지만 "도망을 치듯 식당 마당을 벗어났다."에서 공범 의식을 가지고 있다. 이럴 경우 가슴에 묻어두기에는 심리적인 에너지 소모가 너무 심할 것이다. 어떤 방식으로든지 해소하려면 고백하듯이 털어버려야 한다. 바로 수필쓰기이다.

두 번째는 직접 당사자에 대한 은근한 불만이 내재되어 있다. 당당하게 밝히지 못하고 있는 그를 비난하고 싶지만 도망치듯이 빠져나온 점으로 미루어서 그럴 입장은 아닐 것이다. 이런 경험은 우리도 많이 하고 있지 않는가. 나와 가까이 있다는 이유 하나로, 또는 좀 더 친하다는 이유 하나로 그 사람의 편이 되어서 옹호하는 일은 흔하다. 그렇더라도 마음의 죄책감을 느낄 수 있을 것이다. 만약에 느끼지 못한다면 수필쓰기를 통하여 자기 성찰을 하는데 도움을 줄 것이다. 이런 양식의 수필쓰기는 나의 마음을 우회적으로 표현하면서 그를 비난하므로 죄책감에서 벗어날 수 있다.

또 하나는 이 글과는 전혀 어울리지 않을 것 같은 '성욕동'도 작용하고 있다. 외간남자의 엉덩이라는 표현에서 느껴진다. 다시 한 번 강조하지만 성욕동은 절대로 성행위를 욕망한다는 뜻은 아니다. 그는 이런 식으로 곤란한 자리에서 도피하고 싶은 욕망을 은연중에 드러내고 있는지도 모른다.

이런 이야기를 그 아주머니 앞에서 떳떳하게 말하지는 못하였다. 표현은 없더라도 무언가 거친 말이 오갔을지도 모른다. 이것을 수필쓰기에서 말할 때는 독자들이 그 상황에 대해서 비난하지 않는다. 글쓰기이니까 허용한다고 보아도 무방할 것이다. 진흙 만들기에서 예술이라는 이유로 허용하듯이. 아니면 표현하기 부끄러운 상황은 이 글에서 솔직하게 쓰고 있지 않을 수도 있다. 수필쓰기에는 수많은 왜곡과 숨김이 나타난다. 어쨌거나 수필쓰기는 자기에게 부담을 주는 감정을 털어버리므로 치료 효과가 있는 것은 분명하다.

수필에는 나를 담는다(1)

1) 나는 누구인가

정인권이라는 40대 중반의 대학교수가 쓴 『남자의 탄생』이라는 책이 있다. 부제를 '한 아이의 유년기를 통해 바라보는 한국 남자의 정체성 형성과 과정'이라고 붙였다.

이 책을 쓰게 된 동기를 소개하면서 '대한민국이라는 사회 전체, 또는 한국문화의 구조적 특징에 관하여 학술적으로 연구하여 발표하려고 시작하였다. 두어 달이 지난 후에 갑자기 자기의 연구 과제에 회의를 느꼈다. '한국은 무슨 한국이냐? 먼저 너 자신이나 정확히 알아라.' 하는 양심의 소리가 들려왔다. 그 소리를 듣고 자책하기를 자기 자신도 모르면서 어떻게 대한민국 전체를 이야기한단 말인가? 그렇다면 나는 과연 누구인가, 하는 의문이 생겼다.

다시 한 번 자신을 되돌아보니까 '슬프게도 내가(정인권) 비판하려고 했던 한국문화의 부정적 특징이 바로 나 자신의 모습에 그대로 반영되어 있음을 알았다. 자기 자신이 비판하려고 하였던 가장 한국적인 특징이라는 '권위주의적 인간'이더라고 하였다.
　지금까지 인용한 그의 글에서 요점만 요약해보자.
　자신이 바로 한국문화의 특징을 고스란히 담고 있었다. 40대 중반의 한 남자로 자신에게 가장 큰 영향을 준 요소는 자신의 유년기라고 할 수 있다. 내가 몸담고 있는 한국 사회를 바라보기 위해서는 반드시 자기 자신이 누구인가를 알아야겠다.
　수필은 자기를 등장시켜서 주변의 사람들과 사소한 인간관계를 따지는 미시적인 것으로부터 사회비평을 비롯하여 국가의 정체성까지 다루는 거시적인 것까지 그 폭이 무한히 넓다. 그렇지만 담론의 한가운데는 언제나 자기 자신이 있다. 그런데도 자신이 누구인가는 따지지 않는 저변에는 세계 질서가 자기를 중심으로 구성되어 있다는 착각에 빠져 있기 때문이다.
　인간은 태어나서 심리발달을 위시하여 학습, 인지, 신체 발육까지 발달의 과정을 거치면서 어른으로 성숙한다. 정인권의 말대로 한다면 40대의 한 중년 남자로 탄생한 것이다. 신체적, 생리적 발달도 관여하고, 심리발달 과정도 중요한 역할을 한다. 인간과 환경과 접촉하여 새로운 적응 과정을 밟는 것도 중요하다. 지금도 우리는 끊임없이 이 과정을 밟아가고 있다. 정인권은 그 중에서도 심리발달에 중점을 두고 자기 자신을 돌아보고 있다. 우리도 그가 돌아본 방법으로 나를 되돌아볼 필요가 있다.
　'바라보기'라고 한다면 우리는 두 가지 방법이 있다. 자기의 밖에서 바라보기이고(seeing as) 하나는 자신의 안을 바라보는(seeing in) 방법이다. 정인권은 자신의 내면을 바라본 소감을 이렇게 적고 있다. 야구에서 안타를 치려면 방망이를 짧게 잡고 휘둘러야 한다. 실패를 하고 뒤돌아보니까 자기는 방망이를 힘껏 휘두르더라고 하였다. 홈런을 염두에 두었기 때문이었다. 그뿐만이 아니고 여기저기서 자신의 잘못된 부분들이 수없이 보이더라고 하였다. 그것들은 예전에는 오히려 자랑스럽게 생각하였던 것들도 있었고, 예전에는 잘잘못을 의식조차 하지 않고 살았던 일들이 수두룩하였다. 그런 것들을 전부는 볼 수가 없었지만 조금씩 보이더라고 하였다.

우리도 지금까지 걸어왔던 길을 되돌아보면서 정인권의 말을 이정표 삼아 조근조근 따져보면 많은 것들을 새롭게 볼 수 있을 것이다. 그는 아버지와 어머니의 이야기를 시작으로 자기 탐색의 길에 나아 갔다. 그는 왜 '내가 누구인가?'의 답을 찾아 나선 길에 제일 먼저 아버지와 어머니를 찾아 갔을까? 그 두 분은 그만큼 오늘의 자기로 태어나는데 중요한 역할을 하였기 때문이다.

"어버이 날 낳으시고….." 라는 옛 시조를 배울 때 반 아이들이 모두 까르르 웃었다. 문장의 내용이 얼마나 비실제적인가를 두고 모두 웃었던 것이다. 이제 와서 생각하면 그 웃음은 우리가 얼마나 무지하였는가를 말해준다. 어머니에게서 생물학적인 내가 탄생하였다면 아버지로부터는 사회적인 내가 태어났기 때문이다. 사회적 인간으로 살아갈 수 있는 나의 정체성은 아버지-나-어머니의 삼각관계가 만들어 준 갈등과 해결의 과정을 겪으면서 형성되었다.(오이디푸스 콤플렉스) 부모는 내 정체성의 바탕이 된 것이다.

내가 나이게 하는 것을 '자아'라고 부른다. 프로이트는 자아는 동일시에 의해서 형성된다고 하였다. 프로이트만 등장하면 이야기가 자꾸 어려워지지만 인간의 심리를 이해하기 위해서는 조금은 알아야 도움이 된다.

내가 태어나서 갓난아기일 때는 아무런 거리낌없이 행동하지만 점차 성장하면서 행동을 자제한다. 이렇게 스스로 행동에 제약을 가하는 것은 무엇 때문일까? 아버지의 감시이고 사회적인 금지라고 말한다. 혹시나 내가 아버지의 감시와 사회적 제약에서 벗어나는 행동을 할까 봐서 나 스스로 나를 감시한다. 내가 나를 감시하는 감시의 눈은 아버지로부터 유래한다. 아버지의 감시에서 벗어날 수 없으므로 아버지가 원하는 데로 내가 따라간다. 이것을 아버지에 대한 동일시라고 한다.

아버지가 나를 언제나 감시하고 있다고 생각하므로 아버지가 실제로는 외국에 출장을 가셔서 안 계시더라도 얌전하게 법도를 지키면서 생활한다. 아버지가 공부를 잘하라고 하였으므로 멋대로 밖에 가서 놀지 않고 책상 앞에 앉아 있다. 아버지가 도둑질을 하면 심하게 벌을 주었으므로 도둑질을 할 생각은 아예 꿈도 꾸지 않는다. 아버지가 감시한다는 생각이 병적으로 과장되면 관찰망상에 이르러 병적으로 되지만 정상인들도 모두 가지고 있는 심리 상태이다.

아버지가 내 안으로 들어와서 나를 감시하는 것을 '초자아'라고 한다. '양심'이라고도 말한다. 초자아는 단순히 자신의 잘잘못을 감시만 하는 것이 아니고, 잘못을 저지르면 벌을 준다. 이러하므로 바로 양심과 연결된다. 양심에 찔린다는 말은 괴롭다는 뜻이 된다.

우리의 마음을 가만히 들여다보면 아버지가 금지하는 것을 저질러보고 싶은 마음도 있다. 그렇게 하지 못하도록 감독하고, 처벌까지 하는 마음도 있다. 이 두 마음은 갈등을 일으키고 있다. 우리가 죄의식을 느낀다는 것은 양심(혹은 초자아)이라는 재판관이 아버지의 금지법을 어기고자 하는 마음에 유죄 판결을 내렸기 때문이다.

아버지란 그냥 금지만을 하는 법의 존재일 뿐일까? 우리는 아버지를 통하여 '아버지처럼 하면 안 돼.' '아버지처럼 할 권리가 없어' 하는 금지와 '아버지처럼 돼야 해.'라는 내 행동의 모델로서 아버지가 있다. 다시 말하면 아버지는 우리에게 두려움의 대상인 동시에 사랑의 대상이다. 양심으로 말해지는 아버지는 우리에게 두려움의 대상인 동시에 사랑의 대상이다. 우리의 마음에 죄책감과 열등감을 심어주는 존재이다. 아버지의 요구를 따르지 못할 때의 죄책감과 아버지만큼 능력이 없다는 데서 열등감이 생기는 것을 생각하면 아버지는 우리에게 얼마나 무거운 존재인가.(어린아이의 눈으로 볼 때 아버지는 전지전능한 사람으로 보인다. 자기는 아버지처럼 할 수 없다는 데서 열등감이 생긴다.)

그러나 우리는 아버지를 거의 모른다. 알려고 하지도 않고 외면하고 있는 실정이다. 정인권의 글을 다시 인용해보자. 부모가 자기에게 중요한 존재라는 것은 상식적으로는 인정하고 있었지만 정작 그 부모가 무엇을 어떻게 생각하고 있으며, 어떤 행동을 하였으며, 어떤 방식으로 나에게 영향을 주었는지에 대해서는 전혀 모르고 있었다. '나'를 알기 위해서는 나의 성장에 가장 많은 영향을 주었던 아버지와 어머니를 아는 것은 아주 중요하다. 수필에서 아버지와 어머니를 다룬 내용들이 무수히 많다. 우리가 아버지와 어머니를 소재로 글을 쓸 때 과연 얼마나 많이 알고 있을까? 그러나 아버지를 아는 일이 결코 쉽지 않다. 우리 문화에서는 아버지란 자식이 건드릴 수 없는 하나의 성역을 구축하고 있기 때문이다. 그렇지만 그 성역을 깨뜨리지 않고는 나를 좀 더 깊이 알 수 없다.

현실적으로 우리는 부모 세대를 무시해버리지는 않았을까? 나의 어머니는 1912년생이다. 이미 돌아가셨지만 나이로 따진다면 거의 100세에 가깝다. 학교라고는 문 앞에도 못 가본 분이다. 어릴 때의 어머니는 언제나 한복만 입고 있었다. 간간이 농사철이면 들에도 나갔다. 초등학교를 다닐 때는 어머니의 말이 절대 진리였다. 내가 물으면 만물박사처럼 척척 대답해주었다.

언제부터였던가, 대학을 다닐 때나 성인이 되었을 때는 어머니에게 세상의 이치에 대해서 질문해 본 일이 거의 기억나지 않는다. 오히려 내가 어머니에게 세상 돌아가는 일을 많이 이야기 해 주었다. 어머니는 그냥 고개만 끄덕끄덕하거나 '세상 말세야.' 하는 것이 고작이었다. 말세라고 말하는 어머니에게 내가 동조한 일은 생각나지 않는다. 어느 사이에 내가 부모 세대들보다 더 많이 안다는 믿음에 사로잡혀 은근히 부모의 의견을 무시해버린 것 같다. 절대적 신봉자에서, 무시해버린 존재로 전락해버린 아버지와 어머니를 우리는 어떻게 기억하고 있을까? 내가 기억하고 있는 부모의 모습이 부모의 전체의 모습일까? 부모를 무시하던 그 관념이 부모를 남에게 드러내는 것을 부끄러워한 일은 없었을까? 남에게 숨기고 싶었던 아버지의 모습이 나의 탄생에 더 큰 영향을 준 진짜 모습이 아니었을까?

아버지가 금지하는 것은 우리 문화가 금지하는 것이다. 아버지에게 존댓말을 써야 하는 것은 아버지의 법이기 이전에 우리 사회문화의 법이다. 그렇다면 가족의 바깥에 더 엄격하고 더 큰 존재로서 아버지가 존재하고 있다. 아버지의 법과 사회의 법이 모두 내 안으로 들어오면 양심이라는 것이 만들어진다. 이 법들은 '자아'라는 나를 만드는 데 한몫을 하면서 거들었다. 나 혼자 힘으로 내가 만들어진 것은 절대 아니다. 우리가 무시했던 아버지 세대가 우리를 만들었다고 생각해 보았는가? 우리는 가족들과 한 울타리 안에서 살을 비비고 감정들이 부딪혀 가면서 가족 로망을 엮어 왔다. 사랑과 증오가 교차하는 오이디푸스기를 넘기면서 자아를 형성하였고, 오늘의 나로 성장하였다.

우리는 나 자신을 알기 위해서 가족 간에, 부부와 나 사이에 사랑의 관계뿐 아니고, 증오의 관계도 꼼꼼히 들여다보아야 한다. 프로이트가 '가족 로망'이라고 하였을 때는 애증이 날줄과 씨줄을 만들면서 짜여 있는 관계를 말한 것이다. 가족 로망에서 우리는 애증의 바다를 헤엄쳐 건너왔다.

어린 시절을 회상해보면 우리는 아버지에게 말 잘 듣는 아이로 보이고 싶어서 얼마나 안달하였던가? 아버지의 안색을 살피면서 친구들과 놀고 싶은 마음을 꾹 누르고 책상 앞에 앉아 지루한 시간을 보내지 않았던가. 마음속으로는 아버지를 원망하면서도 겉으로는 그런 내색을 전혀 하지 않고 공부를 하는 척하지 않았던가.

우리는 우리의 본심과는 다른 가면을 쓰고 있었던 것이다. 이것을 '페르소나'라고 부른다. 정신분석 용어 사전에서는 이렇게 설명하고 있다.

"페르소나(persona)는 배우의 가면과 같은 것이다. 같은 의미로 페르소나는 사람이 자기가 아닌 사람으로 나타나려고 할 때 쓰는 가면이다. 인간은 살아가면서 많은 역할을 해야 하고, 타인의 요구에 맞추어서 어떤 행동이나 태도를 취해야 한다. 그런 면에서 페르소나는 유용하고, 꼭 필요한 가면이다.

그러나 페르소나는 해로울 수도 있다. 어떤 사람이 페르소나를 실제의 자기로 착각하는 경우 여러 가지 문제가 생겨난다. 그는 우리

삶에 필요한 또 다른 성격들을 발달시키지 못하고 진정한 자기로부터 소외된다. 이런 형상은 정신 건강을 크게 해치고, 심한 경우 인생을 망치기도 한다."

우리는 성장하면서 우리에게 기대하고 있는 주변 사람의 시선을 의식하고, 받아들여서 그 사람들의 기대에 부응하려고 한다. 그런 마음가짐의 한가운데에 아버지가 계신다. 어머니가 계신다. 그리고 내가 존경하는 사람들이 있다. 학교의 선생님도 계시고, 위인전에서 읽은 위인도 있고, 그 시대에 한창 인기가 있는 연예인도 있고, 운동선수도 있다. 반대로 내가 싫어하는 사람도 나에게 영향을 준다. 이 모든 영향들이 내가 쓴 가면의 형태와 색깔을 정해준다. 오늘의 내 가면을 만들어 준다.

내가 아는 분이 이런 이야기를 들려주었다. 초등학교를 다닐 때 집이 가난하여 어머니와 떨어져서 할머니와 살았다. 학교의 담임선생님이 반 아이들을 10여 명 모아서 자기 집에서 과외를 하였다. 자기는 그곳에 가고 싶었으나 돈이 없어서 가지 못하였다. 그 선생님은 시험을 치면 성적대로 앞자리에 앉혔다. 과외를 받는 반 친구들은 항상 앞자리를 차지하였다. 그것이 그렇게 부러울 수가 없었다. 한 번은 시험성적이 아주 좋게 나왔다. 당연히 앞자리에 가고도 남을 성적이었다. 그런데 선생님은 과외받는 친구들을 앞히고 자기는 앞자리에 앉히지 않더라고 하였다. 그 후로는 지금까지 선생님에 대한 부정적인 시각이 지워지지 않는다고 하였다. 자기의 아이들이 학교를 다니면서 그런 생각을 지우려고 아무리 애를 써도 지워지지 않아서 오히려 괴로울 지경이라고 하였다.

나에게도 그런 경험이 있다. 내 학교 동기들 중에는 유난히 선생님이 많다. 동기 모임에서 그들이 교사의 어려움이나 사명감을 이야기할 때 충분히 납득이 되는 이야기인데도 가슴 한 구석에서는 강한 거부감이 꿈틀거리는 것을 느끼곤 하였다. 이처럼 부정적인 것도 내 속에 들어와서 자리를 잡는다.

　나를 알기 위해서는 아버지를 들여다보는 것이 중요하다. 어릴 때에는 하늘보다도 높아 보이고 바위보다도 더 묵직해보이던 아버지의 위상이 내가 자란 후에는 남에게 아버지를 드러내기가 부끄러워하는 존재로 둔갑한 일은 없었을까? 우리의 기억 속에 있는 아버지는 두 모습을 하고 있다. 우리는 두 모습의 아버지를 모두 살펴보아야 한다. 어릴 때 아버지의 권위를 인정하고 따르려고 하였던 가치관은 내 인격의 밑바탕이 되어 있다. 어린 시절이 지나가면 배가 고파도 아직까지 어머니가 밥을 짓지 않았음을 알고는 욕구를 누르고 참을 줄도 알게 된다. 가족 사이에는 애증이 쌓여가지만 우리는 가족 소설을 써가면서 오늘의 나로 성장해 왔다.

　이렇게 나의 인격을 형성하는 심리기전은 누구를 닮으려고 하는 '동일시'에 의한다. 학교에 다니면서 선생님도 만나고, 학우도 만나므로 닮고자 하는 대상이 아버지 이외로 확장된다. 우리는 동일시를 통하여 끊임없이 나의 인격을 형성해간다. 미움도 배운다. 이런 요소들도 마음에 남아서 평생을 내게 나쁜 영향을 끼친다. 인격이란 고정불변이 아니고 사랑과 미움의 마음을 쌓으면서 변하여 가지만, 뭐니 해도 가족 로망에서 형성된 인격이 기초가 된다.

　우리가 가족 이야기를 할 때는 많은 거짓말이 끼어든다.

　"천성이 온유하고, 인자하여 남의 말을 잘 믿었던 선친께서 친지의 딱한 간청에 이끌려 보증을 선 것이 화근이 되어 가산을 몽땅 차압

당하고 말았다. 인정이 죄책이던가. 집도 절도 없이 온 살림이 다 넘어가는 판국에 어머님이 품에 아끼던 돈 몇 냥을 두고 가까스로 빼낸 것이 이 다듬잇돌이었다."

유명한 수필가가 쓴 이 글에서 아버지를 나쁘게 말하는 내용은 어디에도 없다. 어쩌면 자신의 개인사에서 크나큰 영향을 주었을 사건 앞에서도 아버지이기 때문에 "천성이 온유하고 인자하다."라는 표현으로 아버지를 설명하고 있다.

이 수필가에게 이렇게 글을 쓰도록 한 것은 무엇일까? 아버지를 나쁘게 말해서는 안 된다는 사회적인 묵계가 작용한 것은 아닐까? 냉정하게 바라보자면 이 수필가에게 아버지는 그냥 인자하고 좋으신 분이었을까?

우리가 쓰고 있는 페르소나에는 사회적 가치가 그대로 반영되어 있다. 페르소나를 설명하는 사전에서 이로운 점도 있지만 해로운 점도 있다고 분명히 말하였다. 가면을 쓰고 있는 자신을 진짜 자신이라고 믿게 되면 이득이 되기보다는 오히려 낭패를 보는 수가 있다고 하였다. 남의 얼굴을 자기의 얼굴로 착각하기 때문이다. 자기를 바라볼 때는 가면 뒤에 숨어 있는 진정한 자기의 얼굴을 보자는 뜻이 강하다.

우리는 언제나 바깥에서 자기를 바라보는 시선을 의식하면서 살고 있다. 아버지가 착한 사람이 되기를 바라면 착한 사람이 되고자 한다. 사회가 수영선수 박태환을 환호하면 자신도 환호를 받고 싶어 한다. 박태환을 닮으려고 한다. 운동도 잘하고 싶고, 공부도 잘하고 싶고, 노래도 잘하고 싶고, 수필도 잘 쓰고 싶다. 자신이 그렇다는 환상에 사로잡히는 것은 모든 사람의 공통된 심리이다. 환상 속에 나타나는 자신의 모습이 '이상자아'이다. 이상적인 나의 모습인 것이다. 그러나 상상의 모습이지 실제의 모습은 아니다. 그런데 우리는 수필에서 이상화된 자기의 모습을 표현한다.

　사회의 가치관은 효자이기를 바라기 때문에 자신은 효자라고 생각한다. 아버지를 절대로 비난해서는 안 된다. 아버지를 한없이 사랑하고 존경해야 한다. 이것은 이상화된 자아의 모습이다. 수필에도 이 모습만 나타난다. 가면을 쓴 나이고, 환상 속의 나이지 실제의 나는 아니다. 실제로 우리가 이렇게 사는 것이 도움이 될까? 스스로 생각해 볼 일이다.

　가면은 절대로 고정된 것이 아니다. 우리는 사회와 부딪히면서 가치관의 변화를 겪는다. 자기 성찰을 통해서 가면의 형태와 색깔도 수시로 바꾼다. 이렇게 살아오면서 오늘의 자기 모습이 만들어진 것이다. 우리가 수필을 쓰는 이유도 나의 가면이 무엇이며, 가면 뒤에 숨어 있는 모습은 어떠한가를 알아보기 위해서이다.

　더욱이 중년기에(우리나라에서는 흔히 4~50대를 일컫는다.) 접어들면 직업에서나 경제생활에서 안정되고 여유를 가진다고 한다. 그러나 신체적 퇴행이라는 또 다른 복병이 기다리고 있다. 정신분석학자들은 우리의 인생이란 끊임없는 갈등의 연속이라고 말한다.

　발달심리학자인 에릭슨은 이 시기를 잘 적응하면 생산적인 삶을 꾸릴 수 있다고 하였다. 그러나 적응하지 못하면 정체감에서 벗어나지 못하므로 생산과 정체의 갈림길이 된다고 하였다. 우리는 이 나이가 되면 지금까지 살아온 자신의 인생을 되돌아보므로 내가 누구인가를 생각해보아야 한다고 하였다. 오늘의 자신을 바탕으로 미래에 대하여 새로운 설계를 하는 것이 바람직하다. 되돌아보면 많은 사람들이 직업이나 성취도에서 젊은 날에 꿈꾸었던 것들을 이루지 못한 자신의 모습을 보게 된다고 하였다. 어쨌거나 오늘의 나를 그대로 긍정하고 미래를 설계하는 것을 권장하고 있다. 현실의 긍정은 정신 건강에서 건강의 지표가 된다.

지난날을 되돌아보는 방법으로서 무엇이 있을까? 수필보다 더 좋은 방법이 있을까? 사람들은 흔히 현재의 나에게 미흡한 점은 느끼지만 이를 극복할 미래에 대한 설계는 어떻게 해야 할지 모르겠다고 한다.

우선 가족 로망부터 새롭게 써 보아야 한다. 자녀들은 떠나버리고, 부부만이 가족으로 남을 때는 가족으로서 부부 관계도 새롭게 정립해 보아야 한다. 일반적으로 여성들은 자녀 양육의 짐을 벗고 남성화되는 경향을 보인다. 독립성도 강해지고, 경쟁심도 생겨나며 삶에서 공격적인 자세를 취한다. 반면에 남성은 의존적이 되고 감상적이 되며 말씨도 설명적으로 차분해진다. 말하자면 여성화되는 경향을 보인다.

일반적으로 가족이라는 짐을 벗고 나면 자신의 여력을 어딘가로 (주로 사회로, 그러나 수필쓰기 등의 개인 취미 생활도) 확장시켜서 더 활동하고 싶어 하는 것은 거의 본능적이라고 한다. 이러한 자신의 욕구를 거부감 없이 시행하려면 자신의 삶에서 정체성이 뚜렷하여야 한다. 말하자면 이러한 삶으로 자연스럽게 옮겨 갈 수 있는 페르소나를 쓰고 있어야 한다. 이런 삶을 에릭슨은 생산이라고 하였다.

이와는 반대로 삶이란 모든 삶의 행태가 자신에게 이익이 되는 것을 지속시켜 온 경우가 많다고 한다. 에릭슨의 분류로는 정체라고 할 수 있다.

가족이나 환경이 바뀌었는데도 모든 행위는 자기중심적으로 (흔히 이기적이라고 말한다.) 하게 된다. 자기중심적 사고를 한 겹 벗겨보면 자신을 어린애처럼 생각하고, 베풀기보다는 보호받기를 바라는 심리가 기저에 깔려 있다. 어린애의 성격이란 것이 바로 이기적이며 남을 배려하는 상호성이 약한 것이 특징이다. 이러한 어린이 성격은 동일시 심리기전을 통하여 사회의 가치에 순응하는 자아가 형성되지만, 그렇지 못한 사람들이 정체의 늪에 빠지게 된다. 자연히 고립된다.

이들의 특징이라면 자기의 이익이 되는 이외의 일에는 지극히 냉소적이다. 흔히 하는 말로 '누가 그런 일 한다고 밥 먹여 주나.' 하는 식이다. 그러고 보니 나도 어릴 때 만화책을 보다가 들키면 '공부를 해야지. 그런 책을 보면 밥을 못 먹는다.'는 말을 많이 들었다. 그런 것들이 내 신경조직에 각인이 되어서 나의 자아로 등록될 수도 있다. 나만이 아니고, 우리 세대들은 거의가 밥과 연관된 이야기를 많이 들으면서 자랐기 때문에 사회봉사나 예술활동에 인색한지 모르겠다. 이들의 특징 중에는 돈 씀씀이도 자기에게는 후하지만 남에게는 인색하기 짝이 없다.

이런 성격은 가족 로맨스에 의해서 2세에게 고스란히 전해지는 경향이 있다. 비창조적이고, 상호성이 부족한 자녀를 두는 수가 많다.

이제는 수필을 통해서 차분히 자기를 되돌아 볼 수가 있을 것이다. 수필쓰기를 한다고 밥 먹여 주느냐고 하면 더 이상 할 말이 없다. 그러나 수필쓰기를 통해서 '내가 누구인가'를 바라보아야 한다. 자신의 아픈 과거도, 괴로운 과거도 다시 한 번 대면하여 새로운 가면을 만들어 낼 수 있어야 한다.

이 나이 때의 또 하나의 특징이라면, 죽음이 멀지 않았다는 생각을 하게 된다. 죽음에 대한 공포를 느끼는 수가 많다고 한다. 남성의 70~80%가 겪고 있다고 한다. 그러나 대부분은 무사히 넘긴다고 하였다. 사춘기 때 불화를 겪었거나 어린 시절에 부모로부터 소외당한 과거가 있는 사람일수록 더 심하게 마음의 아픔을 맛본다고 하였다. 부모가 불안하고, 충동적이고, 책임감이 적을수록 불안을 더 많이 겪는다고 하였다. 이제는 조용히 자신을 돌아보고 미래를 설계하는 것이 가장 바람직한 인생이 될 것이다.

만족스러운 친구 그룹이 만들어지고, 인간관계에서 신뢰를 쌓는 것이 이 연령에서는 잘 이루어진다고 한다. 풍부한 삶의 경험은 잘 활용하면 새로운 인생의 황금기를 맞을 수도 있다. 이렇게 하기 위해서는 수필쓰기가 제격이라고 생각한다. 나는 수필 공부방을 운영하면서 그들을 옆에서 지켜보았다. 글쓰기는 자신을 돌아보고 성찰하는 방법이다. 글쓰기 모임에 나와서 토론도 하고 새로운 친분을 쌓아가는 모습이 무척 행복해 보였다.

참고로 한 마디 더 하자면 지금껏 살아온 사회적 기반 때문에 (일반적으로 이 나이에 이르면 직장에서든 사회생활에서든 고위직이거나 연장자 대접을 받으므로 자기도 모르게 자존심이 형성되어 있다고 한다.) 오히려 자존심이 높아져서 사람 만나는 일을 부담스러워하고 사람을 만나는 일에 스트레스를 받는다고 하였다.

새로운 삶의 설계에 자신을 되돌아보는 것도 중요하다. 미래의 설계에 눈높이를 낮추는 것도 의미가 있다.

이 연령군은 수필을 많이 쓴다. 수필을 쓰면서 자신이 누군가를 알아보는 것은 권장할 만하다. 수필쓰기를 통해서 미래를 설계한다면 금상첨화가 될 것이다.

수필에는 나를 담는다(2)

수필에 나의 삶을 담는다

인생이란 세월을 전제하고 있다. 살아 움직이는 것과 시간의 흐름은 당연히 연속되는 사건을 만든다. 사건들은 인생의 긴 행로를 따라 가면서 하나씩 하나씩 쌓여간다. 세월이 우리에게 나이만 무겁게 보태는 것이 아니다. 우리가 중년을 넘어서고, 노년으로 접어들면 우리의 등 뒤에는 세월의 부피만큼 온갖 기억들도 무겁게 쌓여간다. 삶이라는 것을 소재로 하여 생명감이 넘치는 예술품이 만들어지는 것이다. 반면에 내 앞에서 달려오고 있는 세월은 끝자락을 펄럭이면서 더 빠르게 질주를 한다.

수필은 지나가버린 삶의 파편들을 주워담는 작업이다. 기억의 창고 속에 여기저기 흩어져 있는 것도 있고, 너무 깊이 보관되어서 얼른 찾아낼 수 없는 것들도 있다. 기억들은 시간의 줄에 꿰어져서 질서정연하게 정돈되어 있는 것이 아니다. 낱낱이 부서진 채로 파편이 되어서 흩어져 있다. 분명히 내게 실재하였던 삶의 편린이었는데도 기억에서 사라져버려 것도 있고 더 선명해진 부분들도 있다.

　나이를 먹었다는 것은 되돌아볼 회상거리가 많다는 것을 뜻한다. 미래를 계산하기보다는 과거를 더듬는 것이 일반적인 심리 현상이다. 그러다보면 과거는 단순히 되돌아보기의 대상이 아니고 현재의 아니 미래까지도 내 인생을 새롭게 설계하도록 도와줄 수 있다. 나이가 들수록 남아 있는 내 인생을 설계하는 일은 정신 건강에 반드시 필요하다. 회상을 통하여 불러낸 기억들을 수필로 가공할 때는 어떻게 해야 할까? 기억에 남아 있는 것만이 재료가 될 것이다. 기억이 내 삶을 완벽하게 재생해 줄까?

　자신을 흠집이 없는 완벽한 인간으로 포장하기 위해서 기억을 멋대로 가공하여 글을 쓴다면 수필로서의 가치도 떨어질뿐더러 치료 효과도 기대할 수 없다.

　인생의 후반기로 접어들어서 자기 치료를 목적으로 쓰는 수필을 어떻게 정의할까? '한 인간이 자기 자신의 실재적 존재를 소재로 자신이 살아온 삶을 되돌아보고, 특히 자신의 인성을 성찰하는 것을 목표로 하여 산문 형식으로 쓴 회상형 글이다.'라고 할 수 있을 것이다. 물론 수필로서의 정의는 아니다.

　인생은 끊임없이 심리적 변화를 겪는다는 발달심리학의 관점에서 인생 후반기의 바람직한 모습을 검토해보자. '과거의 기억을 되새겨 보고 더 많은 자기반성을 하고, 기억을 더 선명히 하여 인생의 의미를 재발견하는 것이 바람직하다.'

　자서전을 쓴다고 하면 이미 형성되어 있는 과거의 삶에 의미를 부여하여 역사의 서술기법을 응용한 글쓰기를 한 것이다. 그러나 수필은 단순히 의미 부여만 하는 것이 목적이 아니다. 현재의 나에게 궁정적으로 보탬이 되는 성찰이 일어나야 한다. 그 과정에서 견디기 힘든 아픔을 안겨주기도 하고, 통과의례를 치르듯이 뼈아픈 시련도 감내해야 한다. 결국은 '나란 누구인가?'라는 화두 같은 질문에서 해답을 찾아보아야 한다.

인간에게 부여된 현재란 언제나 과거와 연계되어 있다. 오늘의 나는 과거를 거쳐 온 삶의 총체가 비유적으로 표현된 것이다. 즉, 과거는 오늘의 자신이 어떤 위치에서 존재하는가를 보여주기 위해서 그려져 있는 좌표라고 할 수 있다. 인간이 살아서 숨을 쉬고 있는 존재인 이상 가로선과 세로선이 만들어 내는 좌표의 어느 지점에 머물러 있을 수밖에 없다. 남아 있는 삶의 시간이 아무리 짧다 하더라도 시간은 어차피 과거, 현재, 미래라는 흐름의 연속선에서 벗어날 수 없다. 과거의 회상이 아무리 많다 하더라도, 과거의 삶이 오늘의 자신을 붙들어 매고 있다 하더라도, 우리는 과거에 존재하고 있는 것이 아니다. 현재의 그물에서 벗어날 재간이 없다. 그러나 시간이란 정말 묘하여 과거만이 아니고 미래까지도 현재의 나를 규정하는 데 큰 역할을 한다. 자신의 인생을 좀 더 윤택하게 하기 위해서는 과거를 창의적으로 해석하여 재구성함으로 현재를 창조해야 한다. 미래의 삶에 희망을 가질 수 있도록 하여야 한다.

흘러간 시간 속에 묻혀 있는 사연들은 실제의 경험에 의해서, 의미 부여에 의해서, 해석을 함으로서써 비유의 방법으로 기억이 만들어진다. 기억은 현재와 미래의 자신 속에 머물고 있다. 이렇게 따져 보면 인간의 행위와 존재는 시간 속에 갇혀 있는 것이 아니고 시간을 넘어서서 새롭게 시간을 만들어 존재한다. 말하자면 회상 속의 기억은 시간의 벽을 뛰어넘어서 나에게 머물고 있는 것이다. 수필은 바로 그런 일이 더더욱 실재화 하도록 하는 방편이 된다.

수필은 거의가 추억과 회상으로 이루어진다. 추억은 마술사와 같은 힘을 발휘한다. 특히 인생의 후반기로 접어들수록 과거를 즐겁게 회상한다. 과거가 아무리 괴로웠던 삶이라 하더라도 추억이 마법에 걸려들면 화려하게 채색을 한다. 아리스토텔레스는 "그들은(노인) 희망으로 살기보다는 차라리 추억으로 살아간다."라고 하였다. 모리악도 "늙은 남자는 다시 어린이로 되돌아가지는 못하지만 비밀스레 그 시절로 되돌아가서 작은 목소리로 엄마를 불러보는 기쁨을 즐긴다."라고 하였다.

노인이 되어서 세월을 되돌아보면서 자신의 삶을 새롭게 평가하고 재구성해보는 과정이기도 하다. 이것은 정신치료의 효과가 아주 크다. 먼 옛날에 자신에게 상처를 주어서 가슴속에 응어리로 남아있던 감정들도 추억이라는 그물 속에서는 그의 마력을 벗어나지 못한다. 응어리가 스르르 녹아버리는 수가 많기 때문이다. 인생의 갈림길에서 잘못된 선택으로 실패와 좌절로 몸부림쳤던 일도 담담하게 되돌아볼 마음의 여유가 생기기도 한다. 회상을 통해서 과거의 기억들을 하나하나 마무리 지어 가다보면 죽음의 그림자도 평온한 마음으로 기다릴 수 있을 만큼 마음이 열린다.

인생을 회상하는 일은 단순히 지난날을 되돌아보는 일이 아니다. 지나온 과거를 재음미하므로 새로운 의미를 찾아내어 재조직하는 과정인 것이다. 이 과정은 반드시 논리적이어야 하고, 질서정연해야 하고, 설명이 가능해야 하는 것이 아니다. 오히려 무질서하게 뒤엉킨 실타래처럼 해결의 실마리가 보이지 않을 수도 있다. 그러나 수필쓰기라는 자기성찰을 통하여 자신의 인생 행로에서 겪었던 숱한 좌절과 갈등과 고통을 순화하고, 해결의 장으로 인도함으로 현재의 자신을 재정립하는 데 도움을 준다. 이런 것이 바로 수필쓰기의 치료 효과인 것이다.

회고에는 고통스런 기억들도 많이 포함된다. 이런 기억들은 억압되어서 우리의 의식에는 나타나지 않고 오랜 세월 동안 망각의 바닥에 가라앉아 있을 수도 있다. 이런 기억이 자신을 재정립하는 과정에서 기억으로 떠오르면 오히려 실질적인 고통으로 빠지는 수가 많다. 억압된 감정이 되살아나서 분노에 떨기도 하고, 죄책감에 사로잡혀 강박증에서 빠져나오지 못하기도 한다. 애도가 되살아나서 우울증으로 고생하는 일도 있다.

정신치료의 요체는 현실의 인정이다. 수필쓰기를 통해서 긍정하는 삶의 자세를 고양함으로 부정적이었던 심리현상에 치료효과를 기대한다. 인생사에서 어느 것이든지 밝음과 어둠이 교차하고 있다. 가보지 않았던 또 다른 길도 내가 걸어왔던 길과 같을 수밖에 없다는 사실을 깨닫는 순간이 바로 치료효과를 얻는 순간이다. 이것이 바로 현실의 긍정이다.

수필쓰기는 자신의 불편하였던 과거에 화해의 손을 뻗어보는 방법이 된다.

회고에 잘 나타나는 인생의 시기는 유년 시대가 첫 자리를 차지한다. 그 이전의 시기는 대부분의 사람들이 기억하지 못하므로 회상의 한 부분으로 자리잡지 못한다. 유년에서 성인으로 성장하는 과정을 다루는 것으로는 '성장소설'이 있다. 성장소설은 대체로 한 사람의 개인사로 형성된다. 회고 속에서 등장하는 유년 시절에서 청년으로 성장하는 과정도 바로 자신의 개인사와 같다. 정신적인 방황과 좌절을 겪으면서 결국에는 사회문화적으로 성숙한 성인으로 자라난다. 우리의 회고담에서 수없이 들었던 이야기들과 유사하다. 중년이 된 사람들은 대체로 안정된 직장을 가지고 행복한 가정을 꾸리고 있다. 이런 사람들이 술자리에서 흔히 나누는 이야기가 있다. 젊은 시절의 고생담과 방황을 내용으로 한 것이 많다.

 우리는 중년인 이 사람들이 나누는 이야기에서 숨어 있는 의미를 살펴보아야 한다. 한 인간이 사회가 요구하는 인격체로 만들어져 가는 동안에, 말하자면 성장해가는 동안에 융의 말대로 '인격 전체성'을 얼마나 많이 희생하였는가를 눈여겨보아야 할 것이다. 지난 시절의 많은 삶이 회상의 창고에서 먼지를 뒤집어쓰고 버려져 있는지를 눈여겨보아야 할 것이다. 유난히 즐거웠던 기억 하나를 추억해보자. 개구쟁이 아이가 여선생님의 치맛자락을 슬쩍 걷어 올렸다고 하자. 걷어 올린 그 녀석이나 치마가 걷혀 올라간 선생님의 허벅지에 쾌감을 느꼈던 다른 학생들의 기억 속에는 아마도 영원히 남아 있을 것이다. 그러나 그것은 회상 속에서만 존재한다. 그 이후로, 아니 성인으로 성장하고 나서는 감히 그런 짓을 되풀이할 꿈도 꾸지 않는다. 그 욕망은 억압되어 버리므로 회상 속에서만 존재하게 되는 것이다.

 사회가 요구하는 인격체로 성장하면서 그런 욕망들은 박제된 채 창고 속으로 처박아 넣어 버린다. 그렇지만 그 욕망들이 영원히 사라진 것은 아니다. 잿더미 밑에서 꺼지지 않고 남아 있는 불씨가 된다.

 숨어 있던 불씨가 새로이 지펴지는 시기는 거의가 40대라고 하였다. 이 연령에서 남자들은 우울증이 증가하고, 여자들은 신경증이 증가한다. 융은 40대를 넘기는 자신의 환자를 소개하였다. 교회의 장로로서 아주 경건한 생활을 하고 있던 40대 남자였다. 40대로 접어들면서 그의 생활은 더 엄격해지면서 경직되어 갔다. 그러면서도 우울증으로 빠져 들어가고 있었다. 50대 접어들었던 어느 날에 자기 부인더러 큰 깨달음이라도 얻은 듯이 "드디어 알아냈어, 나는 본래 불량배였어."라고 소리쳤다. 그는 만년을 흥청거리면서 살았고, 재산도 많이 축냈다. 이 환자의 사례는 분명히 우리에게 전해주는 메시지가 있다. 회고, 삶에 대한 회의, 그리고 또 하나의 삶이라는 어느 사람의 개인사이지만 암시하는 바가 크다. 우리도 주변에서 어느 날 갑자기 자신의 삶이 허무하게 느껴지더라는 말을 많이 듣는다. 그 말속에는 사회에서 요구하는 인격체로 완성되어 가는 동안에 박제하여 창고에 처박아 두었던 또 다른 나의 삶이 불씨가 되어서 지펴지듯이 그리워지더라는 것이다. 혹시 내 자신은 아닐까?

중년이라는 나이를 전후하여 깨달음이라는 명목으로 타잔이 줄타기를 하듯이 양 극단의 삶으로 뛰어넘는 것이다. 만년을 흥청거리면서 살았던 사람도 바로 그랬을 것이다. 그러나 이렇게 극단적으로 변신하는 것은 흔한 일은 아니다.

성인 연령에서 흔한 신경증 장애에는 청년기의 심리를 그대로 간직하고 싶은 소망이 많다고 하였다. 중년의 남자들이 포장마차에 앉아서 학창시절의 해묵은 이야기를 되풀이하여 끄집어내거나, 아무리 우려 내어도 지루하지 않는 군대 이야기는 그들의 영웅시절을 회고함으로 그들의 삶에서 아직도 불씨가 사그라지지 않았음을 웅변으로 토로하고 있는 것이다.

중년기의 안정된 삶이라는 말 뒤에는 생업의 생활에 속박되어서 메말라버린 감정이 자신을 옭아매고 있다는 뜻이 된다. 근엄한 표정으로 인생의 후반을 향해 뚜벅뚜벅 걸어가고 있는 모습이다. 우리가 어렸을 때 보았던 아버지의 모습이다.

인생의 후반기의 삶이란 그들에게도 역시 낯설고 불안이 살아나는 장소이다. 그렇다고 젊은이처럼 몸으로 때울 만한 능력도 이미 상실해버렸으므로 불안한 것은 당연하다. '젊은이들이 알 수 있었다면, 늙은이들이 할 수 있다면.'이라는 프랑스 경구는 연령층에 따른 심정을 비유적으로 잘 나타내고 있다. 그러므로 나이 든 이에게는 자기 자신을 진지하게 관찰하는 것은 하나의 의무이다. 그래야만이 심리 변혁기의 인생을 슬기롭게 꾸려갈 수 있다.

노인으로 진입하는 사람에게 흔히 나타나는 심리적 증상은 건강 공포증이다. 내 주위에도 하루가 멀다 하고 병원 순례를 하는 사람도 있다. 내가 잘 아는 분은 대학병원에 장시간을 입원하였지만 아무런 병도 찾지 못하였다는 말만 듣고 퇴원하였다. 그뿐만이 아니고, 사고가 더 굳어져서 옹고집쟁이가 되고, 원칙론만 고집하느라 융통성이 없어지고 자신의 지난날을 칭송하느라 자화자찬을 입에 달고 다니기도 한다. 과거의 풍족하였던 생활을 자랑하기 바쁘면서 현재의 자신은 구두쇠가 되어 있기도 하였다. 이런 모습들은 자신에 대한 각성이 모자랐기 때문에 나타나는 것이다. 후반기의 삶도 전반기의 삶의 원리를 그대로 적용해야 된다고 믿고 있기 때문이다. 그래서 노인들이 오히려 젊은이를 모방하려 한다.

엄연히 현재에 살고 있는 자신을 두고 과거의 삶 속으로 들어가는 것은 아무래도 자연스럽지 못하다. 과거가 현재와 연계되어 있음은 사실이지만, 현재가 과거에 종속되어서는 안 된다. 과거는 다만 현재의 내가 더 풍요로워지는 데에 긍정적인 역할을 해주어야 한다. 생의 후반기는 전반기와는 다른 목표를 가져야 한다는 것을 알지 못하기 때문이다.

여기서 융의 충고를 소개하겠다.

"인간의 삶은 모든 예술품 중에서 가장 고귀하고, 희귀한 예술작품이라는 사실을 잊지 말아야 한다. 그런데도 이 사실을 아는 사람은 극소수일 뿐이다. 나는(융) 목적을 지향하는 삶이 목적이 없는 삶보다 더 낫고, 더 풍요롭고, 더 건강하다는 것, 그리고 시간에 역행해서 가는 것보다 시간과 더불어 미래로 나아가는 것이 더 낫다는 것을 관찰하였다."

인간의 삶이 가장 고귀하고 희귀한 예술품이라는 융의 견해는 탁월하다. 인간의 삶을 담아내는 수필이 더 고귀한 예술품이라는 사실에는 변함이 없다.

그림을 완성시키기 위해서는 화룡점안이라는 마무리가 중요하다. 인생이라는 멋진 예술품을 완성하기 위해서도 멋진 마무리가 필요하다. 그 마무리는 내 등 뒤에 있는 길고 지루하였던 삶에서 이루어지는 것이 아니고, 짧지만 내 앞에 남아 있는 세월 속에서 이루어져야 한다. 등 뒤에 있는 긴 세월은 내 앞에 있는 시간을 위해서 봉사할 자세가 되어 있어야 한다.

노년에 쓴 수필 몇 편을 직접 읽어보기로 하자.

어쩌면 인생은 젊은 시절에 예감했듯 퍼즐 맞추기처럼 제자리에 모든 그림이 다 맞는 것이 아니라, 가끔 빈 것도 있는 것이리라. 완벽하게, **빽빽하**게 맞춰진 퍼즐은 숨쉴 수 있는 공간이 없다. 단언컨대 그때에 가졌던 불안감은 세상은 덜 살아서, 뭘 몰라서 느꼈던 미숙한 감정이었다. 나의 욕심이었다.

나이들수록 더 잘게 나누어진 퍼즐을 맞춰나가야 하는 인생에서 하나,

둘, 빠진 퍼즐 조각이, 아니 그 이상일지라도 그것들이 나를 나답게 하는 것임을 안다.

김미원

　이 수필에서 긍정적인 자기 성찰을 읽을 수 있다. 퍼즐에서 빈 공간은 기억되지 않는 지난날의 내 삶을 이야기하는 것일 게다. 기억되지 않는 것은 나에게 긍정적이기보다는 부정적인 요소들로 구성되는 수가 많다. 지난 삶을 되돌아보면서 아픔을 주었던 일을 이 수필가는 어떻게 받아들이고 있을까? '뭘 몰라서 느꼈던 미숙한 감정'이라고 표현하였다. 자신의 부끄러웠던 실재를 긍정하는 것이 바로 자신을 긍정하고 받아들이는 것이다. 정신치료의 주안점은 현실의 긍정이라고 누누이 말해 왔다.
　노년이 된 지금도 퍼즐은 완전히 메워지지 않고 있다. 그러하더라도 그 빈자리가 바로 자신임을 통찰하므로 이수필에서는 건강한 정신이 흐르고 있다.

　　나에게 평생 동안 네 가지 별호가 붙어 있다. 유년시절의 별호는 울보다. 우는 것이 나의 무기였기 때문이다. 다음 별호는 먹세다. 솥에 있는 빨래만 빼놓고 다 잘 먹고, 잘 삭인다는 뜻이다. 술땅꾸란 별호는 단연 으뜸가는 별명이라 빼놓을 수가 없다. 현재의 별호는 손자녀석이 지어준 '빡빡이' 할아버지다. 햇볕에 반짝이는 나의 대머리을 가리킨 별명이다.
　　내 인생을 돌이켜 보면 많은 난관에 부딪혀 눈물겨운 사연들이 많았지만 지난날의 별호들은 아름다운 추억으로 반추하여 손자녀석이 지어준 '빡빡이' 할아버지로 행복한 나날을 보내고 있음을 신께 감사드린다.

박우칠

인용한 수필은 끝부분이다. '나'라는 사람을 지칭하는 이름은 세 가지로 꼽는다. 별명이고, 이름이고, 호이다.

이름은 그 사람을 총체적으로 지칭하는 것이다. 호는 미화된 이름으로 보면 거의 틀림없다. 그러나 별명은 그 사람의 특징을 꼬집어 내어서 붙인 이름으로, 대체로 부정적인 이미지가 강하다. 그러하다면 별명은 그 사람의 그림자에 해당한다. 따라서 사람들은 별명으로 불려지기를 싫어한다.

이 수필가도 젊은 날에는 별명으로 불리면 기분이 나빴다고 하였다. "어 술땅꾸, 여기에 와 근무한다며 웃는다. 나는 무척 화가 났지만 참고, 또 참았다." 별명이란 바로 자신의 부끄러운 점을 직설적으로 표현한 것이므로 잊어버리고 싶어 하는 것이다. 실제로도 화가 났다고 하였다.

그러나 이 수필가는 자신의 부끄러웠던 부분까지도 스스럼없이 표현함으로써 자기 성찰의 과정을 통해서 자기의 인격체로 통합하였다. 이 수필가는 자신의 그림자를 드러내므로 현실 긍정이라는 치료의 대원칙을 수행하였다.

내가 과거로 되돌아가서 과거의 삶으로 살고 있는 것은 건강한 일이 아니다. 과거를 현재의 내 삶에 보탬이 되도록 삶의 성찰을 통하여 가공하여야 한다. 이 수필가는 '빡빡이'라는 현재의 별명을 긍정하기 위해서 과거의 부정적이었던 자신의 그림자까지도 포용하였다. 남은 세월이 결코 길지 않다 하더라도 과거보다는 미래가 훨씬 더 중요하다는 사실을 잘 알고 있다.

참 희한한 일이다. 세월이 가는데 나는 왜 나이를 먹는가? 어느 결에 슬금슬금 나이를 먹어서 말을 내기도 쑥스러운 이순, 무엇을 알기는커녕 세상 물정이 캄캄한데 벌써 이순이라니, 혼자 기가 막혀 이순 고개에 서서 이번에는 부러 낙제를 했다며 5학년 3반이라고 억지를 부린다. 젊어서 나이를 뻥튀기할 때는 마냥 즐겁던 것이 이렇게 우겨 댈 때는 나도 서글프다.
—윤삼만

 이순을 넘기면서 젊은 나이에 매달리는 자신의 모습을 솔직하게 표현하고 있다. 이순을 굳이 5학년 3반이라고 우기는 이유도 자신의 삶을 과거로 되돌리려는 욕망의 표현인 것이다. 현재의 내가 과거의 삶으로 되돌아가서는 안 된다는 융의 충고를 되새겨 보자. 과거에 집착하는 자신의 모습 앞에서 서글퍼하고 있다. 여기서도 우리는 행복하고, 즐거웠던 과거로 되돌아 가는 것이 결코 해답이 아니라는 것을 알 수 있다.
 왜일까? 기억 속에 남아 있는 과거는 현실이 아닌 가상의 세계이기 때문이다. 과거에 매달리는 삶은 결코 바람직한 삶이 아니다.
 언젠가 보았던 헐리우드 영화가 생각난다. 젊었을 적에 유명했던 영화배우인 주인공이 노년이 되어서 대중들의 기억에서 사라져가는 것을 견디지 못하여 심한 불안증에 시달리는 내용이었다. 그는 주변 사람들에게 화려하였던 자신의 과거를 독백처럼 되풀이 하는 것으로 노년을 보내고 있었다.
 이 수필가도 말미에 '덕천글방'을 만들어서 공부를 하므로 세월을 잊고 몰아지경에 빠진다고 하였다. 세월 앞에서 어쩔 줄을 몰랐던 자신을 성찰하므로 해답을 찾았던 것이다.
 수필쓰기를 이런 방식으로 함으로 자신을 치료할 수가 있다. 그래서 건강한 모습으로 새롭게 태어난다는 것이다. 과거가 아닌 현재와 미래에 살고 있는 나로 새롭게 태어나는 것이 바로 정신 치료인 것이다.

수필이 어느 지점에서 나를 만날까?

　우리는 이야기의 홍수 속에 살고 있다. 텔레비전의 연속극이 쏟아내는 이야기에 매몰되어서 나의 감정을 소비한다. 수도 없이 많은 케이블 TV에서는 연예인들이 나와서 시답잖은 이야기들로 우리의 시간을 빼앗아 간다. 채널을 돌리고 나서도 우리의 기억에 담겨지는 이야기는 거의 없다. 아침에 일어나면 나는 신문지를 들고 화장실에 간다. 활자에 실려 있는 이야기에 빠져서 히죽히죽 웃기도 하고, '나쁜 **들.' 하면서 감정을 발산한다.
　말하자면 이야기와 더불어 나의 하루를 여는 것이다. 그뿐 아니다. 인터넷에서 이름을 감추고 올라오는 수많은 이야기에도 나의 감정을 투여한다. 내용이 사실인지 아닌지를 판단하는 고차원적인 두뇌 활동은 포기해버리고 말단적인 감정의 지시에 놀아난다. 그냥 내 감정을 드러내는 것만으로 읽기를 수행한다.
　이야기에는 수필도 하나의 형식으로 존재한다.
　그 많은 이야기들은 하나도 나의 이야기가 아니다. 타인의 이야기에 내 감정을 너무 값싸게 소모한다 싶어서 아까워하지도 않는다.

그렇다면 타자의 이야기에 분노하고 슬퍼하면서 감정을 쏟아내는 일이 무의미하기만 한 것일까?

우리는 타인을 통해서만이 존재한다고 하였다. 타인이 내 이름을 불러 주어야만 내가 존재하는 것이다. 타인이 나를 불러주는 지칭어는 여러 가지가 있다. '동민아'라고 부를 때의 이름이 가장 흔한 나의 지칭어일 것이다. 이때는 아무런 감정의 흔들림도 없이 무덤덤하게 응답을 한다. 그러나 별명으로 나를 부를 때는 반응이 달라진다. 감정이 약간은 출렁거릴 것이다. 이름이든 별명이든 둘 다 나를 지칭하는 것임에는 틀림없지만 내포하고 있는 의미는 다르기 때문이다. 이들은 나를 지칭하는 기호로서는 같은 기능을 하지만 내가 받아들이는 메시지는 다르기 때문이다. 왜냐면 언어에는 의미만이 아닌 감정도 담기 때문이다.

일반적으로 이름은 특별한 감정을 담지 않고, 단순히 나를 상징하는 지칭어일 뿐이지만 별명에는 나의 부정적인 이미지를 담고 있는 수가 많기 때문이다. 즉, 나의 그림자인 수가 많기 때문이다.

나의 부정적인 면들이란, 즉 그림자란 '자아'에게도 보이고 싶지 않은 나의 어떤 것이기 때문이다. 자아가 싫어하기 때문에 나의 것이 아니라고 부정해왔던 것들이다. 무의식 속에 억압해버렸던 것이다. 무의식 속에 억압되어 있는 열등한 인격을 융은 그림자라고 하였다. 융의 제자인 마리 루이체 폰 프란츠는 그림자를 이렇게 설명하였다.

> 만약 당신의 친구 중에 한 사람이 당신의 결점을 비난할 때 마음속에 심한 분노가 끓어오르는 것을 느꼈다면 바로 그 순간이 당신은 자신이 의

식하지 못하고 있는 당신의 그림자의 일부를 발견한 것이다.

프란츠는 계속하여 설명하였다. 분노를 느낀다는 것은 자신의 그림자를 깨닫는 순간이다. 그림자를 의식 속에서 만나는 일은 고통스러운 일이다. 왜냐하면 그림자는 통제할 수 없는 격정을 불러일으키고, 적응이 안 된 곳에서 출몰하기 때문이다. 그림자의 의식화란 바로 격정을 가라앉히는 적응의 과정이므로 지루한 작업을 통하여 서서히 진행한다. 우리는 그림자의 인격화를 위해서 인내를 필요로 한다.

대인관계에서 대수롭지 않는 말에 벌컥 화를 낸다면, 그 말이 나의 무의식에 숨어 있는 아픈 그림자를 건드렸기 때문이다. 아픈 그림자란 바로 격한 감정을 불러일으키게 한 무의식의 콤플렉스인 것이다.

나는 상소리를 거의 하지 않는다. 한 번은 옆자리에 귀한 손님을 모시고 운전을 하면서 갑자기 끼어드는 차에 나도 모르게 상소리가 터져 나왔다. 그러고 나서 얼마나 무안하였는지 모른다. 물론 앞차가 잘못은 했다. 그러나 의식적으로 사리를 판단하였더라면 절대 상소리를 하지 않았을 것이다. 그런 자리였다. 사소한 계기였지만 순간적으로 무의식의 그림자가 의식의 통제를 벗어나서 튀어 나왔던 것이다.

나는 바로 이 자리가 수필이 존재해야 할 자리라고 생각한다. 그림자를 흡수할 수 있는 자리이기 때문이다.

범람하고 있는 이야기의 홍수 속을 여기저기를 뒤집어 가면서 샅샅이 살펴보아도 나의 이야기는 없다. 타인들의 이야기만 넘쳐 날 뿐이다. 타인들의 이야기이므로 나는 여유를 가지고 내 감정을 쏟아내기도 한다. 그러나 내 감정이 표출하는 그 장소에 내가 존재하는 것이다. 수필이 나의 이야기라면 수필이 감정이 표출되는 그 자리에 있어야 할 이유인 것이다. 나의 감정을 꿈틀거리게 하는 것에서, 말하자면 나를 분노케 하였던 다른 사람의 지적을 조금 깊이 살펴본다면 나의 그림자의 모습을 희미하게나 볼 수 있을 것이다.

나는 초등학교에 다닐 때에 두피에 심한 염증을 앓았다. 종합병원에 입원을 할 정도였다. 회복하고 나서도 그 부위는 머리카락이 듬성듬성하여 달처럼 둥그런 흉터를 남겼다. 중, 고등학교를 다닐 때는 머리를 박박 깎아야 하였다. '달'이란 조금은 서정적인 별명을 얻었다. 내 자신은 조금도 서정적인 감정을 느낄 수 없었다. 모자를 벗는 일은 죽기보다 싫었다. 모자를 벗는 순간에 수치심과 열등감 때문에 죽을 맛이었다. 심지어는 달이라고 지칭하는 친구와는 대면도 하기 싫었다. 어떤 경우에는 대인기피증까지 느낄 정도였다.

대학을 다닐 때는 머리카락이 길게 자랐기 때문에 흉터는 까만 머리카락 속으로 감추어져 버렸다. 가슴 깊숙이 묻혀 있던 부정적인 내 감정도 서서히 사라져 버렸다. 그런데 사회생활을 할 때 대화를 나누는 중에 누군가가 자기의 어릴 때 이야기를 하였다. 친구 중에 머리에 흉터가 있는 아이가 있었는데 별명이 '똥그랑땡'이었다고 하였다. 거의 30년 전에 있었던 일을 글을 쓰는 지금도 기억하고 있는 것으로 보아서 내가 상당한 충격이 느꼈음이 틀림없다. 그림자란 이렇게 숨어 있다가 내게 충격을 주어질 때에 나타나는 것이다.

나의 그림자를 알아보는 방법에는 타인에게 투사된 나의 감정을 통해서 찾아 낼 수 있다. 투사가 일어나는 심리기전은 나의 나쁜 점을, 즉 나의 그림자를 내가 갖고 있는 것이 아니고 타인이 갖고 있다는 생각을 하므로 나타난다. 이것은 내가 나쁜 사람이라고 괴로워하기가 싫어서이다. 어쨌거나 괴로움을 피하기 위한 자기방어 수단인 것이다. 한편으로는 무의식에 빠져있는 그림자를 의식세계로 불러오려는 노력의 일환이기도 하다. 투사를 통해서 그림자의 모습을 희미하게나마 볼 수 있기 때문이다.

나는 어릴 때 어머니가 시킨 일을 하지 않고 친구들과 어울려서 놀았던 일이 있었다. 어느 사이에 어둠이 깔려왔지만 저지른 죄가 있어서 집으로 들어갈 수 없었다. 사립문 밖의 담 밑에 쭈그리고 앉아 있었다. 어머니가 나를 찾으러 나오기를 간절히 바라기만 하였다. 차마 내 발로 집으로 들어갈 염치가 없었다. 들어가지지 않았던 것이다.

투사의 심리 일면에는 의식세계로 걸어 나왔으면 하는 바람이 깔려 있다. 이 자리가 바로 수필이 있어야 할 자리이다. 비록 자기 성찰이라는 고통스러운 과정이긴 하더라도 의식세계로 나오고 싶어 하는 바람을 재빨리 알아차리고 부축해주어야 한다. 투사는 담 밑에 쭈그리고 앉아 있던 나의 심사와 같은 것이다. 그래야 치유가 가능하다.

우리는 세상을 살아가면서 내 곁을 스치고 지나가는 사람들에게 수많은 평을 한다. 그 평을 엄밀하게 따져보면 그 사람의 실제적인 모습이 아니고, 그 사람에 대한 나의 감정을 표현할 것일 뿐이다. 그 평들을 나열해보면 흔히 이런 말들을 만나게 될 것이다.

'그 친구는 주는 것 없이 미워,' '인간성이 엉망이야.' '성질 하나는 더러운 녀석이야.' '꼬락서니가 거슬려서 보기도 싫어.' '꼴값하고 있네.' '건방지기는.' '저 자식 사이코 아니야.' '간살스럽기는.' '얻어먹는 자리에 빠지는 법이 없지, 제 돈 내는 자리에는 콧잔등도 못 보는 녀석이야.' '여자는 더럽게 밝히잖아.' '치사하고 추잡해.' '앞 다르고 뒤 다른 자야.' '위선자.' '거짓말쟁이.' '한 마디로 속물이야.' '사람이 너무 까탈스러워.'

　남을 평하는 나의 말 속에는 나의 감정이 듬뿍 섞여 있다. 이렇게 부정적인 언사를 사용하는 것은 나의 그림자를 타인에게 투사한 것이다. 겉으로는 이와 같은 노골적인 표현을 하지 않더라도 마음속으로 그런 감정을 가지는 일은 아주 흔하다. 어떤 사람에게는 나도 모르게 공연히 거북하고, 불편한 느낌을 가지기도 한다. 또 경멸하거나 혐오감이 생긴다면 그곳에는 틀림없이 나의 무의식이 투사된 것이다. 이것은 그 사람의 문제가 아니고, 나의 그림자가 활동을 한 탓이다. 그 이유를 열거할 수 있는 경우도 있고, 그 이유가 합리적인 것일 수도 있다. 그렇더라도 그에게 향하는 내 감정이 내가 통제하기 어려우리만치 강렬하다면 내 그림자가 투사된 것으로 보아도 무방하다.

　투사란 딱히 내가 잘 아는 사람에게만 일어나는 것은 아니다. 모임의 자리에서 흔히 고위직의 누구누구가 부정부패를 저질렀다는 신문보도의 내용이 이야기의 주제가 된다. '그 사람은 겉으로는 점잖은 체하면서 돈은 무지 밝힌대. 윗사람에게는 거의 아부에 가까운 처신을 하면서 아랫사람에게는 제왕처럼 군대.' 이 말에 과잉반응을 보였다고 하자. 사실은 친구들 사이에 겉과 속이 다른 사람이라고 정평이 나 있고 돈도 많이 밝히고, 독선적이라는 소문이 난 사람일수록 더 격렬한 반응을 보이는 경향이 있다고 한다. 신문보도의 내용이 그의 가슴에 있는 그림자를 건드렸기 때문이라고 한다. 자기는 그렇지 않다는 사실을 강조하기 위해서 더 극렬하게 반응한다고 하였다.

사실은 이런 생각을 한다는 자체가 비정상인 것이다. 이런 경우는 자신의 그림자를 신문에 난 부정 고위직에게 투사한 현상이라고 하였다.

수필은 바로 이 지점에서 자기의 자리를 찾아야 한다. 타인의 이야기가 범람하고 있는 현실에서 수필은 자기의 이야기이다. 투사에는 이야기하고 있는 사람의 솔직한 자기 이야기는 없다. 오직 타인의 이야기만 있을 뿐이다. 자기 변명에 바쁘고, 자기의 그림자를 남의 탓으로 돌리기 바쁘다. 우리 주변에서 넘쳐나고 있는 이야기는 모두가 타인의 이야기들 뿐이다. 그 이야기를 통해서 나를 감추고 숨어버리기에 바쁘다.

수많은 이야기들에 내가 보이는 반응이 격렬할수록 그것은 나의 투사일 가능성이 많다. 투사에는 나를 숨겨버리는 술책이 숨겨져 있다. 수필이 주소지를 삼아야 할 지역은 바로 이 장소가 된다. 타인의 이야기 속에 매몰되어 있는 나를 찾아내어 나의 이야기를 해야 할 곳이기 때문이다.

투사가 일어나면 비록 아주 적은 양일지라도 우리의 안에 있는 것은 투사의 대상을 통하여 경험하게 된다. 그런 경험을 통해서 자기의 무의식 속에 숨어 있는 내용들을 깨달을 수가 있다. 투사는 우리에게 자신의 심층에 숨어 있는 무의식을 깨달을 수 있는 좋은 기회인 셈이다. 무의식의 내용을 의식세계로 불러내는 일은 오로지 자기의 이야기를 함으로써 가능하다.

투사는 사람들의 바람을 나타낸 것이다. 의식세계에서 받아들이기를 꺼리는 성격의 것은 자기 것이 아니기를 바란다. 모두 남에게만 있는 것이다. 말하자면 자신의 것이 아니기를 바라는 심정의 표현인 것이다.

그림자란 자신의 것이지 결코 타인의 것이 아니라는 것을 깨닫는 과정이 성찰이다. 자기의 것으로 인정하기에는 무척이나 힘든 고통이 따른다. 차를 운전하여 목적지를 찾아 갈 때에 길에 세워져 있는 안내판은 많은 도움을 준다. 자기 성찰도 내용을 알고, 방향을 알게 되면 조금이나마 수월할 것이다. 그 방법을 더듬어 보자.

인간이 살아가는 일이란 대인관계를 형성하는 일이다. 사람과 사람이 만나므로 형성되는 감정의 충돌은 자주 만날수록 더 많이 일어난다는 것은 당연하다. 형제 자매 사이, 시누이와 올케사이, 아버지와 아들 사이, 어머니와 딸 사이. 시어머니와 며느리 사이는 가족 관계를 맺고 있는 사이이다. 감정 충돌이야 인간사의 한 면이므로 덮어 놓고 나쁘다고는 할 수 없다.

가족 사이에 실제 이상으로 무서워하거나 필요 이상으로 거북하게 느껴질 때는 그림자의 투사 현상이 일어나고 있음을 짐작할 수 있다. 시어머니의 목소리만 들어도 흠칠 놀란다는 며느리는 틀림없이 시어머니를 나쁘게 말할 것이다. 투사가 만들어 내는 대표적인 작품은 오해이다. 오해는 곧 미움을 만들고, 멀리하게 하고, 집단적으로 오해가 생기면 대상 인물은 왕따를 당한다. 즉 소외된다. 가족 사이에 소외가 일어나면 인격 형성에 치명적인 손상을 초래한다.

성찰은 내가 대상인물을 싫어하거나 오해하는 바로 그 지점에서 천착해 들어가야 한다. 이유를 대상 인물에서 찾지 않고 자기 자신에게서 찾으려 해야 한다. 말하자면 남의 이야기를 하지 않고 자신의 이야기를 하여야 한다. 이것은 수필의 정의와 일치하는 점이다.

수필의 소재로 자주 다루는 것이 가족이다. 가족의 구성원으로서 나의 가족을 바라볼 때 나는 어떤 느낌을 가지게 될까? 앞에서도 말했듯이 나의 그림자가 가장 많이 투사되는 대상이다. 그렇다면 가족을 비난하는 수필도 많아야 할 것이다 실제로 가족을 비난하는 수필을 만나는 일은 극히 드물다. 수필이 가족을 다루는 일은 머물러야 할 장소를 제대로 찾았다고 할 수 있다. 문제는 진실을 담고 있느냐고 할 때 선뜻 그렇다고 대답이 나오지 않는다. 가족에게 나를 투사하여 비난하자는 것이 아니고, 자신의 그림자를 정확하게 알아내기 위하여 진실된 자기 성찰을 담아야 한다는 뜻이다.

건강한 인간관계에서 아버지와 아들을 이어주는 끈은 존경심과 사랑의 감정이다. 그렇지만 심층심리에서는 아버지와 아들의 심리적 갈등을 전제하고 있다. (오이디푸스 콤플렉스) 두 사람 사이에는 숙명적으로 갈등이 내재되어 있다는 가설에서 출발한다. 수필에서 흔히 표현하고 있듯이 아버지에 대한 아들의 무조건적인 존경과 사랑을 우리는 어떻게 받아들여야 할까? 결론적으로 말하자면 아버지와 아들 사이의 존경심과 사랑은 우리가 지향해야 할 종착역이지 현재의 관계가 그렇다고는 할 수 없다. 아버지에 대한 두려움과 증오심은 그림자가 되어서 인간의 내면에 운명적으로 도사리고 있다. 수필은 목표지향적인 과정을 향하여 나아가는 길에서 분명히 긍정적인 역할을 한다.

수필쓰기가 성숙된 인간이 되는 것을 목표로 삼는다면 그 목표를 향하여 한걸음씩 나아가는 과정이 진솔하게 담겨질 때 독자들은 감동한다. 자기 치유도 된다.

내 인격의 그림자는 나의 열등한 부분이므로 남에게 드러내지 않는다. 무의식의 창고 속에 가두어 두고 자물쇠로 꽁꽁 채워둔다. 어른이 되었더라도 내 삶의 추한 모습으로 남아 있게 된다. 어른이 되었더라도 긴 시간 동안 다양한 경험을 쌓으면서 살아왔으므로 그림자를 완벽하게 가두어 둘 수는 없다. 어느 순간에 표면으로 뛰쳐나와서 행패를 부린다. 만취가 되었을 때나 무의식의 벽을 뚫을 수 있는 강렬한 언사를 사용할 때는 그림자가 바깥으로 뛰어 나와서 착함으로 가면을 쓰고 있는 인격을 무참하게 허물어버린다.

아무리 그렇다고 하더라도 분명하게 말할 수 있는 것은 훈련을 통해서 그림자를 '인격의 통합'으로 다룰 수 있다. 순수한 삶은 추악한 삶을 통합하여 부드러운 인격체로 통합한다는 뜻이다. 이것은 융의 의견은 아니지만 어떤 면에서는 그림자도 훈련 과정을 통하여 선한 방향으로 성장할 수 있다.

우리는 삶이라는 긴 행로를 거치면서 숱한 대인관계를 경험한다. 소설과 같은 우여곡절도 있고, 오해와 모함, 실망, 질투 등을 체험하면서 불쾌감을 느끼기도 한다. 숱하게 실수를 저지르므로 나의 내면이 부지불식간에 노출되기도 한다. 이 과정에서 나타나는 투사현상을 통하여 나의 그림자를 어느 정도 인식할 수 있다. 이렇게 경험을 쌓아가는 동안에 자기 자신을 진지하게 성찰하므로 그림자를 교화하고, 교정하는 일도 가능하다.

흔히 나이를 먹으면 사람이 부드러워지고, 포용력이 생긴다고 말한다. 사람은 나이를 먹으면서 성장하므로 특별한 노력을 하지 않아도 그림자는 저절로 성장하여 부드러운 인격체로 통합되는 것은 아니다. 우리는 그림자를 인식해야 한다. 한마디로 '인식'이라고 말하지만 실제로는 인격을 쌓고 구축하는 일생일대의 큰 과업이 아닐 수 없다.

삶의 고통 속에서만 그림자를 만날 수 있다. 고통 속에서 의식화하는 기회를 가진다. 의식화를 통해서 투사를 냉정히 인식하여 남의 탓이 아닌 자신의 그림자로 용인함으로 부드러운 인격체가 되는 것으로 완료되는 것은 아니다. 인식을 통하여 그림자를 지성주의적 측면에서 인지하는 것만으로 해결이 안 된다. 왜냐하면 그림자란 전체적인 인격체로서 경험하고 수용해야 함으로 체험에 의하여야 한다. 그것은 많은 고통을 수반한다. 열등한 인격 부분인 그림자를 받아들여서 나의 인격체로 함께 살아간다는 것은 수많은 갈등을 야기할 것이다. 나를 주저하게 할 것이다. 결코 쉬운 일은 아니다.

정신과 의사의 상담 사례를 예를 들어보자.

근검절약을 삶의 원칙으로 삼고, 대신에 정신적으로 고상함을 간직하고 살아가는 어느 부인이 꿈을 꾸었다. 아주 화려하게 차려입은 친구를 만났을 때 약간의 부러움이 생기면서 자신은 초라하다는 느낌이 들었다. 평소에는 그 친구가 너무 물질적인 삶을 산다고 싫어하였던 친구였다.'

정신과 의사의 분석은 이랬다.

꿈속에서 자아(꿈의 주인으로서 자아)는 물질적이고, 사치스러운 친구를 부러워하고 있다. 자기의 행색이 초라함을 부끄러워하고 있다. 이것은 의식세계에 있는 자아와 다른 모습이다. 화려하게 살고 있는 친구는 부인의 의식세계에서 배제해버린 그림자상이다. 정신과 의사는 이런 사실을 염두에 두고, "당신의 마음속에는 물질적이고, 사치를 좋아하는 일면이 도사리고 있네요." 라고 말하였다. 상담을 받은 부인은 "그럴지도 모르겠네요. 그러나 분명한 것은 나는 그런 생활을 좋아하지 않습니다." 라고 하였다.

　우리는 자기의 그림자를 쉽게 인정하지 않는다. 이것을 저항이라고 한다. 자신이 지금껏 살아오면서 쓰고 있던 가면을 벗는 일이 결코 쉽지 않다. 그림자를 인식하는 과정에서 흔히 부딪히는 저항을 극복하고, 나의 내면에 이런 그림자가 있음을 받아들이더라도, 이것은 아직 '인식'의 수준이다.

　남을 비난하는(투사) 이면에 그림자가 웅크리고 있음을 인식하는 것만으로도, 즉 남의 탓이 아닌 자신의 나쁜 성격 탓으로 인정하는 것만으로도 큰 성과를 얻었다고 할 수 있다. 자기의 탓으로 인식하면 겸손함이 생긴다. 인간적인 관계가 형성되어야 할 곳에 겸손으로 무장한 의식이 있어야 한다. 남을 배려해야 하는 것은 좋은 인간관계를 맺는 데 절대적인 요소이다.

　융은 그림자를 발견하고 난 후에 오히려 더 큰 문제가 생긴다고 하였다. 이제는 인간관계에서 부조화를 일으키는 원인을 남의 탓으로 돌릴 수가 없기 때문이다. 이제는 자기성찰을 해야 하고, 자기를 지배하고 있는 내적인 자기와 싸워야 하기 때문이다. 우리는 내 안의 그림자와 싸워서, 내 안에서 완전히 추방시킬 수 있다고 생각하는 것은 착각이다. 아무리 깊은 성찰을 하더라도 그림자를 나에게서 떼어내는 것은 불가능하기 때문이다. 그렇다면 방법이 없을까? 있다. 그림자를 없애는 것이 아니고 그림자와 더불어서 사는 법을 배우는 것이다. 자신의 그림자와 더불어 사는 일은 또 다른 고통을 안겨주기도 한다.

　어릴 때부터 '순응이 미덕이다.'라고 교육받고 산 사람은 논쟁에 익숙하지 않다. 남의 의견을 반박하고, 자기의 주장을 내세우기 보다는 자기의 의견을 거두어 버리는 데 더 익숙해져 있기 때문이다. 그렇다고 하여 다른 사람의 인격을 진실하게 수용하는 것은 더욱 아니다. 그는 자기성찰을 통하여 어느 순간에 그림자를 인식한 것만으로 해결되지 않는다. '아니오'라고 강렬하게 자기주장을 내세울 때만이 그림자를 정복하는 일이다.

양같이 순한 사람으로 알고 있던 사람들은 당황할 것이다. 더욱 어머니의 말이라면 고분고분하기 이를 데 없던 아들이 어느 순간에 '아니오'라면서 자기의 주장을 내세우면 대부분의 어머니는 화를 내기가 일쑤다. 이런 이유로 또 다른 고통을 만나는 것이다. 더욱이 도덕적 문제가 가로막게 되면 대부분의 사람은 더 이상 자기성찰이나 그림자의 의식화를 진행시키지 않는다. 도덕적 비난을 감수하면서 자신의 그림자를 의식화하는 데는 상당한 고통이 따르기 때문에 포기해 버린다. 열등의 심리가 본성인 그림자에는 도덕적인 문제가 어떤 형태로든지 결부되어 있기 때문이다.

자신의 그림자를 의식세계에서 표현하는 것을 '그림자의 의식화'라고 한다. 그림자의 의식화가 일어나야 자기성찰이 완결된다. 저항을 넘어서야 한다. 수필쓰기는 이 지점에서 어떤 해결의 답을 제시해주어야 한다.

그림자의 의식적 표현이란 말에는 '의식적', '의도적'이라는 의미를 내포하고 있다. 그림자에 강한 감정을 담아서 외부로 표출해내자는 뜻이 아니다. 강한 감정을 담으면 저항도 그만큼 강력해지기 때문이다. 의도를 지니고 최소한의 저항을 일으키는 방향으로 계획하여 표현하자는 것이다. 의도성의 역할을 담당하기에는 수필이 가장 좋은 방법이 되지 않을까?

친구의 화려한 의상을 속으로 부러워하였을 때는 자아가 적당하게 의도하여 화려한 의상을 입어 본다. 아마도 처음에는 계면쩍고 부자연스러울 것이다. 적응이 이루어지면 그림자를 자기화하였다고 할 수 있다. 적응하는 과정을 수필을 통하여 표현하므로 자기 합리화를 자연스럽게 이루어 낼 수 있다. 그림자의 자기화가 일어나면 남을 비난하는 일도 줄어들고, 자신의 내면의 욕망도 어느 정도 채워 주므로 자아의 역할도 잘 수행하는 셈이 된다. 어쩌면 주변 사람들이 사람이 변하였다는 말을 하기도 할 것이다. 의도된 변화가 자신의 삶을 긍정적으로 바꾸었다면 그 정도의 저항은 이겨낼 수가 있을 것이다.

의도에는 전체 정신으로 실현하려는(통합된 인격체로) 노력이 필요하다. 분열되어 있는 자기 정신을(페르소나를 쓴 자기와, 그림자로서의 자기로 분열된) 하나로 통합하려는 의지가 작용한다. 자아를 통하여 자신의 행동을 관찰한다. 자아가 이렇게 작용하므로 그림자를 의식세계에 불러내었을 때는 어느 정도 방향과 절도를 부여하여 의도된 목표로 접근해 간다.

그림자는 원래는 부정적인 모습이다. 성찰과 의도를 통하여 그림자의 모습을 부드럽게 완화시킬 수 있다. 이 과정은 절대로 쉬운 것이 아니다. 심한 저항에 부딪혀서 꺾여버리는 일이 더 많다. 수필쓰기는 이 과정을 좀 더 수월하게 수행하도록 많은 도움을 준다.

왜냐하면 수필은 나의 이야기이기 때문이다. 온통 타인의 이야기만이 범람하고, 나도 타인의 이야기에 매몰되어서 나의 이야기를 하지 않고 있다. 타인의 이야기로는 자기 성찰이 이루어질 수 없다. 오로지 나의 투사만이 활개치고 돌아다닐 뿐이다. 투사를 나의 것으로 되돌려 받아서 이야기로 담아내어야 나의 이야기가 된다. 내 가슴속에 담아 두었던 나의 이야기, 접근하기를 두려워하였던 나의 이야기, 엄하기만 하여 나의 그림자로 묻어 두었던 아버지를 어느 순간에 따뜻한 사랑의 존재로 느꼈던 나의 이야기, 아무리 졸라도 돈이 없다면서 다그치기만 하던 어머니의 눈물이 담긴 나의 이야기, 다정했던 친구를 이야기하므로 인간의 체취가 풍기는 이야기가 수필에 있기 때문이다. 신산한 삶이라도 웃음을 잃지 않고 살아가는 모습들이 나의 이야기에, 나의 수필에 담겨지기 때문이다.

그래서 수필은 나의 내면의 어느 지점에서 나와 만나고 있는 것이다.

수필은 어느 지점에서 나와 만날까?(2)

수필이 나와 만나는 또 하나의 지점이 있다. 수필 읽기이다. 수필을 읽으면서 깊은 공감을 해 본 경험을 누구나 갖고 있을 것이다. 수필의 스토리에서 나를 바라보고 작가처럼 아파해 본 일이 있을 것이다. 작가의 자기 성찰에 동조해 본 일이 있을 것이다. 비록 나를 쓴 글이 아니긴 해도 수필에서 나를 만나는 일이 드물지 않다.

수필을 읽었을 때 나의 문제를 나보다 더 솔직하고, 진솔하게 나의 문제를 펼쳐내고 있었다면 어떤 감정에 사로잡히게 될까? 우리는 이 지점에서 수필과 내가 만나게 된다.

수필읽기를 통해서 나의 문제를 대면하게 되는 것이 반드시 긍정적인 것만은 아니다. 회피해오던 자신의 내면을 마주치고 나면 자기인지가 오히려 충격으로 다가올 것이다. 일반적으로 충격을 받는다고 하였다.

대부분의 사람들은 가슴 깊숙이 묻어 두고, 남에게 보이고 싶지 않는 기억을 가지고 있다. 그 기억들이 예전에 자신을 너무 아프게 하였기 때문에 다시는 대면하기 싫어서 불러내지 않는다. 어쩌면 망각에 빠져서 무의식 속에 갇혀 있을 수도 있다. 다만 우울증이나 불안증 같은 증상으로만 출몰하여 우리를 괴롭히고 있다. 그 기억을 수필 읽기를 통해서 만난다면 우선은 견디기 힘들 만큼 고통을 느낄 것이다.

주변 사람들과 이야기를 나누다 보면 어릴 때 선생님에게 부당한 대우를 받았다고 생각하는 사람이 의외로 많았다. 그 기억은 선생님에 대한 냉소로 이어진다. 냉소는 부메랑이 되어 자기에게 되돌아와서 자신의 마음을 아프게 한다.

아버지가 사업에 부도가 나자 부모와 떨어져서 시골에 계신 할머니와 유년기를 보낸 분이 들려준 이야기를 들었다. 시험 성적순대로 앞자리에 앉혀주었으므로 앞자리에 앉는 아이들이 아주 부러웠다. 시험 성적이 우수하게 나왔는데도 자기는 여전히 뒷자리에 앉았고, 선생님이 귀여워해주던 아이는 성적과는 무관하게 앞자리에 앉았다. 그때 느꼈던 분노의 감정은 어른이 되어서 자식을 학교에 보내는 지금까지도 이어지고 있었다.

선생님이라면 무조건 냉소하는 지금의 자기가 너무 한심하고 부끄러웠지만 아무리 노력해도 그 생각이 바꾸어지지 않았다. 지금은 오히려 고통스럽다고 하였다. 아이들이 학교에 다니고 나서는 이유 없이 불안하고 우울증이 생겼다고 했다. 아이가 선생님에게 부당한 대우를 받는다는 근거 없는 생각이 문득문득 떠올라서 안절부절 못했다.

이 엄마의 고통은 어릴 때 겪었던 아픈 기억을 어떤 경로를 거치든지 간에 해소하지 못하였기 때문이다. 대부분의 경우는 부모의 따뜻한 사랑으로 일찍 치유가 된다. 이처럼 오랫동안 고통에 시달리지 않는다. 선생님의 태도를 다른 각도에서 이해하기도 한다. 인생의 어느 시기에 마음의 아픔을 치료받을 기회가 있었더라면 오히려 어려움을 극복해내는 좋은 경험이 되어서 인생을 더 근본적으로 꾸려가는 받침이 되었을 수도 있었다.

그러나 마음의 상처가 치유되지 못하고 흉터로 남아 있다면 쉽사리 소멸되지 않는다. 흉터는 끊임없이 상처를 덧내면서 수치심, 냉소주의적 자세, 열등감, 분노 등을 일으키므로 괴로움에 사로잡혀 살아야 한다. 과거에 체득하였던 경험은 결코 변할 수가 없다. 마음의 치료로써 다스리는 길 밖에 없다. 현실을 직시하여 솔직히 인정하고 나서, 다음에 승화라는 과정을 거치므로 치유를 하여야 한다.

수필 읽기를 통하여 자신의 아픔을 현실적으로 직면하여야 한다. 주인공이 슬기롭게 치유해가는 과정을 공감한다면 자신의 감정적 고통과 상처를 치유하는 길로 나아갈 수 있다. 자신에게 아픔을 주었던 과거의 경험에 대해서도 의미와 해석을 달리할 수 있다. 이로써 오히려 전화위복의 기회가 될 수도 있다. 수필과 내가 만나는 또 하나의 지점은 바로 여기가 된다.

만약에 자신과 같은 마음의 아픔을 겪고 있는 이야기를 담은 수필을 읽었다고 하자. 그 내용이 아직은 마음의 짐을 벗어버리지 못하고 분노와 냉소의 포로가 되어 있는 사람이 쓴 글이라면 독자는 어떤 반응을 하게 될까? 솔직히 말해서 자신의 아픔을 일깨워 낼 수 있다. 우리가 수필 품평회를 할 때 너무 과도하게 반응을 보이는 분을 더러 만난다. 그뿐 아니고, 어떤 작품에 유독 나만 심한 분노를 나타낸다든지, 과도의 연민을 느낄 때도 틀림없이 나의 투사가 표현되었다고 할 수 있다.

나와 같은 마음의 아픔을 표현한 수필을 읽었다고 하여 무조건 치유의 방법이 되는 것은 아니다. 수필을 객관적인 방법으로 냉정하게 바라보고 읽어야 자기 성찰의 기회를 가질 수 있다. 잘못하면 자신이 고통받고 있는 마음의 상처를 오히려 더 덧나게 할 수도 있다. 대면하기 두려워하고 있는 사건을 수필을 통해서 만나게 되면 오히려 내 감정이 과잉으로 반응하여 나의 아픔을 더더욱 또렷이 일깨워 낼 수 있기 때문이다.

그렇더라도 문학치료 분야에서 독서는 아주 중요하다. 대체로 마음의 병은 감정의 부조화로 나타난다. 글로 표현된 수필은 정서와 감정을 표현한다. 감정이 실린 글은 독자에게 상응하는 감정을 불러낸다. 이때 글을 쓴 작가의 감정은 그 글을 읽는 사람과 사이에서 상호반응을 일으킨다. 상호반응이란 독자는 글을 쓴 사람을 생각하고 판단하게 한다. 더 나아가서 판단을 내리고 자신의 행동을 결정한다. 만약에 독자가 작가에게 감성적으로 공감하게 되면 치유의 길을 밝혀주는 이정표가 될 것이다. 논리적으로는 설득이 되지 않는 일에도 감정이 작용하는 정서 반응으로 해결의 실마리를 찾는 일은 허다하다. 논리성 이전의 심리적 작용이 중요함은 불교 교리인 '一切唯心造'가 집약하여 보여준다. 이처럼 공감을 이끌어 내는 수필을 잘 쓴 수필이라고 한다.

읽기에서 정서적 반응은 아주 중요하다. 손뼉을 마주 쳐주어야 소리가 난다. 읽기에서도 상호작용이 일어나야 한다. 수필은 나의 바깥에서 일어난 일을 다룬 하나의 이야기이다. 우리가 산다는 것은 이야기를 만들어 가는 일에 다름 아니다. 수필이 들려주는 이야기와 나의 이야기가 서로 만나서 상호작용을 일으키는 그 지점이 수필과 내가 만나는 지점이다.

  나의 이야기가 전개되는 무대는 나의 현실이다. 현실에서 부딪히는 문제는 회피하거나, 도망을 가버릴 공간이 없다. 도피를 해도 절박한 현실이 해결될 리 없고, 고통이 치유될 리도 없다. 현실을 도피하면 일시적으로 고통을 떠나 있을 수는 있지만 해결이 되는 것은 아니다. 해결의 방법은 오로지 문제를 직시하고, 직접 부딪혀서 적극적으로 헤쳐 나가는 길밖에 없다. 소위 의학적으로 치유라고 할 수 있다. 다시 한 번 되짚어 보면 정신치료의 요체는 현실을 나의 것으로 수용하여 그대로 인정을 하는 것이다. 현실을 인정하는 지점에서 치료를 시작하고 치료를 완결한다. 바로 수필을 만나는 지점이 된다.

  마음의 아픔이 너무 심한 경우는 현실을 직시하고, 헤쳐 나가는 일이 결코 쉽지 않다. 우선은 자신을 냉정하게 관찰할 수 없기 때문이다. 더 직설적으로 말하자면 자기가 자기 자신을 정확하게 알지 못하기 때문이다. 이럴 때는 수필읽기를 통해서 자신을 바라보는 것은 좋은 방법이 된다. 수필을 통해서 자기와 유사한 아픔을 겪는 사람을 바라보므로 자기 자신을 객관적으로 바라보는 여유를 가질 수 있다. 그러나 자신의 문제를 만나는 것을 두려워하는 것이 일반적인 심리 현상이므로 자신을 객관적으로 바라보는 일은 결코 쉽지 않다.

  수필 읽기는 나의 밖에서 객관이라는 창문을 통해서 나를 바라보는 것이다. 현실에서 부딪혔던 여러 일들을 다른 사람의 경험을 통해서 간접적으로 관찰하므로 좀 더 정확하게 문제점을 인식하고자 하는 것이다. 그러므로 더 공정하게 자신을 평가해보자는 것이다. 우리는 어려움이 다가오면 자신만이 불행에 빠져있다는 생각을 한다. '왜 내가…' 하는 생각은 자신을 점점 더 병적인 상황으로 몰아

간다.

　수필을 통해서 자기와 비슷한 처지의 사람을 만나게 되면 글의 주인공과 깊은 유대감을 가진다. 수필에서 이야기가 전개되어 감에 따라 독자의 감성은 더 깊이 작품 속으로 이입되어 간다. 수필의 주인공과 자신 사이에 깊은 유대감이 형성되면 독자의 상처 난 마음은 수필의 전개에 따라서 풀어지고, 치유 효과도 거둘 수 있다.

　수필 읽기에서 치유를 경험하게 되는 과정을 좀 더 상세하게 알아보자.

　수필 읽기를 통해서 치료가 이루어지는 과정은 5단계로 나눈다. 수필 읽기에서 나와 유사한 인생 스토리를 발견하고 감정의 충격을 느끼는 것을 동일화 과정이라고 할 수 있다. 이 과정에서는 독자의 감정이 수필에 이입되어서 자기의 이야기로 느낀다. 객관적 입장에서 자기를 바라보는 기회인 것이다. 읽기를 통해서 수필의 주인공에 공감하고, 수필 이야기에 의탁하여 자신의 감정을 풀어나간다. 감정의 해소를 일으키는 이 단계는 정화의 단계로 소위 카타르시스가 일어나는 것이다. 자신의 아픈 기억을 대면하기 두려워하는 사람일수록 타인의 이야기를 바라보면서 감정의 정화를 맛보는 것은 좋은 방법이 된다.

　수필읽기에 공감하였을 때는 우리는 흔히 나도 그런 유형의 글쓰기를 해보았으면 하는 충동을 느낀다. 나의 아픈 기억을 글로 써보고 싶다는 것은 그림자를 의식세계로 끄집어내는 일이다. 가슴속에 묻어 두었던 이야기를 바깥으로 드러내는 것만으로도 치료 효과는 아주 크다. 흔히 배설요법인 것이다. 감정의 표출인 것이다.

　수필 읽기는 수필이 전하는 이야기를 분석하고, 판단하면서 읽을 수 있다. 이것이 성찰이다. 성찰이 자기 자신에게 되돌려질 때는 자기성찰이 된다. 책의 내용에 공감하는 것만으로는 완전한 읽기라고 할 수 없다. 자기 문제로 되돌아 와서 자신의 문제를 해결할 수 있는 방법을 모색해보아야 한다. 결론이 얻어지면 자기 자신에게 직접 적용하여야 한다.

꽁꽁 얼어붙었던 마음을 풀어내고, 부정적 시각에서 긍정적 내지 포용적 시각으로 변화가 일어나면 일단은 성공적인 읽기였다고 할 수 있다. 마음의 변화가 일어나면 태도의 변화, 행동의 변화가 뒤 따른다. 현실의 문제에서 도망을 가버리는 소극적인 태도가 아니고, 직접 부딪혀서 해결하려는 적극적인 자세로 바꾼다. 스스로 자신감을 회복할 때는 치료 효과도 극대화한다. 누누이 말하였지만 마음의 치료란 현실의 인정이다.

우리는 수필에서 흔히 열등의 무의식은 자신에게 없다고 하는 사람을 만난다. 우리는 누구나 나르시시즘에 빠져 있다고 하므로 드문 사례도 아니다. 이런 사람은 수필 읽기에서 상호작용을 일으키기 어렵다. 이런 사람은 내면의 아픔을 참회하듯이 쓴 수필을 오히려 비도덕적이라고 비난하는 경향을 보인다. 미리 말하자면 수필 읽기에서 상호작용이 없다면 치유를 기대하기란 어려운 일이다.

편안한 마음으로는 나의 그림자가 만나지지 않는다. 삶의 고통을 통해서 만날 수 있다. 고통이 있기에 공감하는 수필에서 상호작용이 일어나는 것이다. 그림자가 없다고 믿는 사람은 자신은 사회에서 요구하는 선한 일을 하고 있으므로 그림자가 자기 안에 드리울 공간이 없다고 믿고 있다. 이런 이유로 사회에서 횡행하고 있는 악에 대해서는 불쌍한 존재들이라며 연민의 마음을 가진다. 아니면 아예 멸시하는 행동 양식을 보이기도 한다. 하기야 우리들도 가만히 생각해보면 범죄자를 불쌍한 인생을 사는 사람이라는 사고를 조금은 갖고 있다. 자신은 인격자라는 확신을 가지므로 인격자연한 행동을 한다.

과연 이 세상에 그림자 없는 사람이 있을 수 있을까? 심층 심리학의 차원에서 보면 거짓으로 단단하게 무장되어 있는 사람이라고 할 수 있다. 그림자가 없다는 사람은 이중인격자이거나, 위선자일 수밖에 없다. 이런 사람일수록 노이로제에 빠지는 사람이 많다. 아무리 부정을 해도 무의식에는 그림자가 숨어 있기 마련이기 때문이다. 오히려 의식적으로 무의식의 그림자를 부정하므로 그림자를 의식화하는 것을 방해한다. 치료의 목표인 그림자의 의식화가 차단된다.

우리는 신이 아니므로 누구든지 그림자를 갖고 있다. 신화의 이야기를 읽어보면 신들도 그림자를 갖고 있다. 그림자가 있다고 하여 내가 병적인 인간인 것도 아니다. 자기 속에 있는 그림자를 애써 만나려 하지 않는 것에 오히려 병적 요인을 안고 있는 것이다.

우리는 수필 쓰기와 수필 읽기를 통하여 그림자를 의식세계로 데리고 와야 한다. 우리가 수필을 만나는 지점은 바로 여기가 된다.

수필에는, 내가 나를 사랑하고 있다.

수필 단체에서 보내온 수필집을 읽다가 공통점을 가지고 있는 수필들이 많이 상재되어 있음을 알았다.

누가 부른다. 누가 부르지 않아도 나는 산사에 간다. 나를 기다리지 않아도 나는 산사에 간다. 나를 기다리지 않아도 나는 산에 간다. 산에 닿는 길, 산사에 이르는 길은 늘 고독의 길이고, 지혜를 얻는 길이다.

이 글의 주인공은 바로 작가이다. 산사, 산이 주는 느낌은 속세를 멀리한 자연무위의 세계를 말한다. 작가 자신이 자연무위의 경지에 이르렀음을 강하게 표현하고 있다. 속세의 때 묻은 인간을 벗어버리고 탈속한 경지의 자신을 담고 있는 글이다.

인간은 숙명이 어차피 기다림 속에서 이어지는 삶이라면 그 기다림의 자세를 어떻게 해야 할 것인가. 한 해를 보내고 새해를 맞이할 때마다 가슴 설레는 기대감 속에 진정으로 기다려야 할 내용들을 꼼꼼히 생각하며 헛되지 않는 삶을 살려고 노력하는 자세가 우리는 인간이기에 필요하다.

이 글을 읽는 독자들은 어떤 느낌을 가지게 될까? 나는 우선 유교 사상에 입각하여 작가의 고결한 인품을 느낄 수 있다. 인내는 유학의 큰 덕목 중의 하나이기 때문이다. 자기 성찰을 하고, 자기 다짐을 하는 모습은 인격자의 자세이다. 수필은 자신을 대상으로 쓰는 글이다. 작가는 자신을 훌륭한 인격을 소유한 사람으로 인정하고 이 글을 썼다. 그는 자신이 인격자라는 입장에서 세상을 바라보고 있다. 자신에게도 반성하고, 참회하고, 다짐을 한다.

> 한편 이쯤에서 우리가 반드시 생각해보아야 될 것이 재수(財數)와 분수(分數)의 관계가 아닐까 싶다. 예를 들어서 복권에 당첨한 사람은 분명 재수가 좋은 사람이다. 그러나 이후로그가 분수를 잃을 때 남는 것은 패가망신일 뿐이다. 자신의 처지를 객관화시킨, 관점에서 사물을 구별할 줄 아는 지혜를 분수라 하겠거니와 재수만 믿고 분수를 모를 때 비극은 시작된다.

이 글도 앞에서 인용한 글과 대동소이하다. 작가는 분수를 자기의 가치로 삼으므로 훨씬 높은 곳에 자리를 잡고 이 세상에서 일어나고 있는 일에 대하여 훈수를 두고 있다. 자신은 속세의 허망한 욕심에서 벗어난 고고한 인격자의 위치에서 이 세상 사람들을 계도하고 있다.

세 편의 수필에서 발췌한 내용에는 공통점이 있다. 작가들은 모두 훌륭한 인격의 소유자들이다. 이들은 자신들이 옳다고 믿고 있는 가치관을 강한 목소리로 주장하고 있다. 그리고 자신들을 사회의 가치관에 잘 순응하고 있는 인간형으로 그리고 있다. 자신들에 대해서는 아주 긍정적인 시선을 보내고 있다. 이 시선이 바로 자기애의 발로인 것이다.

자기 자신을 사랑하는 것을 자기애(나르시시즘)라고 한다. 위의 작품에서는 자신들을 시대가 요구하는 가치관에 잘 순응하고 있는 모습으로 그려내므로 자기애를 표현하고 있다. 나르시시즘을 너무 과도하게 표현할 때는 병으로 다루지만, 일반적으로 살아있는 생명체라면 어느 정도는 자기애를 가지는 것이 당연하다. 이것은 자기보존 본능이라는 이기적인 일면으로 이해한다. 분석심리학에서는 인간의 정상적인 성적발달 과정에서 나타나는 하나의 태도이라고 한다. 즉 성욕과 관계되어 있다는 말이지만 수필에서 굳이 언어 뒤에 숨어 있는 성적욕망까지 꺼낼 필요는 없을 것이다. 어쨌거나 우리는 스스로를 사랑하는 자아본능을 지닌다는 것이 프로이트의 주장이다.
　위의 수필 세 편이 갖고 있는 공통적인 특징을 또 하나 들라면 무언가의 지시에 꼼짝하지 못하고 따르고 있다는 느낌이다. 사회가 요구하는 가치관에 절대로 어긋나서는 안 된다는 어떤 압력에 굴복하고 있다는 생각이다. 그러기에 세 편의 수필 모두가 주인공을 고매한 인격을 갖춘 인물상으로 묘사하고 있다
　산사를 찾아가는 모습에서, 헛되이 살지 않기를 바라는 마음에서, 분수를 가지고 살자는 주장에서 고결한 인격을 엿볼 수 있다.
　수필 속에 등장하는 주인공과 작가는 동일인이라는 것이 수필 이론이다. 우리는 수필에서 두 사람의 나를 만날 수 있다. 수필을 쓰는 작가로서 나와, 수필의 주인공으로 등장하여 자기가 바라보는 대상이 되는 나를 만난다. 이 두 나는 동일인인 동시에 같은 속성을 가진 사람일까?
　동일인이기는 해도 수필에서 표현되어 있는 나는 작가와는 분명히 다른 나이다. 이유는 자기애 즉, 나르시시즘 때문이다. 자기 자신

을 사랑의 시선으로 바라보기 때문에 자신의 흠집난 모습은 보려 하지 않기 때문이다.

신생아기의 미분화된 심리상태에서 성장함에 따라 자아가 만들어지는 기전은 동일시이다. 신생아기에는 요구만 하면, 비록 어머니에 의해서이지만 모든 것이 이루어진다. 자신을 전지전능하다고 상상하게 된다. 일종의 과대망상이지만 여기에서 나르시시즘이 생겨난다. 그럴 수밖에 없는 것이 전지전능한 자신이란 얼마나 멋있는 존재인가. 이러한 자기애는 성장함에 따라서 많은 수정이 가해지지만 어떤 형태로든지 우리의 전 생애를 통하여 지속한다.

전지전능한 지신이 바로 '이상자아'이다. 상상 속의 나인 것이다. 세 편의 수필에서 그려낸 자신의 모습은 상상을 통해서 그렇게 되기를 소망하는 이상자아의 모습일 것이다. 속세를 초월하여 속세에 살고 있는 사람에게 이렇게 살라고 훈수를 두는 자아는 분명히 이상자아인 것이다.

이때의 자아는 실제의 자아가 아니다. 이미지의 자아, 즉 그렇게 되기를 소망하는 상상의 자아인 것이다. 말하자면 실제의 자아가(작가가) 수필에서 자신이 그렇게 되기를 소망하는 상상의 자아를 묘사한 것이다. 이런 이유로 우리의 수필에는 흠집을 없애버린 자신의 모습이 그려진다는 것을 부정하기 어렵다.

위의 수필을 다시 한 번 검토해보면 자기의 묘사를 어떤 유형에 맞추어서 하였음을 느낄 수 있다. 산사를 찾아가는 심사를 유추해보자. 자연무위의 사상이 보인다. 속세를 살아가는 우리가 도가적 사상의 바탕인 자연무위를 삶의 신념으로 살아가기란 결코 쉽지 않다. 태어났을 때의 우리는 아직 자아가 형성되어 있지 않는 심리적 백지 상태이다. 논어에서 말하기를 그림을 그릴 때는 바탕을 깨끗하게 한 후에後素 그린다고 하였다. 신생아의 심리상태는 소素의 상태이다. 여기에 시간과 공간이라는 물감으로 선을 긋고, 물감을 칠하여 오늘의 내 모습이 그려진다. 사회, 문화적인 맥락에 갇히어서 오늘의 나로 태어난 것이다. '수필은 자아의 표출이다.' 라는 정의에 의한다면 수필은 나의 자아를 그려내는 것이다.

우선 자아가 형성되는 과정을 살펴보므로 자아 형성에 자기애가 어떻게 섞여 들어가는가를 알아보자. 우리는 동일시라는 심리기전을 통하여 나의 자아를 만들어 간다. 내가 닮고 싶어 하는 사람을 닮으므로(사람을 닮는다는 뜻이 아니고, 그 속성을 닮는다는 것이다). 나의 자아가 형성된다. 우리가 닮고 싶어 하는 모델은 대체로 부모가 최우선이다. 부모는 어린이에게 요구를 해결하여 만족을 채워주는 대상이다. 어린이에게 먹여주고, 보살펴주고, 보호해주므로 자아본능을 만족시켜 주는 어머니라는 존재를 성적본능도 만족시켜 주는 대상으로 삼는다. 어린이는 자기 자신을 어머니와 동일시하여 자기 자신을 어머니처럼 자기의 욕구를 채워주는 전지전능한 존재로 믿는다. 동시에 자기 자신을 사랑하는 나르시시즘에 빠진다. 이렇게 자기 자신을 어머니와 동일하다는 상상을 한다는 뜻이다. 이것을 상상적 동일시라고 말한다.

어린 시절에는 어머니는 자녀들을 마치 공주나 왕자처럼 대해준다. (모성애이다.) 그래서 어린이들은 실제로 자기 자신을 왕자나 공주처럼 생각하는 경향을 띤다. 사실은 자기 자신을 과대평가하는 것이다. 이것이 이상 자아이다.

앞에 인용한 세 편의 글에도 바로 자기 자신이 속세를 초월하여 있는 자신의 모습을 보여주고 있다. 내가 다른 사람보다 더 훌륭하다는 상상을 하여 다른 사람에게 간섭하기를 좋아하는 유형의 성격이 바람직한 것은 아니다. 그렇지만 우리는 근본적으로 나르시시즘을 심리의 바탕에 깔고 있으므로 수필에 자주 표현된다.

특히 여성들은 성적으로 성숙하게 되면 나르시시즘이 강화된다. 성애에 대한 욕망도 강화되어서 사랑에 과도한 가치를 부여한다. 특징적 사실이라면 자기애의 표현으로 사랑받기를 더 좋아하는 경향을 보인다.

우리는 어머니만을 동일시의 대상으로 삼지는 않는다. 상상적 동일시에 의하여 이상적 자아가 과도하게 형성되는 것은 바람직한 자아형성이라고 할 수 없다. 아버지가 동일시의 대상이 된다. 그뿐 아니고 나의 바깥에 있는 모든 대상을 내가 닮고자 하는 동일시의 대상이 된다. 아버지는 어머니처럼 사랑의 베풂을 우선시하지는 않는다. 아버지는 이상적 자아라는 과대망상에 빠져 있는 자신을 질책하고 비판하는 존재로서 동일시에 영향을 준다.

바깥세상으로 눈을 돌려보면 내가 닮고 싶어 하는 존재들이(대상들이) 무수히 많다. 일반적으로 시대의 영웅이거나, 사회에서 성공적인 삶을 살므로 부러움의 대상이 되어 있는 사람들이나, 역사상의 위인들, 연예인들, 운동선수들, 학교의 선생님, 또는 평범하게 살고 있는 이웃 아저씨 하더라도 나에게 멋있어 보인다면 모두가 동일시의 대상이 될 수 있다. 이들이 나의 심리 속으로 들어와서 나의 이상이 되면 나도 그들과 같은 삶을 살기를 바라게 된다. 이들은 나의 이상이 되는 것이다. 이것을 자아이상이라고 한다.

나의 바깥에 있는 동일시의 대상은 우리가 속한 사회에서 성공한 사람들이 대다수이다. 사회란 많은 제약과 금지를 부가하는 곳이다. 이들이 사회에 성공하였다면 사회의 금지를 모두 수용한 사람들이다. 따라서 나도 그들과 닮기 위해서는 사회적 금지를 수용하게 된다. 그렇다면 이상자아와 자아이상은 반대의 입장에 서게 된다. 이들은 서로 충돌을 일으키게 된다. 성장함에 따라 우리는 제멋대로 할 수 없다는 사실을 알게 된다. 따라서 이상자아는 억압하므로 점차 이상자아에서 자아이상으로 바뀌어 간다. 이 과정에서 우리의 심리구조에 몇 가지 양상이 남게 된다.

이상자아가 억압되면 자기애는 없어지는 것이 아니고, 억압된 형태로 존재하거나 사랑의 대상을 다른 것으로 옮기게 된다. 여자의 경우에는 자신의 자녀들을 끔찍하게 사랑하는 이유가 된다.(모성애) 자녀는 자신의 몸에서 분리된 자신의 분신으로 생각하기 때문에 자기애가 자연스럽게 투여된다. 과도한 자기애는 사회에서 수용하기 어렵다는 사실을 알고 억압해버린다. 대신에 자녀에게 사랑을 돌리는 것이다.

어린 시절에 스스로를 전지전능한 이상적 존재로 여겼으나 이제는 상실되어 버리고 없는 나르시시즘의 대상을 다른 곳에서 찾으려고 한다. 그 대상물을 자아이상에서 찾으려는 것이다. 자아이상은 외부에 있는 여러 금지들을 받아들여서 사회에서 존경받는 인물이 되고자 하는 욕망이다. 따라서 자아이상은 바로 양심을 일컫는 말이고, 초자아의 모습이기도 하다. 말하자면 내가 몸담고 있는 사회의 구성원으로 진입하기 위해서는 반드시 거쳐야 하는 과정이기도 하다. 이것을 상징적 동일시라고 한다.

자기애가 강한 사람은 자존심이 강하다. 자기애를 자신의 바깥에 있는 대상에 투여하여 타인을 사랑할 때는 자존심이 떨어진다. 사랑의 대상을 나의 바깥 쪽에서 찾게 되면 다분히 겸손해진다. 사랑한다는 것은 리비도를 향하게 한다는 말이다. 즉 자기애는 리비도를 자신에게 향하게 하는 것을 말한다.(리비도란 라틴어로 갈망, 욕망을 의미한다. 프로이트는 리비도를 성욕동의 기저에 깔려 있는 에너지로 가정하고 붙인 이름이다. 성욕동을 일으키는 에너지라는 의미에서 시작하였다. 그러나 꼭히 성욕동만이 아니고 어떤 목표에 이르고자 하는 욕동을 모두 말한다. 융은 무엇에 대하여 지향하고자 하는 일반적인 심리 에너지를 가리킨다. 그러나 리비도는 정확하게 설명할 수 있는 정의는 없다고 한다. 무엇을 하고자 하는 심리적인 힘이라고 생각하면 무난하다.)

우리는 건전한 자아를 발달시키기 위해서 유아기적에 갖고 있는 나르시시즘에서 벗어나야 한다. 그러나 자기애는 나를 보존하기 위해서 필요한 심리기전이므로 자기애 또한 유지해야 한다. 이때는 자아를 자아이상으로 재배치하여 리비도를 자기에게 되돌려야 한다는 뜻이다. 사랑한다는 것은 심리적 에너지인 리비도를 흘러가게 한다는 것이다. 자기애는 리비도가 자기에게 흘러드는 것이고, 대상애는 리비도가 나의 바깥에 있는 어떤 대상으로 흘러가는 것을 말한다.

일반적으로 어떤 대상이 내가 전혀 갖고 있지 않은 탁월함을 지니면 나는 그 대상을 사랑한다. 정의하자면 '이상에 비추어 자신의 자아가 지니고 있지 못한 탁월함을 어느 대상이 지니고 있을 때는 그 대상을 사랑하게 된다.'

그러나 어떤 대상에 지나치리만큼 과도한 리비도를 쏟아 붓는 것은 바람직하지 않다. 자아가 빈곤해지고 심한 열등감에 빠지기 때문이다. 심하면 자기혐오나 자기학대로 흐를 수가 있기 때문이다. 자신의 자아에 이상을 설정하여(자아이상) 대상애로 향하던 사랑을 다시 자신에게 (자아이상을 지닌) 되돌리므로 건전한 자아를 형성할 수 있다. 이것을 사랑에 의한 자가치료라고 할 수 있다.

자아이상에는 사회적 요구가 포함되어 있으므로 우리의 자아를 더욱 풍성하게 해준다. 즉 자아는 내 바깥에 있는 이상적인 대상을 동일시하므로 형성된다. 자아에는 이상자아도 포함되므로 약간의 공주병과 왕자병적인 심리도 누구나 갖고 있다.

수필 쓰기를 자아의 표출이라고 하였으므로 수필 읽기를 유심히 하여 보면 이 모든 요소들이 표현되어 있음을 알 수 있다. 자기가 쓴 수필을 읽어보아도 마찬가지이다. 다만 자기애 때문에 그런 요소들은 읽어내지 않을 뿐이다.

수필을 통한 문학치료는 이 관점에서 시작할 수 있다. 예로서 이상자아가 지나칠 경우는 공주병이나 왕자병의 형태로 나타난다. 자아이상이 너무 강렬한 경우도 건전한 자아라고 할 수 없다. 지나친 죄책감에 빠져서 자기를 학대하기 때문이다. 지나친 열등감에 빠져 있는 경우는 자아이상을 내입하므로 나르시시즘을 회복해야 한다.

앞에 예증으로 든 세 편의 발췌문을 다시 검토해보자, 속세에 때묻지 않고 자연의 섭리에 순응하면서 살려는 것은 우리 사회에서 역사적으로 이어오는 이상적인 삶의 유형이다.

이 가치관을 지니고 사는 사람은 존경의 대상이 된다. 성인이 된 작가들은 유아기적인 자기애를 탈피해야 한다. 즉 자신의 욕구를 무조건 충족시키기만 갈망하던 욕망을 억압해버린 자리에 사회의 이상적인 가치관으로 채운다. 따라서 사회의 이상을 내입하여 자신을 사회에서 존경받는 대상의 존재로 자리매김한다. 그리고는 그 대상을 사랑한다. 바로 나르시시즘을 자기에게 되돌리는 것이 된다. 이로써 위의 세 작가는 바람직한 형태로 자아를 구축하고 있다.

그러나 수필쓰기는 '자아이상'을 사랑하는 자기애의 표현만으로 이루어져야 할까? 이에 다시 의문을 던질 수밖에 없다. 자아는 이드와 초자아 사이를 잘 조정하여 자신에게 최대의 만족을 줄 때를 건전하다고 한다. 심한 열등감에 빠져 있거나, 자기 혐오에 빠진 사람이 자아이상을 내입하여 자기애를 회복하였다면 치료가 잘 이루어졌다고 할 수 있다. 자아이상을 구현한 자신에게 한없이 사랑을 표현하는 것을 문학치료에 적합한 수필이라고 한다면 억압된 욕망은 아무런 문제가 되지 않을까?

자아이상 뒤에 숨어 있는 욕망을 인격으로 수용하지 못하고 억압만 해버렸다면 수필의 진정성에 의심을 가질 수밖에 없다. 앞에서도 말하였지만 건전한 자아란 이드와 초자아 사이에서 이 둘을 잘 조절하여 자신에게 유리하도록 할 때를 말한다. 자신의 열등한 부분을 억압으로 숨겨만 두었다면 치료에 의미가 없다.

자아는 뿌리가 이드라고 하였다. 이드는 '무의식적 욕망'을 뜻한다. 그렇다면 자아의 바탕은 욕망이다. 여기에 사회적 금지에 해당하는 초자아가 이드에서 욕망의 부분을 조금씩 깎아내고, 닦아내고, 씻어내서 사회의 구성원으로 진입하였을 때의 심리영역이 자아가 된다. 수필은 자아의 표출이므로 자아의 바탕이 되는 욕망도 수필에 담길 수밖에 없다.

욕망이 과도하게 나를 지배하는 것도 바람직하지 않다. 욕망이 전혀 없는 사람도 바람직하지 않다. 그렇다면 수필에서는 자아이상 못지않게 욕망도 적절하게 표현되어야 한다. 일반적으로 말하기를 욕망을 생경하게 승화된 형태로 표현하여야 한다. 그래야만이 수필쓰기가 치료 효과를 가질 수 있다. 이때는 욕망을 없애는 것이 아니고, 욕망의 부정적인 성격(사회에서 수용하기 힘든 부분)만 지워버리고, 예술이라는 수용 가능한 방법을 이용하여 표현하는 것이다. 이것이 승화이다. 문학치료에서 수필쓰기란 바로 예술로 승화하여 표현하는 방법을 말한다.

> 너무 바쁘다는 핑계 이외에도 다른 사람보다는 좋은 글을 써야 한다는 자신이 자신에게 지우는 무거운 주문을 짊어진 채 좋은 글을 쓰겠다는 자기변명으로 차일피일 미루며 세월을 보낸 것이리라.
> 가슴은 언제나 빚에 졸리는 사람처럼 무겁게 드리운 채….
> 결국 나는 서울, 그 허무의 도시를 도망치듯 벗어난 것이다. 내가 자란 고향에 돌아왔다. 내가 꿈꾸었던 그 아무것도 이루지 못한 채 나는 우울한 귀향을 할 수밖에 없었다.
> 젊은 날의 불같은 정열은 아직 불사조가 되어 가슴에 남아 있다.
> 문학은 결코 액세서리가 아니니 더 열심히 읽고, 더 아프게 느끼고, 더 진솔한 작품을 쓰라고 격려하시던 은사님의 말씀도 곱게 가슴에 새기고 있다.

어느 중견 수필가가 쓴 글에서 발췌하였다. 앞에 소개한 세 편의 발췌문과는 조금 차이가 있다는 생각에서 여기에 소개하였다. 좋은 글을 써서 신춘문예에서 등단하고 싶었던 꿈을 아직껏 이루지 못하였음을 솔직하게 고백하고 있는 글이다. 이런 경우에는 우리는 또 하나의 글쓰기를 상상해 볼 수 있다. 젊은 날에 나를 좋은 글을 쓰려고 불같은 정열을 태웠던 욕망이 나이가 들어서 보니 별 것 아니더라 하는 인생을 달관한 양식의 글도 가능하다. 앞에서 예를 든 글들이 바로 그런 양식이 아닌가. 그러나 작가는 자신의 욕망을 아직껏 버리지 못하고 있음을 진솔하게 고백하고 있다.

작가는 수필쓰기라는 방식을 통하여 자신의 욕망을 드러내므로 이드에서 태어난 자아를 솔직하게 표현하였다고 할 수 있다. 우리의 삶이란 이런 것이 아닐까? 세상을 달관한 듯 초월적인 가치관을 충실하게 지키기보다는 욕망하고, 좌절하고, 또 새로운 다짐을 하면서 사는 것이 진정성이 있는 삶의 표현이 아닐까?

이런 방식의 글쓰기에서 자신의 좌절과 욕망을 표현함으로써 자신을 합리화시키는 방편도 되지 않을까? 좌절하여 자기혐오에 빠지지 않고 자아를 건전하게 유지시킬 수 있는 방법이 아닐까? 만약에 내 주장이 사실이라면 독자에게도, 자기 자신에게도 치료 효과를 기대할 수 있다.

이 글에서 '문학 액세서리처럼 생각해 왔음을 은연 중에 내비치므로 자기 참회와 자기 변명을 동시에 하고 있다. 자신이 욕망을 이루지 못하였음을 남의 탓으로 돌리기보다는 자신에게 돌리므로 앞으로 자신이 살아가는 삶에 어떤 돌파구를 제시하고 있다고 볼 수 있다.

이렇게 표현하였다고 하여 앞에서 소개한 세 작가와 달리 인격에 흠집이 있다고는 생각하지 않는다. 그는 자아이상 뒤에 숨어 있는 욕망을 진솔하게 표현하였다. 우리는 누구나 초자아의 감시 때문에 숨겨둔 욕망을 가지고 있기 때문이다. 진성성이 느껴지는 글이다.

그래서 수필쓰기는 자아이상만을 표현하는 것도 문학치료에서 좋은 글이라고만 할 수 없다. 자아이상 뒤에 숨어 있는 욕망을 냉정히 들여다보고 돌파구를 모색해 보아야 한다. 너무 자기애에 빠져서 이 세상을 자신의 시각만으로 해석하고 평가하는 것도 바람직하지 않다.
 자아란 이드와 초자아 사이에서 이 둘을 조화롭게 조절하므로 건전해진다. 그럴 때 건강한 내가 태어난다는 사실을 다시 한 번 강조한다.

문학치료와 수필

인 쇄 / 2009년 12월 1일
발 행 / 2009년 12월 5일

지은이 / 이 동 민
발행인 / 서 정 환
발행처 / 수필과비평사

출판등록 / 1984년 8월 17일 제28호
주　소 / 서울시 종로구 익선동 30-6
　　　　운현신화타워 빌딩 2층 209호
전　화 / (02) 3675-5633, (063) 275-4000
팩　스 / (063) 274-3131
E-mail / essay321@hanmail.net

값 12,000원

ISBN 978-89-5925-630-3　　03810

※ 저자와 협의, 인지는 생략합니다.
※ 잘못된 책은 바꿔 드립니다.